国家社科基金
后期资助项目
GUOJIA SHEKE JIJIN HOUQI ZIZHU XIANGMU

中国农产品
流通组织演进

关键的中间层与必要的迂回

The Evolution of China's
Agricultural Products Distribution Organization
The Key Intermediaries and Necessary Roundabout Processes

徐振宇 著

社会科学文献出版社
SOCIAL SCIENCES ACADEMIC PRESS (CHINA)

国家社科基金后期资助项目
出版说明

  后期资助项目是国家社科基金设立的一类重要项目，旨在鼓励广大社科研究者潜心治学，支持基础研究多出优秀成果。它是经过严格评审，从接近完成的科研成果中遴选立项的。为扩大后期资助项目的影响，更好地推动学术发展，促进成果转化，全国哲学社会科学工作办公室按照"统一设计、统一标识、统一版式、形成系列"的总体要求，组织出版国家社科基金后期资助项目成果。

全国哲学社会科学工作办公室

代　序
同声相应　同气相求

　　徐振宇教授，曾于 2005 年到 2008 年在中国社会科学院研究生院攻读博士学位，我当时是他的博士生导师。他 1977 年出生于湖北省公安县，与我整整差了 30 年。我的籍贯也是湖北，虽然我没有在湖北生、湖北长，是个假湖北人。湖北只是我的祖籍，我的根。但和他也算是老乡。由于这两层关系，我管他叫小徐，他也以小徐自称。时间对每一个人都是公平的，年龄差距是恒定的，小徐这个称呼恐怕要一直叫下去了，哪怕他现在已经四十挂零，成为教授了。

　　小徐当年的博士学位论文以中国中部地区一个普通行政村（天星村）葡萄业的演化历程为例，提出了不同于以往归纳出的几种农业组织模式的一种自生自发的组织模式——几乎完全凭借一家一户小农自身的力量演化出颇具竞争力的农业。论文剖析了这种一家一户分户经营的组织模式演化的内在运行机制，尤其是与葡萄业的起步、技术演化、市场范围扩展、流通组织演化相关的运行机制，指出这是一种企业家精神和模仿－学习机制始终扮演核心角色的模式。

　　通过小徐的论文中对这种模式的实证研究和阐述，我们可以更深入地理解现实农村实践中的农民、农业和农村，可以为理解中国农业组织模式的演化历程提供一个相对完整的素材，同时也为涉农政策提供更为坚实的微观基础。论文的选题和研究具有较为重大的理论意义和应用价值，所提出的这种模式具有一定的创新性。论文的逻辑思路清晰，论述清楚，体系完整，文字干净顺畅，文风活泼清新，在博士学位论文中应属上乘，曾被推荐参加 2008 年度中国社会科学院研究生院优秀博士学位论文评选。两年后，2011 年 1 月，受北京市教委学科建设专项经费资助，社会科学文献出版社以《小农—企业家主导的农业组织模式：天星村葡萄业技术与市场演化》为题出版了小徐的博士学位论文。除改动了一些打印错误并做了一些技术处理外，该书几乎完全保持了博士学位论文的原貌，以反映 2008 年时的认知水平。他请我为他这部专著作序，我欣然应允，写了一篇序言。

2021 年，小徐 2019 年度的国家社科基金后期资助项目"中国农产品流通组织演进机制研究"通过了专家评审，经国家社科规划办批准结项并资助出版。出版社还是社会科学文献出版社。小徐再次请我为他的新书作序。囿于时间和精力，我无法审读全部书稿，也无法有针对性地对书稿做出全面的评介，只能拉拉杂杂、东一榔头西一棒槌地说一些可能与该书出版有点关联的话语，故而只能称为代序。

我在前一本书的序言中曾提道："村民以后在与各种网络的互动中是否会与龙头企业发生更紧密的联系？村民的非正式合作是否会转化为正式的合作？"并希望以后能够读到小徐更多的更有意思的故事。11 年后，小徐捧出一本完全不同的书《中国农产品流通组织演进：关键的中间层与必要的迂回》，二者有什么联系吗？如果结合作者介绍的本书主要特色，再返回头看一下作者 13 年前撰写的《小农—企业家主导的农业组织模式：天星村葡萄业技术与市场演化》一书，就可以清晰地看出作者学术探求的轨迹以及学术研究的延续和发展。小徐在即将出版的这本专著中将中国农产品流通组织视为复杂适应系统，为理解农产品流通组织演进提供整体分析框架，从理论、经验、历史、比较四个分析视角，在机理研究的基础上，着眼组织惯例、社会网络、技术变革、制度变迁等层面，对中国农产品流通组织演进展开"四位一体"的经验研究，对农产品流通组织演进机制，对以往研究忽略的农产品流通微观结构，尤其是中间层组织的作用、职能及运行机理，进行深入系统的研究，增强了对农产品流通组织及其演进"微观结构"的理解。

该书以翔实具体的研究设计作为研究的基本保障，在研究方法方面长期追踪重点案例村庄和重点批发市场（包括销地批发市场和产地市场），这种基于长期追踪田野调查的案例比较研究方法，是基于不同地区、不同行为主体、不同利益群体采用多种调查方法展开全方位调查的典型"质性"研究，大胆借鉴了新经济社会学与人类学尤其是民族志的写作风格，精心设计研究方案，清晰界定研究范围，通过深度访谈确保研究必要的深度、精度、准确度与针对性，从而使从研究设计到研究成果的整个研究进程做到可行、可信和可靠。

　　该书的研究明确以农民（以及农民兼商人）、农村人、内部人视角为基础，同时适当跳出农村、农民、农业和农场，并以城里人、外来人视角为补充，高度重视对一线当事人的深度访谈和对农民、商贩的参与式追踪观察，使得研究更加有血有肉，更加接地气。

　　对比小徐2008年撰写的和2021年撰写的这两部专著，可以看出，他的研究已从微观层面上升到宏观层面，从对一个村的个案研究上升到对复杂的农产品流通组织系统及其演进机制的研究；并注重对中国农产品流通机制演进的历史进程展开动态研究；以及对农产品流通组织演进经验进行国际比较研究。他的视野更为开阔，研究方法更为科学，对理论和实践的理解更为深刻。我相信，在宏观层面对农产品流通组织的演进机制有了更全面更系统更深刻的了解和把握后，如果小徐再来讲微观故事，一定会讲得更加生动、更加精彩。

　　清人郑板桥的一首诗中有两句："咬定青山不放松""任尔东西南北风"。十多年来，小徐多次谢绝在其他领域施展才能的机会，坚持自己的研究方向，踏踏实实下苦功，扎扎实实做基础调查，认认真真读书思考，终于给读者献出这部厚重的专著，对自己关注的农产品流通问题做了一个阶段性的总结——正如他对该书后记所拟标题"二十余年磨一剑"。辛勤耕耘，必有收获，小徐的学术经历便是明证。

　　小徐修完博士学业后，我们之间平时联系不多，关系很简单。除了学术交流和师生聚会外，也没有什么一般性的人情往来。尤其是在他作为人才被招聘到南京审计大学任教后，一年也见不上一次，最近两年又赶上疫情，见面的机会就更稀少了，只有通过微信联系。但每当学术上有成就或工作上有变化时，他都会第一时间告知我。有时我看到好的文章，也通过微信发给他，他有些评语或感想，也发给我，多是寥寥数语，却能彼此心领神会。为什么呢？人之相交，贵在相知。我在上一本书的序言中曾说："作者对生于斯、长于斯、活动于斯的家乡有深厚的感情。更重要的是，他在有了切身体会之后，又能跳出来，以一个研究者的角色，提炼出有意义的命题，运用自己所学并信服的理论工具来冷静、客观地审视和剖析自己故乡的经济发展历程，解答自己提出的命题。"他在该书的"致谢"中曾深情地感谢那些在他调查过程中不厌其烦地接受他无数次访谈的村民，他博士学位论文的一些发现、思考、思想和观点都在相当大程度上受到了他们的启发。他说："这些来自基层的经验和声音，或许是蛰居象牙塔中人难以获得的，然而，其中的确潜藏着真知灼见。"他的这种做人和做学问的态度我是高度认同的。古语云：同声相应，同气相求。我们作为人文学科的研究工作者，在做研究时，要客观、理性、清醒，保持冷静的头脑。但同时，我们的心要热，要带着感情做学问。所说的感情，是我们力图朝向人类历史发展的正确方向、为追求社会的公平正义而尽绵薄之力的初心。在这一点上，我觉得，我和小徐具有共同的理念和价值观，我们的心是相通的。

我和小徐的关系就是这样：简单、自然、纯粹。光阴似箭！一晃，小徐获得博士学位也有 13 年了。天地间岁月更迭，山河依旧；学术界薪火相传，代代相续。小徐现在是教授，早就开始带硕士生了，马上就可以带博士生。我相信，他和学生们之间的关系，一定也是简单、自然、纯粹的。其实，建立在同声相应、同气相求基础上的，摒弃了功利主义色彩的关系，不就是师生之间应有的正常关系吗？

是为代序。

张晓山

中国社会科学院学部委员、研究员

写于 2021 年 11 月 11 日（"双 11"狂欢夜）

目　录

第一章　中国农产品流通组织的真问题

在城镇化、工业化、市场化、信息化持续推进和农产品产量稳步增长的背景下，农产品流通面临的国内外形势日益严峻复杂。进入 21 世纪以来，各级政府出台了诸多政策支持农产品市场与流通体系建设，但是，农产品"卖难"与"买贵"现象，仍交替出现甚至同时出现。农产品流通体系建设以及与之密切相关的农产品流通组织发展，长期以来都是学界、业界、政界和社会公众广泛关注的热点、焦点与难点问题。2020 年中央财经委员会第八次会议强调"统筹推进现代流通体系硬件和软件建设"，使得解决上述问题更为重要和紧迫。

一　中国农产品流通组织问题的提出

中国农产品流通体系的"问题"，常被归结为组织化程度过低、流通环节过多及收益分配不公（形象说法是"两头叫，中间笑"）。以上得自直观经验和感性认知的观点，虽缺乏充分的经验证据与客观的境内外比较，也缺乏坚实的理论依据，却通过主流媒体广泛传播，在学术期刊上反复出现，被社会公众普遍接受，并在很大程度上影响了政府相关政策。如对"农超对接"和合作社的支持政策，均指向"流通环节过多""收益分配不公""组织化程度过低"。事实已经证明，上述农产品流通政策的实际执行效果并不理想。背后的原因有多方面，基本原因是，对于政策出台依据的基本观点及经验证据，均有必要全面商榷与反思。

事实上，很多关于农产品流通相关政策的探讨，并未充分重视政策实施的基础条件，尤其是未能注意到中国农产品市场与流通的特殊情况。中国的农产品市场，是一个由三个"汪洋大海"构成的典型复杂多元化市场：一是数以亿计的小规模种养殖者形成的"生产者汪洋大海"①，二是数

---

① 据《第三次全国农业普查数据报告》，我国仍然有 20743 万个农业经营户，其中，规模农业经营户仅有 398 万个，占比仅为 1.92%。

以百万甚至千万计的小规模农产品运销商或经纪人形成的"运销者汪洋大海"，三是数以十亿计的收入差距较大且高度异质性的庞大消费者形成的"消费者汪洋大海"。必须承认，近年来，在以上三个"汪洋大海"中，越来越多的重要"岛屿"正在形成，一些大规模现代连锁超市迅速崛起并加入运销队伍，一些大规模农产品加工企业正在迅速崛起，淘宝、京东、拼多多等大型农产品电子商务交易平台也正在产生越来越大的影响，期货市场开始在某些农产品流通领域发挥重要作用，从而也构成中国农产品生产流通体系升级的重要动力。但是，这些"岛屿"在整体上并未对传统生产流通体系的基础地位产生颠覆性影响，这是中国农产品流通不得不面临的基本事实。这三个"汪洋大海"，正是中国特定的国情农情，在较长时期内难以根本扭转。与上述事实相伴随的是，农产品流通组织化程度偏低，农产品流通环节较多，农产品价格频繁波动①，以及农产品质量安全难以保障。本书认为，上述现象都不应被简单视为纯粹的"问题"，相反应该被当成"约束条件"，当成经验研究的"典型事实"以及政策制定的基本出发点。

需要追问的是，上述问题，包括农产品流通"环节多"究竟是不是一个真正的问题？在发达国家，农产品流通的"中间环节"也往往被指责为低效率、多余的机构，经常被认为获得了"超额利润"，应该对"高昂的零售食品价格与低廉的农产品价格"负责（库尔斯和乌尔，2006，第163页）。2009年6月13日，巴黎爆发奶农抗议事件，也反映出部分法国人对农产品流通中间环节的类似看法。② 然而，在提倡"没有中间

---

① 很多欧洲国家和美国农产品流通体系最令人惊奇之处，不是国内学界经常提及的流通环节少、流通成本低、流通效率高，而是超稳定的零售价格和严格的质量安全要求。

② 根据新华社的报道，2009年6月，法国奶农对收购价格的不满逐渐扩散到整个农产品领域。法国政府为此于6月13日做出承诺，加大对农产品价格的监控力度，提高各个流通环节价格及利润的透明度。为抗议农产品在流通环节利润分配过高且不透明，法国农民组织近日发起抗议活动。12日，法国全国有41个农产品供应站陷入瘫痪，一些商场里的奶制品柜台则出现了断货现象。为平息农民们的不满，法国农业部部长巴尼耶和消费事务国务秘书夏泰尔13日上午接见了农民组织代表。他们代表政府做出承诺，专门建立一个《经济现代化法案》执行情况监察队，对农产品流通环节中的利润和价格进行核查，如有违反相关规定者将予以处罚。法国于2008年8月通过的《经济现代化法案》规定，商场可以同供货商协商产品的采购价格。此举原本是为了避免供货商为使产品上架而支付回扣，从而解决商品价格虚高的问题。农民们却认为，在给予商场价格协商权之后，商场的定价权比原来还要大，农产品收购价格被一压再压，农民利益受到损害（芦龙军，2009）。

商赚差价"的年代，很多交易并非在消费者和生产者之间直接完成，而是通过"中间商"来"迂回"实现。这一重要事实，在农产品流通中尤为突出。很多生产者，尤其是小规模农产品生产者，更愿意选择中间商来完成"迂回"交易而非直接交易。①

如果将农产品流通环节较多看作一种长期存在的"客观事实"或"现状"，那么，首先要做的，不是试图去人为改变，而是对这种"客观事实"进行严谨的理论解释和扎实的经验研究。本书将农产品流通环节更多地视为一种客观存在与"现状"。实际上，无论是在农业现代化程度较低的中国，还是在日本、韩国等农业现代化程度较高的发达国家，抑或是欧美发达国家的早期发展阶段，农产品流通组织，均以小规模农户为生产基础，以农产品批发市场为核心，以多环节、高迂回度为突出特征。即便是在批发市场重要性呈下降趋势的欧美发达国家，农产品流通组织仍有相当水平的迂回度。互联网技术的普及、农产品电子商务迅速发展，其实只是改变了农产品流通的方式，并未显著降低农产品流通的迂回度。实践证明，农产品流通的迂回是长期演化的结果，试图在短期内迅速人为减少流通环节以降低农产品流通迂回度，不太可能持续降低农产品流通成本。

本书以古典经济学、演化经济学和新兴古典经济学为理论基础，探究农产品流通组织演进的内在机理，展现中国农产品流通组织演进的现状、挑战，剖析背后的深层原因，并对中国农产品流通组织演进机制展开扎实的经验研究，回溯中国农产品流通组织演进的历史，总结农产品流通组织的演进规律，合理借鉴境外经验教训，最终给出促进中国农产品流通组织健康发展的政策建议。

二　为什么要研究中国农产品流通组织演进？

（一）理论价值

关于中国农产品流通组织的理论探讨与相关政策制定，存在两个突

---

① 朱玲（2010，第52~53页）在青海省玉树肉联厂的调研中发现："牧民很少直接把牛羊卖到肉联厂，而是把牛羊赶到州交易市场上卖给牛羊贩子，再由牛羊贩子卖给肉联厂。很有意思的是，与肉联厂自己收购相比，综合计算，从贩子手中收购牛羊总体成本还略低。肉联厂自己的职工到州交易市场收购牛羊，还不如牛羊贩子熟悉业务，比如一头牛能够产出多少牛肉，对于讨价还价，职工至今还未达到牛羊贩子的业务水平。"

出问题：一是缺乏坚实的理论基础，二是缺乏充分的经验证据。本书的基本任务是，重构农产品流通组织演进的分析框架，探究农产品流通组织演进的机理，增进对农产品流通市场"微观结构"尤其是中间层组织本质及演进规律的理解，增进对农产品流通领域流通功能、流通过程及流通加价逻辑的理解，强化中国农产品流通组织研究的理论基础与经验证据，对部分流传甚广的学术观点进行反思，为理解中国农产品流通基本理论与政策运行机理提供新的研究视角和思路，为更深入地理解农产品流通组织做一些基础性工作，主要体现在如下方面。

第一，作为主流经济学中的经典理论，迂回生产已有充分研究。迂回流通虽是现实经济生活尤其是农产品流通中的基本典型事实，却未能得到学界与政界的应有重视，加上农产品流通问题的重要性，农产品在生产、流通与消费层面与工业品的差异性，以及中国农产品流通问题的特殊性，作为对中国农产品迂回流通组织机理与经验的系统研究尝试，本书研究具有重要的理论价值。第二，本书重构了农产品流通组织的分析框架，拓展了农产品流通的分析视角，基于微观视角与中间层组织视角，增进了对农产品流通市场"微观结构"的理解。第三，已有研究多关注农产品流通组织模式、路径本身，而忽视了对流通组织运行机制与机理的研究，本书研究不仅仅对农产品流通的重点问题展开广泛的经验研究，更重要的是，这些经验研究是基于扎实的机理分析的，从而可以作为一项重要的理论研究成果补充该领域的研究。

（二）应用价值

流通体系掌握着市场经济的命脉（田村正纪，2007，前言）。马克思高度重视生产对流通的决定作用[①]，但并未忽视流通对生产强大的反作用，以及在一定条件下的决定作用。流通领域的科学研究比生产领域落后，在技术经济方面更是如此（林文益，1995，第254页）。在中国农业领域，或许是由于计划经济和农产品长期短缺的历史遗留影响，生产总是被优先强调，流通往往是在遇到严重卖难问题时才得到重视和呼

---

① 马克思指出："交换的深度、广度和方式都是由生产的发展和结构决定的。例如，城乡之间的交换，乡村中的交换，城市中的交换等等。可见，交换就其一切要素来说，或者是直接包含在生产之中，或者是由生产决定。"参见《马克思恩格斯文集》（第8卷），人民出版社，2009，第23页。

吁——这也在很大程度上对农产品流通的经验研究产生了负面影响。要解决一直困扰中国的农业发展问题，从农产品的流通入手，从保障农业生产者的经济利益入手，也许能够找到一个满意的答案。现代经济的发展告诉人们，流通在一定条件下会对生产起决定性的作用（贾履让，1996）。

中国流通体系的动态发展以世界史上绝无仅有的速度多重性地进行着（田村正纪，2007）。中国农产品流通体系也是如此。探究中国农产品流通体系伴随着生产、消费、流通技术的变化而变化，具有重要的现实意义。农产品流通现代化是中国农业农村现代化的重要组成部分，更是建构现代农业经营体系的核心。探索农产品流通组织演进规律与趋势，对于更好地指导农产品流通实践，以及做出更加高效的农产品流通政策设计与制度安排具有重要的现实意义。本书探讨了中国特色农产品流通组织模式，以及农产品流通组织的微观机理，在客观评价相关政策的实施效果、总结农产品流通组织演进规律和借鉴其他国家或地区经验教训的基础上，给出了与市场机制相容的、有针对性和操作性的政策建议，有助于提升中国农产品流通效率，有利于更好地建构现代农业生产经营体系与实现农业农村现代化。考虑到中国农产品流通组织的高度复杂性、多元性与动态性，以及该领域的诸多学理争议与政策争论，本书研究不仅体现了理论前沿性，而且体现了政策相关性。本书探讨了农产品流通组织演进的一般机理，也研究了中国经济社会特殊"情境"下农产品流通组织演进的特殊动力机制，能为相关政策调整，尤其是促进"小农户与现代农业发展有机衔接"，提供更为坚实的理论基础、充足的经验证据及适用的政策建议，为国家相关政策决策，为相关机制设计，为部分农产品流通专业企业的战略布局、降本增效，提供具有重要参考价值的决策咨询意见和建议。

三　农产品流通组织演进的关键术语界定

（一）流通与迂回

1. "流通"术语溯源

"流通"这一术语的来源，主要有三个方面。一是源于古代中文用词，指商品、货币的流转，如汉代桓宽的《盐铁论》中有"财物流通"。二是源于马克思的《资本论》中的德文"zirkulation"（英译为"circula-tion"），除了指以货币为媒介的商品交换（商品流通）外，还指资本循环（包括货币的流通以及资本、劳动力等生产要素的流通）。三是源于市场营销学中的"distribution"。日本学者多译为"流通"，以夏春玉等（2009）以及吴小丁和张舒（2011）为代表的中国学者也译为"流通"，也有不少中国学者译为"分销"。①

不同国家、不同学科的学者都对流通现象展开过研究。但不同国家、不同学科的学者，对流通的理解千差万别，甚至使用的术语也有较大差异。市场营销学者将流通理解为营销渠道（marketing channel），物流管理学者多采用物流（logistics）或供应链（supply chain）等术语，也有部分学者主张使用比较传统的流通（circulation）。欧美学者多采用分销（distribution）这一术语，日本学界将"distribution"翻译为"流通"。日本甚至有流通经济大学（Ryutsu Keizai University，1965 年创办）、流通科技大学（University of Marketing and Distribution Sciences，1988 年创办）和日本流通经济研究所。

2. 流通的界定

在日本流通经济研究所汇编的《流通事典》中，流通被界定为：农产品或工业产品等，生产后供给到消费者的过程中所发生的产品的社会性、经济性转移（马龙龙，2006）。所谓"经济性转移"大致可理解为"商流"；所谓"社会性转移"大致可理解为"物流"（马龙龙，2006）。

实际上，对于流通的定义，学界并未达成一致意见，不同学科和研究领域对流通都有各自约定俗成的术语和定义，术语间在内涵与外延上都有差异。营销渠道强调的是商品或服务从生产者向消费者转移的具体通道或路径（科特勒，2009）。物流主要强调物质实体的转移；供应链主要强调流程管理，涵盖从供应商的供应商到消费者的消费者，自生产至成品交货的各种工作努力，包括计划、寻找资源、制造、交货和退回

---

① 李飞（2003）认为，分销与流通是一对密切联系的范畴。二者都表示商品从生产者向消费者转移的活动与过程，但是角度不同。在微观企业角度是分销问题，在宏观社会角度是流通问题；在管理学（营销学）中是分销问题，在经济学中是流通问题；从个体的角度看是分销的问题，从整体的角度看是流通问题。

等基本流程。实际上，物流与供应链之间的关系最为密切。美国物流协会认为，物流是供应链流程的一部分；广义的物流就是指供应链，供应链是对物流的拓展和延伸（杨家其，2006，第5~6页）。马克思主要强调商品和货币所有权的连续更迭的"纯粹的商品流通"（被认为是商品流通的本质，与所谓"商流"接近），只是在"作为流通的经济过程的外部存在条件"时考虑运输、保管等"被流通的形式掩盖"了的生产性质的"商品体的物质运动过程"（与现代的"物流"有相当程度的重合）。

　　无论是"营销渠道"，还是"供应链""物流"和"流通"，都是从不同角度或层面刻画经济社会中的"交换"现象。实际上，从交换角度界定流通，也是马克思本人和马克思主义学者的一贯理论视角。马克思认为："交换就是流通。"① 在《政治经济学批判》中，马克思说，"流通即商人阶层内部的交换"②。与马克思将流通视为"从交换总体上看的交换"③ 一致，中国著名经济学家孙冶方将流通视为"交换的总和"（《财贸经济》编辑部，1985，第24页）。许涤新主编的《政治经济学辞典》（1980，第97页）也将流通视为"连续的交换，或从总体上看的交换"。林文益（1995，第250页）将商品流通界定为"以货币为媒介的连续不断的商品交换"。

　　但是，即便是经典作家马克思本人，也从其他角度对流通有过界定。①从商品占有者的相互关系界定流通。商品交换表面上是商品体之间的交换（无论是否以货币为媒介），但实质上应被视为商品占有者之间的交换关系。《资本论》第一卷的相关界定是："流通是商品占有者的全部相互关系的总和。"④ ②从社会再生产过程不同阶段的媒介来界定流通。《资本论》第二卷的相关界定是："真正的流通，只是表现为周期更新的和通过更新而连续进行的再生产的中介。"⑤

　　本书中对流通的理解，采取了兼容并包之态度。流通是"从交换总体上看的交换"或"交换的总和"，从功能的角度看，流通也被视为以

---

① 《马克思恩格斯全集》（第26卷·第2册），人民出版社，1973，第580页。
② 《马克思恩格斯文集》（第8卷），人民出版社，2009，第47页。
③ 《马克思恩格斯文集》（第8卷），人民出版社，2009，第22页。
④ 《马克思恩格斯文集》（第5卷），人民出版社，2009，第192页。
⑤ 《马克思恩格斯全集》（第24卷），人民出版社，1972，第76页。

商流为核心的商流、物流、信息流和资金流的"四位一体"过程（也有学者主张商流、物流、信息流的"三位一体"[1]或商流、物流的"两位一体"[2]），从而可以包容营销渠道、物流、供应链、流通、分销等术语。

3. "纯粹流通"或商流

商品流通有狭义和广义之分。狭义的商品流通，也称"纯粹的商品流通"，指的是以商品和货币相交换（林文益，1995，第251页）。而广义的商品流通，则是商品价值形态不断变换过程和商品体物质运动过程的统一。要能最终满足消费需要，商品在到达消费者手中以前，不仅要减少使用价值的损失，尽量保存原有的使用价值，增加那些在生产领域没有完成或需要在原有基础上创造新的使用价值，这就是"商品体的物质运动"——除运输（马克思称之为"物体的流通"）之外，同时要有保管、装卸、包装、组装、分装、拆装、养护、分类、编配、整理、养育、修理、检验、进入流通过程初加工、流通过程再加工、消费前加工、废旧物资回收和加工再制等。只有包括这些经济行为，商品流通才是完整的经济过程（林文益，1995，第252页）。马克思把纯粹商品流通称为"作为经济行为的流通"[3]，而把运输、保管等称为"作为流通的经济过程的外部存在条件，也可以算作流通的生产费用"[4]。

在马克思主义经济学看来，所谓"商流"是商品流通的本质内容，而"物流"和"信息流"都是商流衍生出来的。商品流通是纯粹商品流通（商品和货币所有权的连续更迭）和包括商品体空间位移在内的商品自身的物质运动的统一。其中，前者才是整个商品流通的本质内容。正如马克思所指出的："属于流通的本质的东西是：交换表现为一个过程，表现为买卖的流动的总体。"[5]没有纯粹商品流通，就无所谓广义的商品流通过程。商品体的物质运动过程是在纯粹商品流通的带动下完成的，正是纯粹商品流通过程中所有权的更迭，带动着商品体从生产者手中向消费者手中转移，并使之在转移过程中得以经历相应的物质运动的环节，

---

[1]　商流、物流、信息流"三位一体"的代表性文献为徐从才（2012，第2章）。
[2]　商流、物流"两位一体"的代表性文献为林文益（1995，第8章）。
[3]　《马克思恩格斯全集》（第46卷·下册），人民出版社，1980，第15页。
[4]　《马克思恩格斯全集》（第46卷·下册），人民出版社，1980，第27页。
[5]　《马克思恩格斯全集》（第46卷·上册），人民出版社，1979，第144页。

如不同条件下的保管、保鲜、养护、养育、包装等（林文益，1995，第253页）。流通过程通常视为商流、物流、信息流三者的统一（徐从才，2012）。但林文益认为，流通只能视为商流、物流的统一，并强调指出两点：第一，严格来说，物流并非流通过程所专有，与商流并行的物流不是全部物流，只是商品流通过程发生的商品实物运动那一部分物流①；第二，不能把信息流作为与商流和物流并立的过程，不能把它也归于广义商品流通的范围之内（林文益，1995，第255页）。

总之，根据马克思关于"纯粹的流通"与"广义的流通"的区分，作为"纯粹的流通"的商流是魂，物流和信息流都是衍生出来的，因而以"纯粹的流通"或商流为重点，是理所当然的做法。国内学界那种以农产品物流和供应链管理代替农产品流通的研究，不仅是片面的，而且过于技术化、工程化，并非经济学的研究范式与研究范围。②

4. 中间商之间的交换

马克思将流通视为"商人阶层内部的交换"③，并特意区分了流通本身（商人阶层内部的交换）与流通的结局（商人阶层和消费者之间的交换）。马克思指出："流通即商人阶层内部的交换，与流通的结局即商人阶层和消费者之间的交换……它们是由完全不同的规律和动机决定的，彼此可能发生最大的矛盾。"④ 马克思上述关于流通本身与流通的结局的理论区分，给我们的重要启示是：零售商将商品卖给消费者的行为只是流通的结局，并不能被视为流通本身。换而言之，从马克思主义经济学

---

① 在生产过程，甚至消费过程中也有物流。例如在生产过程中，原材料从进厂、入库、出库、进入车间到到工作台边、上工作台，经历半成品的上下工作台，成品出车间、入成品库、包装、堆垛到装车、出厂，就经历很多次的空间位移，占去大量的时间和劳动。为此，与商流并行的物流不是全部物流，只是商品流通过程发生的商品实物运动那一部分物流（林文益，1995，第253~254页）。

② 在现实中，重点研究物流的学者，主要是从工商管理学科进行的。由于物流要消耗大量的时间和劳动，所以它在商品流通领域是与理论经济学、营销学、管理学并立的另一门重要学科——物流学研究的对象。虽然在现实中由于流通领域的科学研究比生产领域落后，在技术经济方面更是如此，物流又很复杂，是一个待广泛开发的"新大陆"，这方面正蕴藏着一场流通领域物质运动的革命，为此更值得重视。但在经济学方面所要研究的，是作为配合商流并统一于商品流通过程的物流，而不是从技术经济角度去研究应该作为独立学科的物流（林文益，1995，第254页）。

③ 《马克思恩格斯文集》（第8卷），人民出版社，2009，第47页。

④ 《马克思恩格斯文集》（第8卷），人民出版社，2009，第47页。

的角度而言，最核心的，是商人阶层内部的交换，是各种中间商之间的交换，包括各类批发商之间的交换、批发商与零售商之间的交换，以及批发商与其他类型的中间商（如纯粹经纪人、代理人、市场咨询机构、会计师事务所、金融机构等）之间的交换。遵照马克思主义经济学的以上区分，本书研究以"流通本身"为主，以"流通的结局"（主要是农产品零售）为辅。研究的重点，是对批发市场以及各类批发商①（是典型的"中间层的中间层"）和其他中间商的研究，但是在分析批零关系、批零价差、流通成本分摊、价格波动时也涉及零售商，然而，农产品零售组织演进的研究并非本书的重点（不过，也专门安排了一章）。②

5. 迂回流通

迂回，其实是流通的本义和精髓。迂回，在日本的含义是循环流转。而循环流转是英文"circulation"的含义，所以国内学界有人将流通翻译为"circulation"。在日本，与迂回流通相并行的术语是"横向流通"。如石原武政（2012）所指出的，商业从一开始就具有阶段性（层次性）和业种的多样性。流通尤其是农产品流通的迂回性主要体现为流通渠道的多层次性，主要是批发环节的多层次性。在日本，即便是工业产品的流通渠道也曾经是由多层次同业批发构成的，最终批发甚至是第四次或第五次的。当然，近年来流通渠道逐步简化，同业批发在逐渐减少。批发商大多由典型的两级构成（石原武政和加藤司，2004，第39页）。

（二）农产品流通

农产品的涵盖范围极广，门类非常繁杂。根据是否经过加工，可分为初级农产品和加工农产品。初级农产品一般指通过生物的生长繁殖而取得的产品，包括农、林、牧、渔等大类产品，每个大类下又有多个小类（比如至少可划分为粮棉油、肉蛋奶、麻丝茶、果药杂、糖菜烟等）和不同品种。加工农产品是以初级农产品为对象，通过改变农产品外观

---

① 有必要区分批发交易与批发商从事的交易。批发交易也可以由批发商以外的流通机构完成。例如，生产者与商业者的直接交易。因此，批发交易的主体是多样的，而批发商则是将批发交易作为商业活动的专业流通机构（田村正纪，2007，第72页）。

② 实际上，在经济理论层面，对农产品零售的"需求"较少。在现实中，农产品零售更多的是一项技术性工作，更多的是由管理学进行研究的。所以，一般都是零售管理，虽也有零售经济学方面的文献，但毕竟不是主流文献。而且，有关零售方面，现有文献（石原武政和加藤司，2004；石原武政，2012）已做出了较好的分析。

及其生物属性的物理及化学过程加工出来的产品，按照加工的程度，又可区分为初加工产品和深加工产品①。

农产品流通，也常被称为农产品营销、农产品行销或农产品运销（大陆学者多采用农产品营销的说法，而台湾学者多采用农产品运销的说法，其实对应的英文都是"agricultural marketing"或"farm marketing"）。农产品营销其实有两种不同的视角：一种视角着眼于农产品营销的大方向，也被称为宏观市场营销（macro marketing），侧重于了解农产品营销系统如何组织、如何完成它的经济和社会任务以及它是如何变迁的，这也是经济学家、行业研究人员和政府官员最为关注的视角，他们常用经济理论来解释市场营销系统是如何提高社会大众的福利水平，以及在运行过程中如何服务于市场参与者等问题，所做的是典型的全景式（big picture）研究（周应恒，2016a，第6页）；另一种视角则是从单个市场决策者的角度出发的微观市场营销（micro marketing）（库尔斯和乌尔，2006，第11页）。实际上，农产品流通与农产品的宏观市场营销有相当的交叉，甚至是某种程度上可以替换使用。

所谓农产品流通，是将农产品从生产地转移至消费地以满足消费者需求的种种活动（周应恒，2016a，第1页），或者说，是农产品从原料状态到消费者手中所有过程中涉及食品生产和服务的所有商业活动（库尔斯和乌尔，2006，第6页）。随着经济发展水平的提高，农产品从生产者到达消费者的过程，正在变得越来越长，也越来越复杂，关联的经济主体以及产业类型也越来越多，流通范围也越来越广。涉及的活动或产业，不仅有农产品的"运输"与"销售"，而且包括产品的集货、整理、分级、甄选、包装、运输、加工、储藏，以及批发、零售、促销等诸多运销职能（marketing functions）（周应恒，2016a，第1页）。相应地，农产品流通从"agricultural product marketing"逐步拓展为"food marketing"（周应恒，2016a，第2页），农产品流通的内涵和外延也都发生了变化。但是，受调查深度限制以及基于数据可获得性等原因，本书的研究对象

① 所谓初加工和深加工是按照原料的加工程度来区分的。加工程度浅、层次少，产品与原料相比，理化性质、营养成分变化小的加工过程可称为初加工；加工程度深、层次多，经过若干道加工工序，原料的理化特性发生较大变化，营养成分分割很细，并按需要进行重新搭配，这种加工过程可称为深加工。

以初级农产品为主，以加工农产品为辅。为使研究更深入，本书在区分土地密集型农业、资本密集型农业与劳动密集型农业的基础上，根据复杂性、动态性程度，以及中国农业的静态比较优势与动态竞争优势，确定劳动密集型农业和资本密集型农业（尤其是鲜活农产品①领域）更具研究价值，且笔者长期关注该领域，故将研究重点聚焦为劳动密集型农产品的流通。

（三）组织与制度

由于所有社会科学学科都研究人类组织，因而这些学科中都有"组织"一词（马夏克，1996）。然而，对于"组织"的定义，各学科之间却存在较大差异，即使在同一学科内部，各学者也有不同用法。作为术语的"组织"，既可以作为名词（organization）也可以作为动词（organize）和动名词（organizing）来理解。② 在一些著名学者看来，动词形式的组织与动名词形式的组织是等价的。③ 在中文中，为了显示出一种"过程"，动词或动名词形式的组织显然应译为"组织化"，在这种场合，就将组织这一重要概念与演化的过程性、复杂性和有序等概念、范畴联系在一起。在演化过程中，"组织化"意味着事物从无序、混乱向有序结构方向演化，或者从有序程度较低的阶段向有序程度较高的阶段演化（沈小峰、吴彤和曾国屏，1993）。一个体系从有序走向无序的序消退或序降低过程就称为"非组织化"（在平衡态热力学研究中即平衡态熵增加到熵最大的过程），过程的结果即"非组织"。总之，"组织化"概念的基本特征，是过程性、演化性、复杂性及有序性。

经济组织问题曾是古典经济学的核心主题与理论焦点。但是，19世纪末20世纪初期，经济学的理论焦点从经济组织问题转移到资源配置问题。按照杨小凯和黄有光（1999）的观点，造成这种理论焦点转移的重

---

① 在中国，鲜活农产品和生鲜农产品基本可以等同使用，一般而言，政策层面的话语更多地使用"鲜活农产品"，业界的话语更多地使用"生鲜农产品"。在后文中，两者是混同等同使用的。

② 当作为名词来理解时，组织通常用来指某种现存事物内部按照一定结构和功能关系构成的存在方式。当作为动词或动名词来使用时，组织或"组织化"，指的是事物向时间、空间或功能方面的有序结构的演化过程。

③ 协同学代表人物哈肯（Haken，1988）在论及自组织时就未对 self-orgnization 与 self-organizing 加以区别。

要原因在于当时的数学水平难以处理角点解难题。

与组织密切相关的术语是"制度"。正如 Arrow 评价"制度"这一术语时所指出的，"由于该领域的研究仍处于早期阶段，应该避免不合时宜的精确性"（Furubotn and Richter，1998，ch.1），对"组织"这个基本概念也难以给出精确的定义。在 North（1990）看来，制度与那些受益于制度的人在一起就是组织。① 用德国著名经济学家施穆勒（Gustav von Schmoller）的话说，组织就是"制度的人性方面"（Furubotn and Richter，1998，ch.1）。② 美国著名学者、伟大的实业家巴纳德（Barnard，1938）认为，组织本质上是人们的合作群体，最有效率的组织是合作的集体行动的载体。巴纳德明确主张，经理的主要职能即促进此种合作，并将管理任务的中心定为鼓励合作，即激发"献身精神"而非操纵自利行为：组织的本质要素之一就是团队中的个人具有将个人的努力贡献给一个合作的团队的意愿（Barnard，1938，p.139）。

正如制度可以区分为正式制度和非正式制度一样，组织也可以区分为正式组织③和非正式组织。本书除对正式制度和正式组织进行探讨外，更多地则在于非正式制度和非正式组织。本书的研究对象，主要是那些受益于制度的人及其相互关系。④ 虽然实现合作是组织问题的精髓，但合作也并非必然的结局（Barnard，1938，pp.4-5）。在本书看来，组织模式的演化，是不合作与合作、少量合作与充分合作之间相互转化的过程。决策主体之间达成的合作，既可能采取正式的方式，也有可能采取非正式的方式。

---

① 诺斯（1995）主张有必要将制度和组织区分开来。制度是社会游戏的规则，是人们创造的、用以限制人们相互交流行为的框架。如果说制度是社会游戏的规则，组织就是社会游戏的角色。组织是为一定目标所组成，用以解决一定问题的人群。

② 而所谓的制度，一般被定义为一组正式和非正式的规则，以及规则的执行安排。制度为日常生活提供了一种行为准绳，从而降低了不确定性（North，1990，p.239）。

③ Arrow（1970，p.224）将正式组织定义为："一群旨在达成某些共同目标（换句话说，为最大化目标函数）的个人。"同时，Arrow（1970，p.225）强调，组织的运行和秩序通过一套"指导组织成员如何做事"的运行规则（operating rules）和一套相应的"说服或强制他们（组织成员）按照运行规则行事"的实施规则（enforcement rules）来达成。

④ 实际上，无论何种经济分析，所研究的对象并非物质世界，也不仅仅是人与物质世界的关系，而主要是研究人与人之间的相互关系，包括相互影响、相互竞争、相互合作、相互欺骗、相互敌对等。而所谓的制度，无非是人与人之间相互作用的结果。

（四）流通组织

流通组织的含义有多种。一般而言，流通组织有两种含义：一是作为名词来看待时的流通经济实体，主要指流通产业中的流通企业；二是作为动词来看待时的流通经济过程，主要指流通产业中的流通活动（贾履让和张立中，1998，第562页）。除上述两种被广泛认为的含义外，流通组织还应包括流通功能与流通机构间关系（流通产业组织）。

本书将流通组织理解为流通机构、流通过程、流通功能与机构间关系的统一。流通功能与流通机构密切相关。首先，流通功能与流通机构是一枚硬币的两面。流通功能，最早由著名经济学家庞巴维克以及受庞巴维克影响的 Shaw（1915）和 Weld（1916）明确提出，他们均强调中间商的"功能"（function）[①]，并开启了后来被称为功能主义（Functionalism）的学术流派，隐含着"功能决定结构"的重要观点——机构可以被取消，但功能不能被取消（Fullbrook，1940；Bartels，1976，p. 146）。正如 Stern 和 EI-Ansary（1992，p. 11）所指出的，"你能去掉一些中间商，但不能去掉其功能"。当中间商能承担相应功能并获得比生产者与消费间直接交易更高的效率时，新的中间商就会不断产生并被插入市场交易者之间（廖斌，2015，第62页）。其次，流通功能与流通过程也密切相关。阿尔德森（Alderson，1957）的功能主义分析范式，使用流通机构承担的功能解释流通组织演进，其实也是在对流通过程或曰"备货形成过程"进行分析，具体包括分类（sorting-out）、集中（accumulation）、分散（allocation）和备齐（assorting）四个步骤。从产业组织的角度而言，流通组织显然还应该涵盖流通机构间的关系或曰流通产业组织。

---

① 20世纪20~30年代最有影响力的学者们，都尝试将商品分析、功能分析和机构分析综合到一起，并力求对整个营销系统进行分析，其中发挥关键整合作用的是功能分析（Bartels，1976）。营销学之父阿尔德森也致力于功能主义和系统论的研究。尽管如此，他们的研究在理论上依然存在缺陷，实际研究过程中功能分析与机构分析依然是分割开来的，如功能（如商流、物流）和机构（如零售商、批发商）等都是各自设立章节并没有系统地整合到一起。这成为后来学者批判的重点，阿尔德森等著名学者也因此认定早期的这些著述是缺少理论的（Alderson and Cox，1948）。后来，Duddy 和Revzan（1947）对功能 - 机构 - 商品分析的综合做出了努力的探究（丁涛，2013，第28~30页）。

（五）演化与演进

在本书中，演化与演进是同义词。演化或进化原本是生物学中的核心概念。经济学家将演化运用于经济现象，以更好地理解诸如适应（adaptation）、适应性（fitness）和选择单位（unit of selection）等概念（梅特卡夫，2007，第26页）。在经济学中使用"演化"一词似乎是某种时尚。而正如生物学家莫诺（Jacquese Monod）在一次关于生物进化的演讲中所说："进化论的一个古怪之处在于，所有人都认为自己了解它。"类似的，"演化经济学"的一个古怪之处在于，许多人都在使用这一术语，仿佛它不需要进一步的解释，并且所有人都知道它的意思似的（霍其逊，2007，第128~129页）。

在一般用语中，"演化"指渐进的变化和发展过程。在演化经济学看来，所谓"演化"指的是经济系统中"新奇"的创生、传播和由此导致的结构转变。而所谓"新奇"，即人类创造性的结果，或曰新的行动可能性的发现。被采纳的新的行动可能性即所谓的创新（贾根良，2004）。"新奇"和"创新"显然以错误、误差、偶然性以及决策主体的"无知"等为基础——所有这些都增加了多样性的来源。信念依赖于过去的经验，从而在经济过程中产生了路径依赖的可能性（梅特卡夫，2007，第43~44页）。

关于演进机制，纳尔逊和温特（1997）的开创性研究具有较强的启发性。在纳尔逊和温特（1997）看来，最基础的组织演进机制是组织惯例。当组织在竞争中处于不利地位，甚至自身发展或存续受到威胁时，就会设法搜寻新的技术与惯例。搜寻就构成了组织演进的第二种基本机制，即在已知技术和惯例中寻找适合本组织需要的技术和惯例。组织演进的第三种基本机制是所谓的创新，即寻找原来没有的技术和惯例（比如通过研究与开发等重要方式），这与熊彼特意义上的创新异曲同工，不仅包括技术创新，也包括组织和管理创新，从而也就意味着改变原有惯例（纳尔逊和温特，1997）。而创新机制会使创新者对非创新者有较大优势，从而获得较多利润。较多利润又吸引非创新者创新或学习、模仿，从而学习与模仿机制在组织演进中，也成为非常重要的衍生机制。总而言之，对于纳尔逊和温特（1997）意义上的组织演进，基础性的核心机制是组织惯例，无论是搜寻，还是创新，抑或是衍生出来的学习、模仿，都是围绕组织惯例进行的，从而成为一个一以贯之的理论逻辑体系，这对于本书的研究有着非常重要的启示。

在以上机制中，学界、业界和政界公认比较重要的方面就是创新。在演化分析范式中，创新源于主体之间的异质性与个体的多样性。决策主体是异质性的，结构变迁只能通过各个异质性个体的多样性得以实现。而在新古典的分析范式中，决策主体在很大程度上是同质性的，正因为"代表性主体"[①] 具有典型性和代表性，所以所有决策主体都以相同的方式变迁，这样就没必要再分析创新和结构变迁——创新是与不同的行为直接相关，而不同的行为是结构变迁的基础（梅特卡夫，2007，第44页）。演化思想中最核心的要素莫过于所谓的"多样性"。因为没有多样性，也就失去了创新与演化的基础。[②]

四   多元化的研究资料来源

殷（2004，第107页）总结了资料收集的三大原则。首要原则是使用多种证据来源，构成"证据三角形"，"把案例研究建立在几个不同但相互确证的证据来源上，研究结果或结论就会更准确，更有说服力和解释力"。[③] 因此，笔者采用多种渠道收集多种资料。总体而言，资料来源包括两部分：一是与农产品流通密切相关的一手资料，包括档案记录、实物证据、直接观察、参与式观察、深度访谈记录或访谈录音、照片、摄像、入户问卷调查等；二是各种中英文文献资料。

---

① 马歇尔使用的术语是"代表性厂商"。

② 很多研究和政策建议往往将小农看成高度同质的个体，在很大程度上忽视了小农之间的多样性和异质性。实际上，在深入探讨农村的社会经济之后，"异质性"和"多样化"才是小农的真实特征。"小农户难以应对大市场"这个被重复了千百遍的话题中似乎也隐含着一个重要前提，即小农是高度同质性的。实际上，有些小农的确难以应对大市场，但并不等于所有地区的所有小农都没有能力应对大市场的冲击与挑战。实际上，大市场的确使一些小农不适应，但大市场并没有击垮所有的小农，反而使一些小农如鱼得水。笔者在一些农村地区所观察到的小农正是这种类型——笔者杜撰了一个词："小农 - 企业家"。

③ 另外两个原则分别是建立案例研究资料库和形成证据链（即所研究的问题、收集的资料及结论之间的明确联系）。

（一）一手调查资料

遵照古希腊著名历史学家修昔底德（Thucydides）高度重视第一手资料[①]的做法，本书研究，无论是问题的提出，还是研究设计和报告撰写，既是基于理论研究和文献阅读，也是基于长期的追踪田野调查与深度访谈所获得的大量一手资料，试图将研究建立在更扎实的资料上。

本书主要采取质性研究法，因而资料来源主要是通过长期追踪调查获得的一手调查资料。由于是一项持续多年的追踪研究，具体调查内容根据已有认识的不断深化经过了相机调整。但有一点始终不变，即设法探究当事人的心路历程、行为方式和经济计算。由于调查者（笔者及笔者的研究生）对当地社会、经济、历史、文化等方面的情况非常熟悉，从而有可能将重点访谈法、问卷调查法与查阅一些重要原始记录等方面结合起来。我们通过大量的交谈，除积累了大量的访谈资料和入户调查资料外，还搜集了大量原始资料（包括农户精心保留的技术资料、流水账、明细账、购销凭证以及集体经济账簿等）。另外，还充分利用现代信息技术手段，获取了相关照片和卫星地图资料。

最为重要的资料为访谈资料。访谈资料是通过直接与相关人员（主要是农户和商贩）交流所获得的相关重要信息，尤其是一些模糊的、非结构化信息。为深入探究农产品流通的真实过程，我们尽量采取了面对面深入访谈的方式。调查过程中发现，一些农户和商贩对多年以前的购销凭证（如收据）、销售流水账保管得非常完整，对有关事项记得非常准确（有的事件不仅记得是哪一年，甚至记得是哪一天发生），有些农户和商贩甚至有非常详细的生产或经营日记。除采取当面单独沟通、群体沟通等方式外，我们还采用了电话与微信沟通的方式——对于有些关键人员，电话或微信沟通是唯一可行的方式。通过各种不同形式的访谈，得以从不同角度深入积累访谈资料，从而得以发现很多以前从未想到的细节性问题。通过研究，我们和很多农民成了好朋友，虽然有些人以前

[①]　修昔底德不辞辛苦地奔赴各地，进行实地考察，从而对战争中所涉及的山丘、河谷、沼泽、港口、关隘等都做了具体而准确的记载；同时从事件的目击者那里取得许多可靠的资料。在流亡期间，他利用自己不被敌人怀疑等有利条件，在伯罗奔尼撒及西西里等地考察，获得了许多宝贵的史料。《伯罗奔尼撒战争史》在史料的可信性方面，堪称史学史上的典范（徐松岩，2004）。

也认识，但通过访谈进一步加深了了解。随着访谈的逐步深入，"关系"与关系网络的重要性不断凸显。正是借助成员不断扩展的关系网络（包括亲缘、学缘、地缘等诸多"网络"），笔者所在课题组才得以进入现场并展开多年的追踪田野调查。即便在本书将要定稿的阶段，课题组还能从与有关当事人的电话或微信沟通等方式中获益。

课题组曾试图利用关系网络从政府各级统计部门（包括统计局和社会经济调查队）直接获取部分重要的农产品零售数据，但受制于《中华人民共和国统计法》和政府有关规定，未果。因此，在研究中，所有零售价格数据均来自我们在 2011~2018 年多次调查过程中的现场观测，即对包括农贸市场、超市、早市、社区菜店在内的零售终端蔬菜零售价格的采集和整理。所有数据全部来自过去几年不同阶段的实地调查中的现场采集。这样的数据采集过程虽然很辛苦，也有些"笨"，但结果至少是真实客观的。

课题组将访谈资料作为案例研究的主要资料来源，并通过对有关当事人的访谈、入户问卷调查以及档案资料互相验证资料的真实性和准确性。如果来源于多个渠道的说法一致，则基本表明资料的有效性较强。

（二）学术文献资料

本书参阅的学术文献资料数量非常庞大，涉及的学科也不少，类型不仅包括期刊论文、论文集、专著、部分报纸以及见诸互联网的大量学术文献，也包括政府官网在内的相关网站上的信息。对于英文专著和论文集，主要通过国家图书馆和笔者所在单位图书馆查阅；期刊论文主要通过 JSTOR、Science Direct 等英文电子数据库查阅，工作论文、研究报告主要通过政府机构网站和学术网站进行查阅。

（三）企业与协会数据

我们充分利用了部分大型农产品批发市场（如北京新发地农产品批发市场）每日公布的主要农产品品种的批发价格数据。但在进行城市之间的比较分析时，我们利用的是全国城市农贸中心联合会信息部每月提供的"国内大型农产品批发市场部分农产品价格走势图"，其中北京的农产品批发价格数据来自北京新发地农产品批发市场，上海的农产品批发价格数据来自上海农产品中心批发市场，广州的农产品批发价格数据来自广州江南果菜批发市场。这些数据均刊载于全国城市农贸中心联合会主办的内部刊物《中国批发市场》。

另外，我们还参考了国家统计局相关部门出版的年鉴（如《中国统计年鉴》《中国商品交易市场统计年鉴》等）和发布的农产品零售价格指数等。

第二章 中国农产品流通组织的研究起点与分析框架

一 文献评述

(一) 流通、中间商与中间层组织

流通组织的演进,首先体现为不同类型职业中间商的出现,以及中间商之间的分化与分工。在多数经济体,中间商和流通都扮演着重要角色。Mallen(1975)发现,由众多中间商构成的营销渠道在经济发展中起着重要的作用。Barger(1955)发现,相比1870年,1950年在制造业(包括建筑行业)就业的人数约增长了3倍,而在服务行业的就业者却增加了10倍,在流通行业的就业者占比显著提高。Atherton(1971,p. 25)发现,在美国中西部开发时期,繁荣的商业活动是推动中西部从自给自足经济迈向相互依赖的专业化经济的基本动力,中间商提供的服务已渗透于国民经济各部门。但是,中间商和流通的重要作用,在很大程度上被主流经济理论严重忽略。

1. 对中间商的长期误解与偏见

在人类历史的早期,尤其是基于"所有的价值都被认为是来源于土地"的观念,农业的地位往往是最高的,而商业则往往被认为是地位最低的。在中国有文字记录的早期,农业被视为"本业",而商业则被视为"末业"。早期理论家多将农民视为高贵的人,而将商人视为弱小和狡猾的人(Kelley,1956)。古希腊圣哲柏拉图和亚里士多德也都认为商人从交换中获得利润是不正当和不道德的,商人的活动并未带来任何增加值(廖斌,2015,第93页)。这与中国早期的轻商、贱商、辱商传统如出一辙。

从世界范围内来看,在很多国家,大多数时期,学界和社会的主流看法都不利于商人和商业。世界上很多国家曾存在强烈的反对商人阶级的偏见。生活在公元前12世纪的古希伯来人就鄙视商人,把他们称

为"迦南人"，因为那时的迦南民族常被其他民族鄙视。虽然古希伯来人为何鄙视工商业已无法考证，但他们之中从事工商业经营的人很少则系历史事实，在圣书《马加毕》（*Maccabees*）中也只提农业并未涉及商业。到所罗门王（公元前 970～前 930 年）时代才从事对外商业活动，但系通过腓尼基人进行并由政府经营而不是民间的活动（胡寄窗，1988，第 6 页）。商业从业者主要是"贱民"或外国人这一现象似乎并不限于古希伯来。实际上，由于商业往往受到统治者的诸多歧视和干扰，因此，商业主要由"贱民"或外国人来经营这种现象极其普遍。陈锦江（1997，第 19 页）的研究也发现，古埃及、巴比伦、罗马、古希腊、中世纪欧洲和古代中国，17 世纪的新英格兰、18 世纪的英格兰、19 世纪的法国，所有这些社会都鄙视商人并限制他们的司法和政治权利。在美国的开国时期，对中间商和商业的偏见也很深，在美国开国元勋富兰克林看来，商业通常只是一种"欺诈"。[①] 本尼迪克特（1990，第 43 页）在评论日本社会时也指出："商人一旦受到尊敬而繁荣，封建制度就会衰亡。"至于中国的轻商贱商思想，张培刚（2002，第 79 页）有这样的评论："在儒家思想中，商人是不受重视的。谋利是不好的，故有君子总是言义而不言利，小人总是见利忘义之说。"当然，鄙视商人并限制他们各种权利的原因比较复杂。商人不仅因为"寄生"本性遭到蔑视；而且因威胁到既存的政治权威和支持该权威的价值体系常被猜疑。[②]

　　不过，在一些较早就开始工业化的国家（如英国），商人逐渐成为受尊重的阶级。人类历史转折的临界点，要看商人是被尊敬，还是被鄙

---

① 在富兰克林（1989，第 42 页）看来，一个民族获得财富，只有三条途径。第一是靠战争，像古罗马人掠夺被征服的邻邦所做的那样。这是劫掠。第二是靠商业，而商业通常是诈骗。第三是靠农业这唯一正当的途径。人类可以从撒进大地的种子中获得真正的增殖，这是由上帝创造的有利于人类的一种永世不绝的奇迹，作为对人类清白生活和善良勤劳的报偿。

② 陈锦江（1997，第 20 页）的研究认为，主要原因有二。首先，这些文明当时或以前便是农耕社会，它们的统治者在财政收入和政治稳定方面总是依赖农村人口……商人仍是不可信的人……由于商人的流动性，他们容易从远方偶然获得奇想……商人甚至与外国人也有联系……因此，商人……引起了社会的不安。其次，商人在他的生意业务范围内常常是个难以亲近的人。亲属纽带会妨碍一个本地居民与他所处社会的其他成员过分严酷地讨价还价。此外，传统社会的统治者常常鼓励外国商人，这是因为外商的活动更容易被控制，作为外国人，他们很少有机会来传播煽动闹事的思想。

视（佩雷菲特，2001，第 148 页）。英国民众对商人的尊重，可在英国著名学者托马斯·孟的名作《英国得自对外贸易的财富》一书中得到充分的体现。[①] 在一篇无名氏发表的题为《论东印度贸易及其对王国的重要意义》的论文中，开宗明义地提出了一个原则声明："大宗贸易和商业的好处现在已经得到各个文明国家的普遍承认。"而且，文明的程度高低是同是否承认这些好处成正比的（佩雷菲特，2001，第 164 页）。对商业的不同态度，还在很大程度上影响着经济增长绩效。[②]

2. 古典经济学对流通与中间商的重视

古典经济学向来重视经济组织问题，甚至将经济组织问题作为研究重点（杨小凯，2003）。古典经济学的重要思想来源之一，是著名神学家和哲学家阿奎那。阿奎那虽认定商业从交易中获利不道德，但也承认商业承担了风险，为社会创造了时间价值和空间价值。休谟认为商人能使人们获得以前完全接触不到的商品，因而商业是十分必要的（廖斌，2015，第 93 页）。魁奈被认为在流通和再生产理论方面对斯密和马克思都有重要启发（高荣贵，1962）。曾当过宫廷医生的魁奈，将资本流通或货币流通比喻为血液循环。[③] 斯密对经济组织问题尤其是分工问题高度重视，并认为商人具有更倾向于节约和节俭的品质。[④] 马尔萨斯也认

---

① 他对商人这一职业的"高贵"激动不已，认为"商人肩负与其他各国往来的商务而被称为国家财产的管理者"是"当之无愧的"，并将他的一切希望都寄托在儿子的经商志向上——"所以（我的儿哟），现在我应该对你说一些有关商人的事情，因为我希望将来在适当的时候，让你投身于这项职业"（孟，1965，第 1 页）。他还强调，商业和商人对于那些资源贫乏，"一无所有"的国家（如荷兰）显得尤其重要（孟，1965，第 74 页）。

② 当法国人本能地蔑视商业竞争的时候，英国人虽然也一度抵制过商业竞争，后来却把商业竞争看作救星而深信不疑。对于前者，商业竞争是藐视的对象，对于后者，商业竞争则是一次难得的挑战（佩雷菲特，2001，第 163 页）。伏尔泰也写道："在法国，侯爵傲慢地鄙视商人，而商人经常听到人们轻视地谈论他们的职业以致有时他们会愚蠢地脸红。然而，我想知道到底谁对一个国家更有用处，是一个准确地知道国王几点钟起床，几点钟就寝，带着了不起的神情出入某个部长接待室的有权势的贵族，还是一位给他的国家增加了财富，从他的办公室向开罗的苏拉特发布命令，有助于世界福利的商人。"参见杨小凯（2003，第 20 页）。

③ 在牛津词典中，"circulation"的第一层含义恰恰是血液循环（丁涛，2013，第 22 页）。

④ 恩格斯也指出，斯密证明了商业的本质中就有人道的基础，商业不应当是"纠纷和敌视的最丰产的泉源"，而应当是"各民族、各个人之间的团结和友谊的纽带"。参见《马克思恩格斯文集》（第 1 卷），人民出版社，2009，第 61 页。

为国家收入和财富不仅来自生产，也来自商业（廖斌，2015，第93页）。

3. 马克思对流通与中间商的研究

马克思对流通和中间商的重视程度，在他那个时代恐怕无人能比。马克思在重视生产对流通的决定作用的同时[①]，并不忽视流通对生产强大的反作用。马克思指出："产品只有在它进入流通的场合，才成为商品。"[②] 在《资本论》第二卷中，马克思指出："流通和生产本身一样必要，从而流通当事人也和生产当事人一样必要。"[③] 另外，正如前文已经指出的，马克思特意区分了流通本身（商人阶层内部的交换）与流通的结局（商人阶层和消费者之间的交换），这也体现了马克思对中间商的重视。

4. 新古典经济学对流通与中间商的忽略

新古典经济学所展示的，是一个没有交易成本的"无摩擦"的世界。在这样一个"无摩擦"的理论大厦中，显然不需要中间层组织，甚至连企业也无存在之必要，流通与中间商被忽视是必然的。正如石原武政和加藤司（2004，中文版序言）所指出的，经济学对流通过程并没有给予积极的关注。在主流经济学范式中，既然市场机制被"看不见的手"所操纵，就自然不必去理会生产和消费之间的流通。简言之，新古典经济学把商品流通过程简化掉了（夏春玉和郑文全，2000）。正如杨小凯（2003）重点指出的，新古典经济学研究的重点是既定经济组织下的资源配置问题，而不是经济组织问题。因而，新古典经济学显然不适合直接用于分析现实经济社会中的流通问题，也不适合直接用于分析中间商。对中间商的研究，必须清晰描述赋予中间商功能和地位的交易摩擦。但新古典经济学缺乏描述交易摩擦的模型，为此，Rubinstein 和 Wolinsky（1987）建立了一个包含买方、卖方和中间商的市场模型，提供了分析中间商行为的分析框架，并为此后很多相关文献的深入讨论奠定了基础。Mortensen 和 Wright（2002）通过增加搜索成本并将匹配技术和谈判规则一般化而拓展了 Rubinstein 和 Wolinsky（1987）的模型。Biglaiser

---

[①] 马克思指出："交换的深度、广度和方式都是由生产的发展和结构决定的。例如，城乡之间的交换，乡村中的交换，城市中的交换等等。可见，交换就其一切要素来说，或者是直接包含在生产之中，或者是由生产决定。"参见《马克思恩格斯文集》（第8卷），人民出版社，2009，第23页。

[②]《马克思恩格斯全集》（第26卷·第3册），人民出版社，1974，第317页。

[③]《马克思恩格斯文集》（第6卷），人民出版社，2009，第143页。

（1993）和 Li（1998）研究中间商的内生出现，Fingleton（1997）以及 Hendershott 和 Zhang（2006）研究了直接交易与间接交易的竞争，Rust 和 Hall（2003）研究了中间商之间的竞争。

5. 非主流经济学对流通与中间商的研究

正因为现实世界中的摩擦无处不在，无论是搜寻、谈判、度量、执行、监督，都是要耗费成本的，交易并非自动地无成本地完成的，这正是企业之所以出现和存在的基本逻辑，也是以科斯（Coase，1937）为代表的交易成本经济学的精髓。不同于威廉姆森（Williamson，1985）的市场与企业"两分法"，现实经济中的组织形式，有很多既不是纯粹的企业，也不是纯粹的市场，而是介于两者之间的中间形式，如网络、联盟等。新制度经济学代表人物威廉姆森（Williamson，2000）自己也认识到上述局限性，并用"市场、混合形式、企业和官僚"四分法替换了之前自己提出企业/市场两分法。但是，这种划分反映的并非纵向渠道间的"交易关系"，也无助于对中间商和流通问题进行专门分析。

作为对古典经济学重视经济组织问题思想的重要复兴，新兴古典经济学对中间商及其角色高度重视。杨小凯和黄有光（1999）使用超边际分析方法，推进了对"职业中间商"（professional middlemen）的形式化分析。杨小凯和张永生（2003，第 141～143 页）利用新兴古典经济学的分层交易网络模型解释了交易中分工水平提高以及交易结构层次增加的现象。结合序贯均衡分析方法，杨小凯和张永生（2003，第 141～143 页）证明了分工会随着时间的流逝而自发地演进，交易的分层结构也会自发地演进，从而将交易层次的演进内生了。庞春（2009）认为，交易效率的充分改进促进了交易作为专业服务活动从生产活动中的分离，从而就可以很好地解释"交易服务中间商"的出现。其实，新兴古典经济学的以上思想甚至可以追溯到 100 多年前的 Shaw（1912，1915）[①]，他从市场与分工的角度，系统地解释了中间商的形成与演化，解释了批发零售功能的分化和交易层级的形成。

奥地利学派对中间商有独特见解，后者甚至成为早期市场营销学的经济理论基础。作为奥地利学派创始人之一的门格尔（2005，第 105 页）

----

① 1915 年专著更早的版本（该专著的最后三章）为 1912 年发表于《经济学季刊》（QJE）的同名论文（Shaw，1912）。

认为，商业能够为人们需求的满足提供服务，为社会创造了价值。奥地利学派的杰出代表人物庞巴维克将后来被称为"功能分析"或"功能主义"的思想用于对流通活动的分类（Goehle，1987）。受庞巴维克启发，Shaw（1915）将所有商业活动划分为生产活动、流通（distribution）活动和辅助性活动三大类，进而对流通活动进行专门讨论，开创了流通经济研究的"功能分析"传统。在他看来，传统中间商在承担商品集中、分类、销售等基本功能的同时，还承担着保险、金融、运输等辅助功能。随着分工的不断深化，中间商的上述辅助功能趋于退化，甚至连销售功能也有所退化，背后的主要原因是：一方面，不断涌现出来的保险、金融、运输等专业机构或曰功能中间商（functional middlemen）更有效地承担了保险、金融、运输等功能；另一方面，生产者通过品牌、广告等营销行为，承担了更多销售功能。因此，传统中间商所承担的功能，只剩下对商品的集中、分类、再运送和部分销售。Shaw（1915）基于功能主义和演化的视角，前瞻性地解释了传统中间商地位和利润下降的原因。其他著名学者（Alderson，1957；Cox，Goodman and Thomas，1965）也论述过上述类似的商品流通组织演进过程。另外，部分经济学家和新经济社会学家从社会网络角度分析了中间商的功能（Hsing，1998；Qiu and Spencer，2001）。

6. 中间层组织理论的相关研究

所谓的中间层组织，带有企业与市场的双重特性，是市场与企业组织相互渗透的产物，也可视为单纯市场机制失效与纯粹企业组织机制失效的产物（姚小涛和席酉民，2001；今井贤一、伊丹敬之和小池和男，2004），科层式管理与市场机制同时调节着资源配置，是有组织的市场，也是有市场的组织。

在中间层理论出现之前，包括新古典经济学和交易成本经济学在内的重要经济学流派均对企业的存在进行过解释。[①]　在新古典经济学看来，

----

① 新古典经济学虽然利用成本函数描述企业，但企业事实上是一个投入 – 产出"黑箱"，未能明确市场出清的内在机制；产业组织理论强调厂商的市场势力及其行为对市场绩效的影响，从产业层面注重对企业产量、定价和投资等竞争策略的分析，更适合解释不完全竞争产品市场中企业所拥有的定价等权力；交易成本经济学以交易作为分析单位，寻求市场交易成本超过组织成本的企业边界，但对市场的性质和交易成本差别的根源缺少足够解释；激励理论重点研究在信息不对称条件下企业所有者与经理人的委托 – 代理问题，以及企业多层代理和团队激励约束的逆向选择和道德风险问题，但过于局限在企业内部分析信息不对称问题。参见斯普尔伯（2002，第40～41页）。

交易主体不是生产者，就是消费者，卖方和买方可瞬间通过并不存在的"拍卖人"无成本地完成交易，是不需要借助中间商的。交易成本经济学明确意识到新古典经济学的上述理论缺陷。但是，以交易成本经济学为代表的新制度经济学，也仅仅是把企业视为市场的替代物，一种在一定范围内比市场更有效率的组织形式（荣朝和，2006）。所谓的中间层组织理论，可视为基于交易成本理论的拓展，甚至可称为中间层组织的交易成本理论。该理论的创新之处在于，正确地指出了以批发商、零售商、物流服务商和金融服务商等为代表的中间层组织，能够有效降低生产者与消费者直接交易的成本，从而有助于更好地实现市场均衡。不同于传统的交易成本理论，在中间层组织理论看来，中间层组织是对原有交易组织的替代，或者说是"交易组织间的替代"，而不是对市场的替代。

这样，由斯普尔伯（Spulber，1996；Spulber，1999）开创的中间层组织理论扩展了交易成本理论的研究范围和加大了交易成本理论的深度，重新打开了企业尤其是中间层组织的"黑匣子"。中间层组织理论的基本要旨是，经由中间人的交易，比消费者和供货人之间的直接交易，能带来更多利益（斯普尔伯，2002）。如果按照新古典经济学的设想，在一个没有中间层组织的世界里，买卖双方的直接交易必然面临很高的成本，从而降低了经济系统的运行效率。在中间层组织理论看来，介于消费者和生产者之间的"中间人"是促成潜在交易得以实现的关键。厂商所做的不仅仅是利用市场，它们创造那些能利用技术变革和市场机会的新交易，并把自己变成签约活动的中心（斯普尔伯，2002，第442～443页）。该理论从一个新视角解释了相当一些类型的企业为什么产生，以及市场的微观运行机制。基于中间层组织理论，市场的微观结构本质上是交易结构，而非科斯意义上的生产结构。

7. 中间商的流通功能、流通服务与流通费用

当前，学界对中间商提供的基本服务的认知基本达成一致，即中间商的基本任务，是将物质产品传递给消费者，即流通活动。流通活动可视为"另类"生产活动，与一般生产活动的差异在于，它提供的不是有形的产品，而是将有形的产品运销至消费者过程中所发生的无形服务，包括集货、加工、运输、仓储、营销、售后服务等。在中间商的所谓"层层加价"背后，是它们提供的流通或分销（distribution）服务，至少

包括环境（ambiance）服务、品类（assortment）服务、区位服务尤其是地理便利性（accessibility of location）、交付（assurance）服务、信息（information）服务（贝当古，2009，第21～22页）。相似的看法是，中间商提供了包括形式效用（form utility）、地域效用（place utility）、时间效用（time utility）和占有效用（possession utility）（周应恒，2016a，第1页；库尔斯和乌尔，2006）在内的诸多"效用"。中间商提供的"服务"或"效用"，在经济交换中起着"桥梁"作用（庞春，2009）。

　　中间商提供的服务水平越高，它们必须承担的费用一般也越高。以零售商为例，它们提供的高水平零售服务在增加自身运营成本的同时，大大降低了消费者的交易成本，即发生零售商与消费者之间的成本转移（cost shifting）（贝当古，2009，第23页）。分销服务隐含在分销商所提供的具体商品或服务中，并且分销服务的价格没有另外单独定价。以零售商为例，有形的零售产出（商品）与无形的分销服务构成了一个"结合体"（bundling），这种结合体可称为组合商品（贝当古，2009，第9页）。分销商的买卖价差，既反映了交易服务的价格，也反映了它们转卖产品的价值增加（庞春，2008）。

　　越来越多的流通经济学者认识到，流通成本不仅包括中间商支付的费用，也包括消费者必须支付的费用。最早明确提出这一观点的学者是巴克林（Bucklin，1966）。巴克林（2012）在Bucklin（1966）的中文版序言中再次强调，渠道服务提供者（制造商、中间商、公共机构及其代理）仅仅承担了部分将商品带至市场所必需的任务，而接受服务的终端用户（如家庭、商业买主、政府机关）也分担了这一任务，因而在渠道服务提供者和接受者之间存在各种权衡关系，从而渠道具有系统性特征。田村正纪（2007）明确将流通成本区分为消费者费用（消费者自己完成流通功能行为必须承担的费用，包括多种货币费用、用于购物的时间费用和体力心理方面的费用）和盈利渠道费用（生产者和中间商在营业场所分散、备货及环境舒适方面提供一定水准的服务所必须支付的费用）。

　　一般而言，如果将流通费用作为纵坐标，将流通服务水平作为横坐标，那么，消费者费用是一条向右下方倾斜的曲线，而盈利渠道费用则是一条向右上方倾向的曲线，两者之和则是一条先下降后上升的U形曲线（如图2－1所示）。

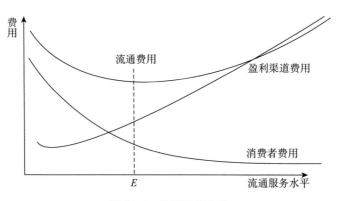

图 2 - 1　流通费用曲线

（二）关系网络与流通组织演进

在流通组织演进研究中，一个重要的分支就是从关系网络视角展开的。关系网络的基本特征：一是关系网络内成员热衷于反复交换，有助于维持网络内成员的合作；二是关系网络内成员能完全了解彼此特点，有助于互相匹配或给予网络外的商业机会。因此，借助关系网络可以较好地克服契约执行不力等机会主义行为，从而促进商品交易。根据学界的已有研究成果，关系网络影响商品交易的机制主要包括如下方面。

第一，通过同族中的"道德社群"影响商品交易。同族网络中的商品交易是通过建立一个"道德社群"来产生信任并减少机会主义行为的（Cohen，1969）。宗族组织行使着保护宗族成员生活和财产的职责，同时能缓和冲突并执行非正式的评判（Huang，1993）。团结是宗族体系的一个显著特征。不过，不同宗族个体间的纠纷常引发宗族间的整体冲突（Peng，2004）。由此带来不同宗族能否顺利展开商品交易的问题。① 实际上，在一个"道德社群"中，声誉效应是重要因素。② 对此，青木昌彦（2001，第三章）以热那亚商人之间的交易关系为例进行了清楚透彻的说明。

第二，通过同族网络中的集体惩罚措施影响商品交易（Greif，1989；

① 格里芬（Greif，1994）研究发现，利用社会网络来促进跨文化的交易，静态有效但动态无效。因为一个来自群体外的代理人会得到更多工资，网络主导的交易增长会被商人不愿意遵循"集体主义策略"所阻碍。

② 声誉效应最早由克瑞普斯和威尔逊（Kreps and Wilson，1982）提出，且克瑞普斯随后（Kreps，1990）全面讨论了声誉效应机制。

Cohen，1969）。实际上，道德社群和集体惩罚并非相互独立的，两种机制完全可以并存。暴力机制（或复仇机制）是针对非合作行为的一种典型的私人治理机制，它不仅历史悠久，而且影响深远，甚至在现代文明社会还可以经常见到这种重要的"治理机制"的影子（埃格特森，1996，第256~260页）。

第三，通过强化信任促进商品交易。信任在商品交易中表现为网络节点中点对点的重复博弈，在无限期重复博弈中，交易双方有必要维系这种长期交易关系，从而最优均衡是双方都不欺骗，相互信任。在双边贸易中，华人网络能增加有差异产品的贸易量。据保守估计，华人网络所带来的效应使双边贸易中有差异产品的平均增长率接近60%（Rauch and Trindade，2002）。另外，网络密度促进了信息传播，增进了成员间信任，促进他们通过合作解决集体行动难题（Gould，1993；Marwell，Oliver and Prahl，1988）。

（三）农产品流通组织模式与交易机制

农产品流通组织模式与交易机制，在很大程度上可视为农户的组织化或一体化。农户组织化无非横向一体化和纵向一体化两种形式。国内外对农业组织的研究，最流行的范式是基于不同程度的纵向一体化进行探讨，这在很大程度上源于很多发达国家农业的纵向一体化程度有所上升，尤其是农产品通过订单方式实现的产量占比不断提高（Hobbs and Young，2001）。[①] MacDonald、Ahearn 和 Banker（2004）统计发现，1991~2001年，美国所有农产品生产和销售采取合同方式实现的产量占比从28.9%上升到36.4%。

以上趋势所代表的，正是发达国家现代农业组织的演化趋势，即日益向不同方式的纵向一体化转型。依照农业关联企业与农民结合的不同方式，或按照纵向协调的方式，农产品流通组织模式大致有农工商综合体、合同制（即所谓"合同农业"或"订单农业"）和农民合作社等三

---

① Hobbs 和 Young（2001）针对美国和加拿大农产品从生产者到消费者的供应链的研究发现，20世纪80年代以来，农业的纵向协调程度越来越高，农产品现货市场在农产品生产和销售中所使用的比例越来越少；而基于合同、特许权、战略联盟、合资和垂直一体化的协调方式越来越得到普遍采用——在1991~1997年美国农产品生产和销售采取合同方式的占全部总额的比例从16%上升到31%。

种形式（张晓山，2006）。① 实际上，对农工商综合体的研究，更多地属于企业管理研究的范畴，经济学研究比较少见。这样，按照农户组织化形式或交易机制进行划分，经济学领域的研究多针对合同制和合作社。

1. 对合作社的研究

从国外学界看，伴随着西方各国农业合作社的迅速发展及其在农业中地位的不断提升，学者们进行了大量研究（Domar，1966；LeVay，1983）。进入 20 世纪 90 年代以后，国外经济学特别是农业经济学领域的主要期刊，每年都有大量有关合作社的高水平论文发表（Sexton，1990；Bonin，Jones and Putterman，1993；Featherstone and Al-Kheraiji，1995；Tennbakk，1995；Fulton and Giannakas，2001；Hendrikse and Veerman，2001；Karantininis and Zago，2001；Sykuta and Cook，2001）。麻省理工学院著名学者 Banerjee 及合作者（Banerjee、Mookerjee 和 Munshi 等 2001）在 *Journal of Political Economy* 发表的论文，专门剖析了印度马哈拉施特拉邦（Maharashtra）糖业合作社的不平等、控制权与寻租问题。

从国内学界看，很多学者早期往往在"农业产业化"语境下对合作社进行探讨，如秦庆武（1999）剖析了农业产业化与农村合作制的结合；黄祖辉和梁巧（2007）基于"小农户对接大市场""农业产业化"等研究了合作社。国内多数学者都看好农民合作组织（早期的研究还包括农民专业技术协会）尤其是合作社的发展。民国时期和新中国初期的代表性成果有李寅北（1936）、彭莲棠（1948）、徐旭（1950）。改革开放以来，较早对合作社进行系统研究的代表成果包括张晓山和苑鹏（1991）、徐更生和熊家文（1992）、樊亢和戎殿新（1994）以及周兆生（1999）。进入 21 世纪以后，成果更是呈爆发性增长态势。

2. 对订单农业的研究

对订单农业的研究文献，比较有影响的是 Rehber（2000）、Singh（2002）、Carlos 和 de Silva（2005）以及 Ramaswami、Birthal 和 Joshi（2006）。国内学者对订单农业的研究，多基于对"公司 + 农户"模式（及其他类似组织模式）的探讨，其中非常重要的方面就是龙头企业与

---

① 三种模式的区分只是理论上的；在现实中，以上三种模式间可能存在一些交叉，如订单农业的实施有时借助于合作社。

农户之间的利益联结机制及履约问题（应瑞瑶和郭忠兴，1998；傅晨，2000；杜吟棠，2002；周立群和曹利群，2001；尹云松、高玉喜和糜仲春，2003；侯守礼、王威和顾海英，2004；郭红东，2005；何嗣江，2006；徐忠爱，2007；生秀东，2007；田敏和张闯，2010；卢昆和马九杰，2010；毛飞和霍学喜，2010；徐雪高和沈杰，2010；杨明洪，2011；刘晓鸥和邸元，2013）。以上文献广泛采用了新制度经济学（尤其是交易成本经济学和契约经济学）、新经济社会学等学科的方法，得出了颇具价值的结论。但是，农户是否从"公司＋农户"这种组织模式中获得了实质性好处，则是值得继续深入探讨的问题。在有些学者看来，农户把握市场的能力不仅未能提升，反而由于"受惠"于合同而有所下降。洪银兴和郑江淮（2009）指出发展中国家的农户面临被不断强化的农产品价值链"挤出"的风险。近10年来，国内越来越多的学者开始表现出对订单农业的失望。何秀荣（2009）认为"企业＋农户"在长期中行不通；黄祖辉（2018）认为"公司＋农户"的产业组织模式存在企业与农户交易成本过高和交易不确定性的问题。

3. 对其他农产品流通组织模式的研究

在订单农业、农工商一体化企业和农民合作社之外，其实还存在很多其他类型的农户组织化形式。但是，国内学界对农户组织化形式的研究，高度集中于农民合作社和订单农业（尤其是"公司＋农业"）这两种形式，有意无意地忽略了现实中多样化的组织化形式。何秀荣（2009）认为，从长期看公司农场将是未来农业微观组织的重要形态。"农户与村集体"的双层经营体系也曾被认为是一种重要的组织化形式，但存在村集体功能受制于社区空间以及村集体功能多样、难以倾力于经济活动的问题（黄祖辉，2018）以及容易强化能人依赖（罗必良，2016）。罗必良（2014）还深度挖掘了"共营制"案例。陈义媛（2018）研究了农产品经纪人或商贩等中间商主导的纵向一体化形式。通过对湖北省某葡萄种植专业村的案例研究，徐振宇（2011）提出了一种被学界、政界忽视的农业组织模式，即"小农－企业家"主导的农户组织化模式，并阐明了这种模式背后的运行机理。在这种组织模式中，微型家庭农场单凭自身的力量，依靠小农间的非正式合作，也完全能够在技术创新、市场范围扩展、融资等诸多方面实现农业组织创新。除此之外，现实中一定存在很多处于中间状态或模糊地带的农户组织化形式。

另外，国内学界对国外农产品流通体系做过大量介绍（中国农业科学院农产品流通考察组，1985；段应碧、徐国耀和张路雄等，1989；杨文泉，1992；郭冬乐、宋则和王诚庆，1997；门峰，1999；方志权和焦必方，2002；俞菊生，2003；何劲和祁春节，2004；俞菊生、王勇和李林峰等，2004；方志权和顾海英，2004；陈炳辉和安玉发，2006；刘天祥，2006；陈淑祥，2006；陈汉能，2007；袁平红，2009）。同时，关于农产品流通体系的境内外比较，农业部市场与经济信息司（2010）和周发明（2009）的研究比较有代表性。根据农业部市场与经济信息司（2010）的总结，世界范围内各国农产品市场体系大致可以分为三种模式，即：以小规模农户和农民合作组织为基础并以批发市场为中心的东亚模式；以中等规模农场和合作社为基础，批发市场和产销直接挂钩方式并举的欧盟模式；以大农场为基础，以农场与连锁超市直接挂钩销售为主的美国模式。

农产品流通体制改革是农产品流通研究的传统领域，吸引了农业经济学领域很多学者的关注（姚今观和纪良纲，1995；李炳坤，1999；石磊，1999；徐柏园，1999；林家宏、温思美和罗必良，1999；温思美和杨顺江，2000；罗必良，2003；张闯和夏春玉，2008）。农产品流通体系与流通渠道，是农产品流通研究最活跃的领域之一，研究内容涉及农产品流通中介组织的形式与运行机制和效率、农产品流通渠道建构、农产品流通市场体系等方面（牛若峰等，2000；曹利群，2001；周立群和曹利群，2001；张晓山，2002；牛霞和安玉发，2003；孙剑和李崇光，2003；陈阿兴和岳中刚，2003；罗必良，2004；张闯和夏春玉，2005；原梅生和弓志刚，2005；赵晓飞和李崇光，2008；郭崇义和庞毅，2009）。在中国农产品流通渠道研究中，批发市场恐怕是最受重视的领域之一，代表性研究成果包括毕美家（2001）、李泽华（2002）、黎元生（2003）、徐柏园和刘富善（2003）、王志刚和马建蕾（2007）、中商流通生产力促进中心和中国人民大学流通研究中心（2010）、朱桦（2013）。农产品流通体系以批发市场为中心，早已成为国内很多学者的共识（林家宏、温思美和罗必良，1999；温思美和杨顺江，2000）。现在看来，以上看法仍然非常符合中国国情。

另外，国内有一批学者早已开始注意到新型零售商（尤其是超市）崛起对农产品流通渠道和流通体系创新的影响。在这个领域，胡定寰等学者做了大量开拓性和持续性的研究（胡定寰、陈志钢和孙庆珍等，2006；王素霞和胡定寰，2007）。必须承认，工业化、城市化、市场化的加速发展，尤其是现代超市等新型零售商的崛起与城乡居民消费升级，为高价值、高品质农产品流通提供了强大动力。就目前而言，大型超市对农产品供应链的驱动、控制和整合尚未真正体现出来，现代超市等新型零售商对农产品流通的影响，还有进一步提升的空间。与商务部等国家部委开始强调"农超对接"模式相呼应的是，国内学者对该模式进行了研究。熊会兵和肖文韬（2011）分析了"农超对接"的实施条件与模式，张浩和安玉发（2010）研究了"农超对接"流通模式及其发展趋势。

　　总体而言，国内外已有文献对农产品流通组织演化的研究比较少见。更多的研究集中于农产品流通组织的优化与"重构"。但是，已有文献在很大程度上忽略了农产品流通体系的演化与自组织本质特征。我们承认农产品流通组织也有他组织的空间，但是，就各国经济发展的历史经验教训看，农产品流通组织主要是自组织过程，这也正是本书的标题采用"农产品流通组织演进"而非"农产品流通组织重构"或"农产品流通组织优化"的重要原因。

（四）农产品流通渠道、环节与收益分配

　　农产品流通渠道的长短，往往由很多复杂的经济社会因素共同决定。就美国而言，由于蔬果种植区域的高度专业化，少数州的生产就在全美占据主导地位。如加利福尼亚州生产了全美所有水果的30%，超过50%的蔬菜以及超过60%的加工蔬菜（库尔斯和乌尔，2006，第422页）。无论导致果蔬区域专业化的原因是什么，这种格局都拉长了营销渠道，提高了运输成本，并加快了农场的专业化与组织化进程，促使农产品生产转移并集聚到成本更低的区域；产生了大量合作性组织，包括合作社、广告宣传团体和谈判协会；延长了大部分产品的销售季节（库尔斯和乌尔，2006，第422~423页）。美国的农产品流通渠道虽然有所延长，但是，由于农场的大型化、专业化与合作化，由于大型连锁零售集团市场势力的不断增强，批发市场往往不占主导地位，农场与零售终端之间比较容易实现"对接"，因而其农产品流通环节往往较少。加拿大和一些西欧国家与美国的情形类似。但是，对于日本、韩国等东亚国家和一些发展中国家而言，一方面，流通渠道有延长之势，另一方面，小农经济

的特点，决定了批发市场仍将在相当长时期内在农产品流通中占据核心地位，加上其连锁商业的发展水平普遍低于欧美国家，从而农产品流通环节不可能在短期内迅速缩减。农场与零售终端（如超市）之间的对接远比欧美国家困难。Reardon 和 Berdegue（2002）研究发现，生鲜超市发展会挤占批发市场和小农户的生存空间，超市将成为生鲜农产品流通的主渠道。Coughlan 和 Lal（1992）认为，流通渠道伴随市场结构变化和经济发展水平提高而越来越趋向于功能专业化，从而必然会使渠道成员增加，导致流通渠道变长，渠道系统也将变得更复杂；Shimaguchi 和 Lazer（1979）发现激烈的市场竞争使得流通渠道成员联盟和功能整合常态化，渠道将变得更短。

农产品流通渠道是农产品从生产者经中间商到消费者的整个流通通路（郑鹏和熊玮，2018）。胡华平（2011）区分了传统农产品营销渠道和现代农产品营销渠道，后者被认为是以现代超市和零售企业、专业农产品供应商、现代加工和物流企业、组织化的农户等为参与主体，农产品采供货合同化、职能分工专业化、突出价值链增值和密切协作的新型高效率渠道系统。郑鹏和熊玮（2018）指出了农产品市场的"电商化""期货化""能源化""金融化"等新趋势。李崇光等（2016）在提炼典型国家（地区）农产品流通现代化进程经验的基础上，提出了应建立"扁平化、多元化"渠道结构、建立"联盟化、一体化"渠道系统、建立"专业化"渠道职能，打造"组织化、规模化"渠道主体，建立"信息化"渠道运作体系。

美国等发达国家很早就非常重视农产品流通渠道的收益分配问题，其中最有代表性的研究成果，当推美国农业部、国会、国家食品营销委员会等机构所做的基础性工作和系列研究报告。20 世纪早期，*Journal of Farm Economics*、*The American Economic Review*、*Journal of Marketing* 等期刊就经常刊载农产品价格波动与流通成本分摊、利润分配方面的研究文献。早在 1921 年，美国国会就指定一个农业调查联合委员会调查"支付给生产者的农场产品价格与消费者所付出的最终成本之间存在差距的原因"。1935 年，国会认为联邦贸易委员会有责任分析"消费者购买农产品所付出的最终成本在农场主、加工商和经销商之间的分配情况"。1966 年，美国成立国家食品营销委员会，研究农产品和零售食品之间的价格差距产生和不断加大的原因成为其重要职责（库尔斯和乌尔，2006）。

在美国农业部经济研究署的网站上可以很方便地找到美国几十年来的相关数据及深度研究报告，它非常详细地划分到品种来公布数据。20世纪90年代，小林康平、甲斐谕和福井清一等（1998）对各国批发市场机制进行了系统的国际比较研究，也涉及农产品流通收益分配。

成本分摊与利润分配也是重要的研究热点，尤其是对所谓"最后一公里"问题的研究。穆月英和笠原浩三（2006）研究了日本蔬菜水果流通渠道及其盈利率。孙侠和张闯（2008）发现在蔬菜流通主体之间，利润分配不均衡，其中中间商获取了较高的利润。杨宜苗和肖庆功（2011）调查了不同流通渠道下葡萄流通的成本、效率与利润分配。郎咸平（2011）指出菜价高的原因不在于中间环节，而是广义租金太高，认为国家应加大补助力度，建立多个街市来降低蔬菜的价格。另外，国内文献在农产品价差方面进行了相关研究（任潞生和张宏，1997；辛贤，1998；范润梅、庞晓鹏和王征南，2007；高静娟和陈煜，2011）。同时，农产品流通效率也是重要的研究热点，其中包括农产品流通效率衡量、影响因素及优化对策等，代表性文献包括李春海（2005），张闯和夏春玉（2005），徐振宇和谢志华（2007），张浩、孙庆莉和安玉发（2009）以及欧阳小迅和黄福华（2011）等。

（五）农产品流通中的价格波动与价格传导

价格波动影响资源配置，而价格传导（price transmission）同时存在于纵向市场和横向市场。国外文献对价格传导尤其是不对称价格传导（asymmetric price transmission）非常感兴趣。Peltzman（2000）发现不对称价格传导是价格传导的规律而非例外。而不对称价格传导的原因主要是存在市场支配力（Kinnucan and Forker，1987；Abdulai，2002；Damania and Yang，1998）和调整成本或曰菜单成本（Ball and Mankiw，1994；Bailey and Brorsen，1989），其他因素还有政策干预（Gardner，1975；Kinnucan and Forker，1987）、信息不对称（Bailey and Brorsen，1989）和库存管理（Blinder，1982；Reagan and Weitzman，1982；Wohlgenant，1985）。国内学者对农产品价格波动的研究，往往更关注粮食、棉花、猪肉等品种（程国强、胡冰川和徐雪高，2008；翟雪玲和韩一军，2008），虽然有学者（王学真、刘中会和周涛，2005；孙侠和张闯，2008；张利庠、张喜才和陈姝彤，2010；杨宜苗和肖庆功，2011；杨志宏和翟印礼，2011；

李桂芹和王丽丽，2012）对蔬菜价格波动进行了探讨，但所采取的研究方法要么过分简化（比如追踪某种产品从田间地头到消费者的整个流通过程），要么严重忽视了深度访谈与参与式调查的价值。国内对农产品不对称价格传导的研究虽然起步较晚（胡卓红和申世军，2008），但是也在逐步深入（董晓霞、许世卫和李哲敏等，2011；高扬，2011；顾国达和方晨靓，2011；宋长鸣、徐娟和章胜勇，2013）。

（六）已有文献的综合评述

通过国内外文献回顾可知，关于农产品流通的组织模式、渠道、成本分摊与利润分配等问题的研究正逐渐深入、具体，取得了很多有价值的成果。

从理论基础看，已有文献使用了经济学（主要是农业经济学和流通经济学）、管理学（尤其是供应链管理与市场营销学）、社会学（尤其是新经济社会学）等多个学科的理论，其中新经济社会学尤其是基于社会资本与社会网络的研究比较引人注目。赵泉民和李怡（2007），张闯、夏春玉和梁守砚（2009），夏春玉等（2009），徐健、张闯和夏春玉（2010），徐振宇（2011）等基于社会网络较深入地研究了农产品流通与营销渠道问题。张闯、夏春玉和梁守砚（2009）将关系交换理论引入对农产品交易关系的研究，考察了交易关系的类型、治理机制及其对交易绩效的影响。

从方法论看，国内的研究大致可划分为两种：动态演化的方法论和整体主义的静态方法论。考虑到农村、农业和农民的高度异质性，同时考虑到农产品流通的复杂性和演化特征，考虑到企业家精神、试错、学习在农产品流通中的重要作用，似乎更应重视前一种方法论。

从研究方法看，受制于所研究问题的性质、研究经费，加上农业部、商务部、统计局等政府部门很少对外公开发布农产品批零价差变动与流通成本分摊等重要数据，现有研究更倾向于采用质性研究尤其是案例研究法，这虽然有可能导致结果缺乏足够的代表性、权威性和解释力，却是当前不得不采用的方法（罗必良、温思美和林家宏，1999；傅晨，2000；尹云松、高玉喜和糜仲春，2003；王学真、刘中会和周涛，2005；孙侠和张闯，2008；翟雪玲和韩一军，2008；张闯、夏春玉和梁守砚，2009；夏春玉等，2009；徐健、张闯和夏春玉，2010；徐振宇，2011）。另外，以计量经济学方法为主导的经验研究则日益成为重要研究方法

（胡定寰、陈志钢和孙庆珍等，2006；屈小博和霍学喜，2007）。

总体而言，关于农产品流通理论与政策的国内外研究文献，无论是在研究方法、研究视角、方法论，还是在研究内容和研究结论方面，显然都还有进一步提升的空间。主要的突破点可能在于如下方面。

第一，已有研究多关注农产品流通组织模式、路径、渠道等经验层面的问题，而在很大程度上忽视了对流通组织运行机制与机理的研究。

第二，中国农业、农村和农民有太多传统因素，在农民的组织化程度，在农户经营规模，在农产品生产、流通与消费等诸多方面，都与发达国家有显著差异。从而也就决定了，中国农产品流通体系与流通组织的学术研究，不能简单追随发达国家的研究范式、研究视角、研究方法和研究内容；不宜"移植"式借鉴发达国家经验；考虑到数据的可获得性和真实性，也没有必要过于强调定量分析方法，没必要拘泥于经济学学科范畴，有必要综合经济学、管理学和社会学的观察视角，结合质性分析与量化分析，结合案例研究与计量分析，展开跨学科的深入研究。

第三，不能孤立地研究农产品流通成本、流通效率、流通渠道与质量安全等问题。以上重要问题都是紧密相联的，不仅需要将以上问题结合起来考察，还需要将农产品流通、农业技术扩散与农民的日常生活习俗等方面有机结合。实际上，现代农产品流通组织创新之中最根本的，就是农民的日常生活、技术创新与流通创新往往是有机统一与良性互动的。只有在一个较宽广的研究视野和视角下，才能更好地把握技术、流通、价格、成本分摊、利润分配与质量安全等诸多复杂问题，才能将社会资本、信息不对称、交易成本、组织与制度建构等众多理论范式有机融合，密切挂钩，而不是"头痛医头，脚痛医脚"。本书试图在研究方法、方法论、研究视角、研究内容方面，进行一些补充性研究。

二　分析框架

学界对组织的研究，一开始主要关注组织内部关系，后来主要关注环境尤其是技术与市场因素对组织的影响，再后来则聚焦制度尤其是文化、规范、社会关系等制度性因素对组织的影响（斯科特，2010）。受此启发，本书将流通组织理解为流通机构、流通功能、流通过程与机构间关系的统一，基于理论、经验、历史与比较"四位一体"的分析视角，突破一时一地一事之囿，研究组织惯例、技术进步、关系网络与制度变迁对农产品流通组织演进的影响。同时对境外农产品流通组织、交易、技术、政策等的演进进行比较借鉴，力图整体俯瞰把握农产品流通组织现象间的关联，提炼农产品流通组织运行及演进机制，描述中国农产品流通组织的约束条件与典型事实，总结农产品流通组织演进的中国特色，借鉴境外经验教训，探索中国农产品流通组织演进规律。总体分析框架如图 2－2 所示。

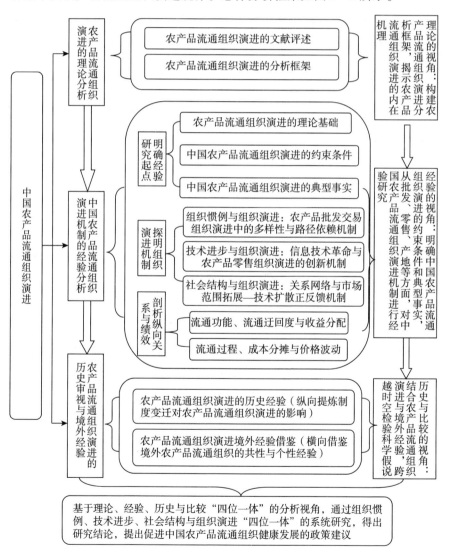

图 2－2　总体框架与主要内容

三　研究方法

本书以组织经济学为基础，以管理学与新经济社会学为补充，是典型的跨学科研究成果。本书在充分借鉴马克思的流通理论，农产品流通、中间层组织的经典文献以及高被引文献和最新文献的方法、范式与结论的基础上，明确研究起点和可能的突破点，完善研究框架与调查方案，以笔者对小规模农户、专业村、批发市场、批发商、零售商近20年的连续追踪田野调查和前期相关成果为基础，扩展调查样本范围，全面考察中国农产品流通组织演进理论、经验与政策层面的问题。全书通过主辅设计，以质性研究为主，质性与量化研究有机融合。

本书采取的具体方法主要是基于追踪田野调查的案例研究方法。本书以笔者对农产品批发市场、农产品经纪人和特色专业村的长期追踪田野调查为基础，通过单案例研究法、多案例研究法与比较案例研究法相结合，强化质性研究。在过去的十多年间，笔者已在北京、山东、湖北、湖南、安徽、广东、广西、河南、海南等省市的著名批发市场进行过多次的实地调查或访谈，在湖北、湖南等省对典型村庄、农产品经纪人、农户和龙头企业进行过持续的追踪，所选村庄在地区（有发达地区也有欠发达地区）、产业（既有劳动密集型产业，也有土地密集型产业和资本密集型产业）、产品（既有露地栽培产品，也有温室栽培精品）等多维度上具备典型性，以便展开多维度分类研究。调查者先与处于农业农村关系网络关键节点的精英人物"交朋友"，通过建构调查关系网络，融入农村关系网络，由此进入农业生产经营"现场"（包括田间地头、产地批发市场或农产品集货场所、一级批发市场、二级批发市场、农贸市场、早市、社区菜店、超市生鲜部等），高度重视以半结构化深度访谈形式采集一手资料，分别采用单独面访、集中访谈、参与式访谈、电话访谈、互联网工具访谈，以及列席村民会议和日常聊天等访谈方式，并借助部分问卷调查，展开比较案例研究。

本书调查面宽，样本量大，问卷质量存在不确定性，为保证资料来源的可靠性与深度，我们采取了一些措施克服调查困难：首先是适当缩小调查面，选取重点城市、重点产业、重点品种、重点村庄、重点批发市场和重点批发商进行调查；其次是通过试调查、反复修改访谈提纲和问卷增强调查的合理性；再次是遴选重点农户，展开半结构式深度访谈，并设法获取部分农户、中间商（包括批发商和零售商）的日记账，尽可能搜集一些实物或照片之类的证据；最后是充分利用寒暑假等相对集中的时间驻村（专业村）、驻场（批发市场）调查。为确保资料记录准确、整理及时，我们在现场调查期间每晚都对调查资料进行整理，并坚持写调查日记以发现不足、不确与遗漏部分，充分利用电话和互联网工具补充调查。

另外，本书还广泛采用比较制度分析方法，试图通过横向和纵向的组织与制度比较，得出更客观、全面、有说服力的结论。对需要定量或量化分析的问题，如总体现状、批零价差、成本分摊、价格波动等，都广泛采用统计分析方法。

四　研究特色

第一，"四位一体"的分析视角。将中国农产品流通组织视为复杂适应系统，为理解农产品流通组织演进提供整体分析框架，从理论、经验、历史、比较四方面的分析视角，在扎实的机理研究基础上，着眼组织惯例、技术变革、关系网络、制度变迁等层面，对中国农产品流通组织演进机制展开"四位一体"的经验研究，对农产品流通组织演进机制，对以往研究忽略的农产品流通微观结构，尤其是中间层组织的作用、职能及运行机理，进行深入系统的研究，增强了对农产品流通组织及其演进"微观结构"的理解。

第二，以翔实具体的研究设计作为研究的基本保障，研究方法方面有特色。我们长期追踪重点案例村庄和重点批发市场（包括销地批发市场和产地批发市场），这种基于长期追踪田野调查的比较案例研究，是基于不同地区、不同行为主体、不同利益群体采用多种调查方法展开全方位调查的典型"质性"研究，大胆借鉴了新经济社会学与人类学尤其是民族志的写作风格，研究方案是精心设计的，研究范围是清晰界定的，深度访谈能保证必要的深度、精度、准确度与针对性，资料来源尤其是一手资料来源是可靠的，从而整个研究是可行、可信、可靠的。

第三，从更符合国情、农情的视角分析中国农产品流通组织及其演进，研究视角有特色。研究农产品流通组织，既可以是农民视角、农民兼商人视角，也可以是媒体视角和专家视角；既可以是农村人视角，也可以是城里人视角；既可以是内部人视角，也可以是外来人视角。本书明确以农民（以及农民兼商人）、农村人、内部人视角为基础，同时适当跳出农村、农民、农业和农场，并以城里人、外来人视角为补充，高度重视对一线当事人的深度访谈和对农民、商贩的参与式追踪观察，使得研究更加有血有肉，更加接地气。

第四，尽可能分品种展开研究。以往的研究，大多数基于官方统计数据。而官方统计数据，基本以指数化方式呈现。由于存在产地集中度、耐储性、耐运性、货架期、消费习惯等诸多方面的差异，不同品种的农产品在流通成本分摊与价格波动方面存在极大的差异。那些通过指数化处理的各种农产品批发价格指数或零售价格指数，并不能较好地反映这些非常重要的差异。正因为如此，任何深入的有关农产品流通组织与价格波动的研究，都必须尽量分品种进行。另外，考虑到蔬菜、水果等鲜活农产品的保供稳价问题长期未能得到较好的解决，本书以蔬菜、水果等鲜活农产品的流通研究为重点。

第五，在研究的理论基础、方法论与资料来源方面的特色。①在研究的理论基础方面，强调环境不确定性、知识的不完善性、偶然性、试错、学习等主流经济学忽略的方面，强调农业和农产品流通的复杂性和从业者的理性、创造性与异质性。②在研究的方法论方面，强调个体主义和动态主义，每个从业者的经验都被看成独特的，都是机遇、努力、企业家精神、知识与技术等诸多方面共同演化的结果。研究的理论基础与方法论决定了在具体的研究方法方面，更加重视案例研究、田野调查与长期追踪研究，强调对农产品流通从业者（农产品贩运商）的深度访谈与问卷调查相结合。③在资料来源方面，强调一手资料。虽然调查数据还存在诸多不完美之处，但是，由于经过长期的一手调查，尤其是经过深度访谈，笔者掌握了一批一手调查数据。其中，零售价格数据全部来自现场观测，进货价格、成本和收益数据全部来自深度访谈。

第三章　中国农产品流通组织演进的
理论基础与关键事实

明确农产品流通组织演进的理论基础，厘清中国农产品流通组织的约束条件与典型事实，是本章的基本任务。

一　理论基础

农产品流通组织演进的理论分析，应既能解释农产品迂回程度的提高，也能解释农产品迂回程度的降低；既能解释中间商在生产者与消费者之间出现，也能解释中间商之间的分工，尤其是分销商（批发商和零售商）与经纪人以及其他类型的中间商（物流服务商、金融服务商、广告商等）之间的分工，还要能解释日益复杂的批发商内部的分工（基于环节的分工，如产地批发商、中转批发商和销地批发商；基于空间的分工，如本地收购商、地区批发商和全国性批发商；基于产品的分工，如专业批发商和综合批发商；基于功能的分工）。不仅能够很好地解释迂回流通组织演化的一般规律，而且能够较好地解释农产品迂回流通的规律。既要能够与经典理论对话，也要用最新现实发展扩充经典理论。本节试图接近上述目标。

（一）分工、交易、交换与流通

1. 分工与交易

人类历史上很早就已形成职业分工。梁漱溟先生称之为职业分立。据《春秋·谷梁传》载："古者有四民，有士民，有商民，有农民，有工民。"《汉书·食货志》称："士农工商，四民有业。学以居位曰士，辟土殖谷曰农，作巧成器曰工，通财鬻货曰商。"在中国，早在两千多年前，商人就已经从其他职业中分化出来，成为专门职业。

孟子从不同层面论及分工、交换问题。在孟子看来，各行各业的人必须通过互利的商品交换（孟子使用的词语是"通功易事"）才能生活。

孟子不认为农民和手工业者的商品交换会损害农民利益："以粟易械器者，不为厉陶冶；陶冶亦以其械器易粟者，岂为厉农夫哉？"这样，手工业者与农民之间的交换活动被放在双方完全平等的角度加以考量，"以粟易械器"与"以其械器易粟"只是同一次交换活动的两个不同方面而已，不可能对一方有利而对另一方有害。[①] 农民与手工业者之间的通功易事行为，不仅互相没有侵害到对方的利益，而且是互利的。[②] 孟子写道："子不通功易事，以羡补不足，则农有余粟，女有余布；子如通之，则梓、匠、轮、舆皆得食于子。"孟子肯定了农业与手工业之间的社会分工，还肯定了脑力劳动与体力劳动间的社会分工："或劳心，或劳力；劳心者治人，劳力者治于人；治于人者食人，治人者食于人：天下之通义也。"[③] 言下之意，统治者和民众之间，也是一种"通功易事"的关系（赵靖，1991，第217页）。

马克思强调分工对交换的决定作用。"如果没有分工，不论这种分工是自然发生的或者本身已经是历史的结果，也就没有交换。"[④] 因而，考察流通，首先要从生产尤其是劳动分工和自然分工等方面着眼。然而，也不宜过度强调生产对流通的决定作用，正如不应过于强调分工对交易的决定作用一样。恩格斯在《反杜林论》中也说："生产和交换是两种不同的职能……这两种职能在每一瞬间都互相制约，并且互相影响，以

---

① 这实际上已非常接近现代经济学中经常重复的命题——只要交易是自愿的，就必然对交易各方有利。

② 假设农民和手工业者不进行交换，农民有多余的粮食，手工业者有多余的手工业品；而如果进行交换，"以其所有易其所无""以羡补不足"，则农民就可以用多余的粮食换得自己不生产的各种手工业品，手工业者则用自己多余的器械换取自己没有的粮食，双方的物质需要就都可以得到满足。

③ 本段关于孟子的引文均出自《孟子·滕文公上》和《孟子·滕文公下》。而关于"劳心者"与"劳力者"之间的分工，恩格斯在《反杜林论》中有一段精辟的分析："当社会总劳动所提供的产品除了满足社会全体成员最起码的生活需要以外只有少量剩余，因而劳动还占去社会大多数成员的全部或几乎全部时间的时候，这个社会就必然划分为阶级。在这个完全委身于劳动的大多数人之旁，形成了一个脱离直接生产劳动的阶级，它从事于社会的共同事务：劳动管理、政务、司法、科学、艺术等等。因此，分工的规律就是阶级划分的基础。但是这并不妨碍阶级的这种划分曾经通过暴力和掠夺、狡诈和欺骗来实现，这也不妨碍统治阶级一旦掌握政权就牺牲劳动阶级来巩固自己的统治，并把对社会的领导变成对群众的剥削。"参见《马克思恩格斯全集》（第20卷），人民出版社，1971，第306页。

④ 《马克思恩格斯文集》（第8卷），人民出版社，2009，第23页。

致它们可以叫做经济曲线的横坐标和纵坐标。"①

　　分工理论与交易理论，实际上正是斯密的经济学理论中最基本的两个组成部分。借鉴恩格斯的上述说法，分工与交易，也可视为经济活动的纵坐标和横坐标。新古典经济学在继承和发展斯密的交易理论的同时，却忽视了斯密的分工理论（张曙光，2014）。杨小凯等华裔经济学家则在超边际分析主导的新兴古典经济学的框架下复活了斯密式的分工理论，并有所推进与创新；盛洪（1992）、刘业进（2009）的研究是系统分析分工与交易问题的代表作。

　　2. 交易的范式

　　在主流的新古典经济学中，经济分析之核心，长期以来聚焦于资源配置问题。但是，资源配置范式主要聚焦生产维度，有意无意地忽略了人类社会经济的另一个重要维度，即交换或交易维度。② 因此，要更深入地理解农产品流通组织和治理机制的内在逻辑，必须同时从交易与生产这两个基本维度进行审视。由于以往的研究较多地关注生产维度，对于交易维度未给予必要的重视，理应予以必要的范式调整。

　　对交易的高度强调，是老制度经济学家康芒斯的传统。在康芒斯（Commons，1932）看来，行动的最终单位……本身必须包含冲突、相互关系和秩序这三个，这个单位就是交易。新制度经济学（Coase，1937；Williamson，1985）显然继承了重视交易的传统，甚至开创了交易成本经济学。以杨小凯为代表的新兴古典经济学，也高度重视分工与交易，试图将被新古典经济学遗弃的古典经济学的灵魂（强调分工与组织的作用）在新古典躯体中复活（杨小凯和黄有光，1999；杨小凯和张永生，2003）。

　　以布坎南为领军人物的新政治经济学，更是直截了当地强调交易的重要性。布坎南和图洛克创立了公共选择理论，该理论的第一要素称为"交易范式的经济学"。在1962年的经典著作《同意的计算》中，布坎南已运用交易范式进行分析。该范式在著名文集《自由、市场和国家》中被进一步明确阐明。布坎南（1989）指出：

---

① 《马克思恩格斯选集》（第3卷），人民出版社，2012，第525页。
② 正如杨瑞龙和冯健（2003）指出的："一个有效经济组织的目标是在给定分配规则的情况下最大化共同创造的剩余。生产和交易都是经济组织中不可或缺的过程。"

我们应该开始将注意力集中在广义交易的起源、所有权及制度上……19世纪某些持有同样观点的人把它称为"交易经济学"，即关于交易的科学……这种经济学方法……直接将我们的注意力引到交易、贸易、协定和契约的过程上来。

在布坎南看来，交易从一开始就必然引入自发秩序或自发协调原理——经济理论中名副其实的唯一真正的"原理"。

哈耶克系统论述了经济学转向交易范式的必要性。与布坎南一致，哈耶克（2000，第191页）也认为，经济学应该是一门关于交易的科学，即所谓"交易学"（catalactics）——正如早在1850年怀特利（Richard Whitely）所提出来的那样。[①] 经济学的中心议题，或者说经济学这一概念所指，是"由无数交织在一起的经济形成的系统，正是这些交织在一起的经济构成了市场秩序"（哈耶克，2000，第191页）。哈耶克甚至构造了专门的英语单词"catallaxy"来表达经济学的研究对象——"交换秩序"。用以指代一种特殊类型的自发秩序，即市场通过人们在各种法律规则范围内行事而形成的自发秩序。在奥地利学派代表人物柯兹纳那里，交易范式近似于"市场过程范式"，市场参与者靠产品和质量差异展开竞争（刘业进，2015，第78～79页）。[②]

3. 交易与商流

流通理论和供应链管理中所说的"商流"过程，即交易过程，一般发生在两个以上相互独立的个人或组织之间。企业与市场，可以相互替代；在市场与企业两极之间，其实还存在许多中间形态的交易关系，即多种类型的交易形式：重复交易、长期交易、伙伴关系和战略合作等

---

① 在哈耶克看来，"经济学"并不是一个准确表达研究经济系统中如何出现秩序这门学问的概念，因为"经济"就其原本含义而言是指受到单一目的引导下的刻意协调的行动，而这种行动在整个经济系统中只是一部分而且是相对不重要的部分，而且这一主题更多是在管理学下研究（刘业进，2015）。

② 如果上升到经济哲学层面，主导当前主流经济学的资源配置范式，在某种程度上是"决定论"的，而交易范式或过程范式是非决定论的。在一个"决定论"的世界，需要的是先知先觉的权威独裁者而非企业家；而在一个非决定论的世界，每天都是新的，套用奥地利学派著名学者沙克尔的话语，那是一个万花筒世界，其中所有的事物都处于一个开放的演化进程之中（刘业进，2015，第80～81页）。

（吴小丁，2005，第 26～30 页）。

（二）迂回流通及迂回度的影响因素

1. 迂回生产与报酬递增

"迂回生产"（roundabout production）最早由著名奥地利学派经济学家庞巴维克提出，并由杨格（Young，1928）进一步发展成报酬递增的重要解释机制。迂回生产是相对于直接生产而言的，指的是先生产生产资料（资本品），再用生产出来的生产资料去生产最终产品（消费品），从而提高生产效率的生产方式。在此基础上，一般而言，随着迂回程度的加深，生产效率倾向于提高。一般而言，迂回生产的过程越长，生产效率越高。但是，在农业中，因生命特性、季节特性、产品市场特性以及生产组织特性，存在分工的有限性，所以农业生产的迂回程度大大低于工业生产，从而农业必须通过购买机器从工业"进口"分工经济和迂回生产效果（杨小凯和张永生，2003；罗必良，2017a），以实现部分效率改进。实际上，农业"进口"迂回经济的过程本质上就是资本替代劳动的过程，因此，农业的分工深化是一个不断排斥劳动的过程（罗必良，2017a）。在芝加哥大学教授约翰逊（2004，第 406 页）看来，农业的资本密集度正在全面超过制造业（在美国，农业部门的资本－劳动比是工业部门的 6 倍；即使把土地从资本中扣除，农民的劳均资本还是比制造业工人多）。在工业化国家里，农业劳动生产率的增长要比其他任何经济部门快。

2. 迂回交易与迂回流通

与迂回生产相对应的重要学术概念是"迂回交易"（roundabout transaction），指的是为进行 A 交易，先进行 B 交易，然后通过 B 交易来促进 A 交易，最终改善交易效率（罗必良，2017b）。

迂回交易或迂回贸易是杨小凯创立的新兴古典经济学中最基本的学术概念。如图 3－1（a）所示，在自给自足情景下，决策者 A 和 B 都依靠自己生产并各自使用自己生产出来的两种消费品 1 和 2，不需要通过市场交换，从而也就没有流通或贸易。但如果分工结构演进到如图 3－1（b）所示，决策者 A 与 B 均只生产一种消费品 1 或 2，从而形成分工并产生对交换的需求。此时，交换并非 A 和 B 之间的直接交换，而是要通过中间商 C 和 D 间接交换。在这里，A 和 B 进行了迂回交易，C 和 D 发挥了中间商功能。中间商对消费品必然有一定的劳动投入，从而使商品价值实现增值并加价，新商品1_t和2_t由此产生，决策者 A 和 B 通过交换得到的商品，不再是 1 或 2，而是产生了价值增值的1_t或2_t。在新兴古典经济学看来，上述的迂回交易或迂回流通过程，是劳动分工结构演进的结果，而推动这一过程的是交易效率的不断提高（郑小碧，2016）。

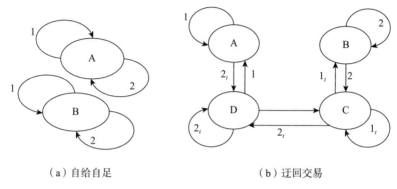

（a）自给自足 （b）迂回交易

图 3 – 1 自给自足和迂回交易

迂回交易、迂回贸易及迂回流通，大致可以替换使用。迂回流通的本质，首先体现为不同类型职业中间商的出现，以及中间商之间的分化与分工。而职业中间商可视为分工结构不断演进过程（从自给自足到直接贸易，再到迂回贸易）中的"角点决策专家"。这类专家专注于组织迂回交易并最终成为迂回交易专家，并促成分工网络扩大和分工水平提高（白小虎，2011）。

3. 流通迂回度的影响因素

解释流通组织演进的理论，一方面必须回答为什么需要中间商，另一方面还必须回答究竟需要多少层级的中间商？或者说，究竟需要经历多少流通环节？关于为什么需要中间商的问题，现有理论已从不同角度进行了分析，前文已有评述，后文还将重点解析，这里不再关注。回答需要多少层级的中间商或者说需要经历多少流通环节（即流通的迂回度）这一问题，是本书的重点理论任务。实际上，试图解释流通迂回度的理论框架，不仅应该能解释迂回程度的提高，也能解释迂回程度的降低；既能解释中间商在生产者与消费者之间出现，也能解释中间商之间的分工，还要能解释日益复杂的批发商内部的分工。

　　影响流通迂回度的因素主要在于两个方面。一方面是导致流通迂回度变动的最基本因素，即所谓的"交易费用的节约"，也可称为"中介原理"，分别是：①交易量经济（与规模经济、范围经济有关）；②与信息集约整合相关的搜寻经济、交涉经济与履约经济；③多方连接经济（主要包括减少交易次数和不确定性蓄水池）。另一方面则是导致流通迂回度变动的"流通任务条件"，主要包括商品特性、市场范围、技术条件（田村正纪，2007）。以上两个方面都可能在正负两个方向上影响流通组织的分工分化程度从而影响流通的迂回度。另外，经济发展水平与阶段将在以上两个方面对流通迂回度产生影响。

　　实际上，本书提出的理论框架并非全新的，更不是颠覆性的，而是基于对现有理论的包容、综合、应用与拓展，因而上一章所回顾的古典经济学、马克思经济学、新古典经济学、交易成本经济学、新兴古典经济学、奥地利学派、中间层组织理论，都将有部分合理的理论内核为本书所吸收。包括规模经济、范围经济、斯密定理、交易成本经济学、社会网络经济学、信息经济学的相关理论在内的很多现有经典理论，实际上都可以为上述分析框架所包容。

（三）中间商提升流通效率的路径

　　伴随着市场化取向的改革，流通环节变得更加扁平化，在这个过程中，没有发展新的中间商，市场流通实际上处于一种中间商缺位状态，专业中间环节资源也被破坏了（王晓东，2013）。李宝库（2007）认为流通环节设计不能进入简单"渠道扁平化"误区。另外，越来越多的学者认识到，流通活动是"另类"生产活动（庞春，2009），是生产性劳动，能为社会提供有益的产品和有效的服务（黄国雄，2010）。

　　中间商的存在，使得市场交易方式至少可以分为两种：一种是不需中间商参与的直接交易，另一种是有中间商参与的间接交易或曰迂回交易。直接交易是不借助任何中间商在商品生产者与消费者之间直接达成的简单交易；间接交易或迂回交易是通过中间商完成的集中式大规模市场交易。在斯普尔伯（2002）看来，借由中间层组织的交换，可以降低搜寻成本和讨价还价成本，可以降低道德风险和减少机会主义行为，缓解逆向选择问题，促使买卖双方做出可信承诺，减少内部监督成本，因而比直接交换更有优势。正是通过中间商的参与，市场得以维持运行，发挥着定价、出清、配置资源和协调交易等极为重要的作用。阿尔德森（2015）从生产与消费的不匹配出发，将商品流通过程理解为有效实现"匹配"的过程，因而如何降低交易费用、减少交易次数、降低交易风险、增强交易稳定性成为研究的核心。

（四）多层次的流通组织分工体系

作为一个基本事实，当且仅当生产出来的产品运销至消费者，生产才能算是真正有效的。正如马克思所指出的："产品只有在它进入流通的场合，才成为商品。"① 在《资本论》第二卷中，马克思更是明确指出："在商品生产中，流通和生产本身一样必要，从而流通当事人也和生产当事人一样必要。"② 对于农业而言，往往还有时间方面的约束，因而运销或流通问题往往更加复杂。因而，集货、加工、运输、仓储、售后服务等各种类型的流通服务在农业经济运行方面发挥的作用，至少不亚于农业生产。对农产品流通组织进行分析的理论与现实价值，也至少不低于对农产品生产组织的分析。

农产品在生产、流通与消费层面均与工业品有较大差异，从而决定了农产品流通必然有自身的特殊性，包括产品不耐储存、生产主体组织化程度低、产品品质多样化、需求弹性偏低、购买单位零散等（周应恒，2016b）。农产品运销状况的改善成为世界各国政府的重要课题，具有独特的规律，早已形成专门的研究领域——农产品流通学（也称"农产品运销学"），即基于农产品的商品特性及其在生产、流通、消费方面的特点而形成的一门探讨农产品的流通活动及其规律的独立学科。

对于农产品流通，最重要的"典型事实"就是中间商在其中发挥着极为重要的作用，从而农产品流通组织的迂回度较高。虽然农民和消费者在某些情况下执行运销商的部分职能，但是，运销职能更多的是由诸多专业性的运销商（或中间层组织，或称为中间商）承担。这些中间商至少包括批发商、零售商、经纪商、代理商、制造商以及各种辅助机构（周应恒，2016a，第5页）。但是，农产品流通学并未深入系统研究农产品迂回流通组织问题，而已有关于中间商与迂回流通的经济学研究，并

---

① 《马克思恩格斯全集》（第26卷·第3册），人民出版社，1974，第317页。
② 《马克思恩格斯文集》（第6卷），人民出版社，2009，第143页。

未以农产品流通为重点。与此同时，学界、政界和社会公众对农产品流通的迂回度（主要表现为农产品流通环节的数量）高度关注，并普遍将农产品价格高企及所谓的"农民消费者两头叫，中间商笑"现象归咎于农产品流通环节"过多"，从而将减少流通环节作为基本的政策取向。典型政策措施就是设法推动"农超对接"。笔者认为，在未深入探究农产品迂回流通组织的机理之前，在未对中国农产品迂回流通组织进行广泛的经验研究并取得确切的经验证据之前，不应轻易得出任何结论。

　　考虑到农产品流通的特殊性和迂回流通组织自身的规律和特点，有必要专门进行系统研究。本书将基于农产品流通迂回度及其演进方面的特殊性，探究农产品迂回流通组织的一般机理，并基于中国的现实情形，对中国农产品迂回流通组织展开经验研究。韦尔德（Weld，1916）率先提出提高农产品流通中间商的分工和专业化水平有利于农产品流通效率和效益提高。田村正纪（2007）系统论述了商业分化理论，为深入系统剖析农产品迂回流通组织的机理奠定了较好基础。下文将重点探讨农产品迂回流通组织的一般机理。

　　迂回流通提高流通效率的机理，最基本的就是分工深化与市场范围扩展①之间的正反馈。或者说，农产品流通的多重迂回，在本质是中间商的多重分化分工与各自所面临的市场范围的扩展之间的正反馈。专业从事储藏、运输、加工、零售活动的运销商出现，是劳动分工和专业化的结果（罗必良，2017b）。而且专业化带来的规模经济有助于促进农产品运销商成长，并能有效减少市场搜寻和交易的成本（周应恒，2016a，第5页）。另一个重要方面就是前文已分析过的方面，即作为交易专家的中间商的专业知识本身可以提升交易效率。②

　　1. 分工Ⅰ：农产品流通中间商的出现

　　理论上，交易服务既可由农产品生产者自己提供，也可由专业中间

---

① 理论上，市场范围扩展功能与市场集约功能是一体两面。生产者为了维持大批量生产，必须拥有大批量的消费者。但能直接吸引的消费者又是有限的。由于商业者的媒介作用，能够将125万人的市场缩小为与250名零售商交易的市场，进而缩小为同5个批发商交易的市场。商业者的这种作用又可以被称为市场集约功能。市场范围扩展功能与市场集约功能是商业者同一作用从正反两个角度的不同表述。前者是由上至下的顺流交易行为，后者是由下自上的逆流交易行为（石原武政和加藤司，2004，第40页）。

② 作为交易的专家，交易服务中间商在追寻经济利益的过程中，就为生产者和消费者建立了一种贸易关系（庞春，2009）。

商提供。这是典型的专业化分工问题。交易服务由产品生产者自己提供的情形，是生产者专业化水平较低和经济分工水平较低时的典型情形；随着分工水平的提高，交易服务就开始由专业的中间商提供，生产者得以专业化于生产活动。当专业化水平充分提高时，生产与交易出现功能性分离，中间商以专业的交易服务提供者身份出现在经济交换中，即出现生产者与中间商的分工（庞春，2009）。

中间商是农产品生产者得以扩展市场范围的基础。在生产者与消费者之间出现中间商，从直接交易到间接交易的转变，有利于生产者所面临的市场范围的扩展，从而有利于提升分工与专业化水平，使得生产者得以专注于生产，致力于追求符合专业化利益的规模经济，进行大批量生产，进而有利于降低价格，并源源不断地生产出更多商品。大批量生产的商品必须大批量地销售（石原武政和加藤司，2004，第38页）。换而言之，如果生产者希望为产品发掘充分的最终市场，就必须与更多的中间商进行交易。成为交易对象的中间商数量越多，生产者就越有可能接触到更多消费者。对于生产者而言，中间商其实就是直接的市场。虽然每个中间商背后的消费者数量有限，但只要扩大中间商数量，就能不断突破市场限制（石原武政和加藤司，2004，第36页）。上述论断所牵涉的情景，在中国农产品流通组织中非常贴切。对于小规模农户而言，直接接触消费者或零售商都是比较困难的，他们所直接面对的"市场"，往往主要是活跃于农村的各种农产品经纪人或曰商贩。据笔者对典型村庄的持续追踪调查，小农户最为担忧的，就是在产品收获之时愿意贩卖其产品的商贩减少。相反，"如果有商人收购，大量外销就使很容易饱和的市场变为开放型的，市场对商品的容量也大大增加……还使此地不是商品的东西变为彼地必需的商品，从而扩大了商品种类，客观上也扩大了商品经济"（吴慧，2008，第46页）。

假设一个店铺能够吸引 M 个消费者。在生产者直接向消费者销售的情况下，生产者完全处于相当于商业零售意义上的"制造零售"状态。以 M 个消费者为市场，就必须以他们的购买力为依据进行生产。以生产者自身的力量不可能超越这 M 个人的界限。在商业者登场的情况下，假设生产者通过商业者间接或"迂回"地向消费者销售产品。每个商业者都以相等的 M 名消费者为对象时，生产者通过与 N 名商业者进行交易，

就能够与 $M \times N$ 个消费者进行交易。虽然生产者需努力增加与商业者交易的数量，但是这与发现最终消费者相比，已经容易多了。这样一来，对于生产者来说，市场就成为可扩大的变量。生产者的生产设备、生产计划等，不再受特定的、狭窄的市场束缚。生产者在与商业者的交易中，能够发现无限的市场（石原武政和加藤司，2004，第 36 - 37 页）。

2. 分工Ⅱ：农产品批发商与零售商的分化

批发商与零售商的分化与分工，从而流通迂回度的进一步提升，有利于提升分工与专业化水平，实现分化深化与市场范围扩展之间的正反馈，最终提升农产品流通效率。罗森布洛姆（2006，第 504 页）在谈及花卉批发商的角色时指出：

> 一些零售商喜欢亲自挑选他们要经销的花卉。如果这不可能实现，他们就必须确信批发商有能力选择产品，所以一个值得信任的批发商是好帮手。一些小型花卉商店，对某些品类的花卉经销不了太多。但消费者对产品品种的要求是很广的。因此，花店需要确保自己能及时可靠地调出库存，以维持生计。传统批发商能够为花店提供供货保证，因而再次成为有价值的资源。
>
> 鲜花一般以包装盒而不是花束为单位来运给批发商。传统的批发商能对产品进行再包装、分拣和摆放。小零售商很难从品种多样、数量大小和易腐烂这 3 个因素中权衡出一个合理的选择，尤其是在需求高峰期，若需要前置时间，就难以储存所需的存货。

3. 分工Ⅲ：农产品分销商与其他中间商的分化

中间商之间的分工，尤其是分销商（批发商和零售商）与经纪人以及其他类型的中间商（物流服务商、金融服务商、广告商等）之间的分工，往往是被学界所忽视的重要方面，一方面倾向于提升农产品流通的迂回度，另一方面也有助于提升流通效率。

4. 分工Ⅳ：农产品批发商内部的进一步分化

批发商内部的分化，进一步提升流通迂回度，有利于提升分工与专业化水平，从而实现分工深化与市场范围扩展之间的正反馈。

日益复杂的批发商内部的分化与分工，更是被学界忽视的重要方面，也是被社会公众和政界误解的方面，经常被认为是"多余的环节"。

这个层次的分化与分工至少可以归结为三个方面：第一，基于环节的分化与分工，出现产地批发商、中转批发商和销地批发商的分化；第二，基于空间的分化与分工，出现本地收购商、地区批发商和全国性批发商的分化；第三，基于产品的分化与分工，出现专业批发商和综合批发商的分化。

比如，之所以会出现专业的产地批发商，原因在于（石原武政和加藤司，2004，第43页）：

> 为了使小规模、分散生产的商品在广域市场流通，收集阶段的批发商是必需的。在农业中，产地批发商和生产者的联合销售组织等承担着这一职能。不仅是农业，当同种商品的生产者大量地集中于某一地区的时候，将这一地区生产者的商品集聚在一起，形成一个整体货源的作用就十分重要了。生产者规模越小，这种作用就越必要。在被称为地方性传统产业的领域，有时当地的实力派就是生产者。但大多数小型生产者仍停留在家庭手工业的经营水平。其中有些小型生产是作为农业生产的副业来经营的。
>
> 在这类地方产业中，肩负着形成整体货源供给任务的就是产地批发商。小型生产者不可能了解全国市场的情况。同时，全国大型市场上的交易当事人也不可能了解各个产地的具体情况。在这两者之间充当媒介的就是产地批发商。产地批发商精通本地业务，又掌握着广域市场的动态。商人无论是对于生产者还是消费者来说，都是相互了解对方的窗口，而产地批发商就恰恰在承担着窗口职能。
>
> 在此意义上，从生产者的角度来看，产地批发商是绝对的购买者，无论生产者生产什么，总是全部购买。产地批发商有时也承担着更多的职能。例如，对于规模非常小的生产者，产地批发商会借贷给他们一部分生产必需的机械、原料，然后用加工品的预付货款抵消。在产地批发商与生产者之间，从产地批发商的角度来看，他们同时进行着销售机械、原料和购买加工品这两种交易。例如，假设前者用长期票据结算，后者进行短期支付，那么生产者不必具备全部资金就可以持续生产，并可更新设备。也就是说，产地批发商

向生产者提供了双方结算时间差所要求的资金融通，这被称作产地批发商的金融职能。

5. 阻碍农产品流通组织分工深化的基本因素

现实中的农产品流通迂回度，往往是多年间持续演化出来的结果。从时间维度看，农产品流通迂回度呈倒 U 形演化趋势——各国的农产品流通迂回度，在早期基本都较低，后来迂回程度逐渐提高，然后是迂回程度再降低。从空间维度看，不同国家在不同发展阶段倒 U 形的演化趋势也有较大差异。从产品维度看，农产品流通迂回度更是千差万别。另外，农产品流通迂回度还受联结生产端和零售端的组织化程度的影响。农产品流通迂回度，不仅取决于农产品生产者的组织化程度，还受零售商组织化程度的影响。从世界各国的经验来看，农产品流通迂回度的降低，主要是生产者的组织化程度与零售商的组织化程度同时提升的自然演化结果，而且生产者的组织化程度与零售商的组织化程度也主要是自然演化的，并非可人为提升的。因此，农产品流通迂回度主要是长期演化的结果。如果生产者与零售商的组织化程度都不高，试图人为降低农产品流通的迂回度，不可能持续降低农产品流通成本。中国农业生产者和农产品零售商的组织化程度都偏低，决定了中国农产品流通的迂回度在相当长时期内将很难降低。

实际上，农产品流通迂回度的提升，在某种程度上可视为分工与专业化水平提升的结果。但与此同时，流通迂回度的提升，也有可能带来交易成本提升或交易效率降低，从而会对流通的迂回度产生抵消或抑制效应。交易行为的专业化经济和传递交易服务的交易成本之间有两难冲突，这个两难冲突能被用来内生交易的分层结构的层数，和生产与交易服务的分工水平（杨小凯，2003，第 394 页）。另外，技术水平、商品特征以及经济发展阶段也会对流通迂回度的变动产生微妙影响。

二　约束条件

从全球范围来看，农产品流通的内外部环境已经发生一系列重要变化，其中包括生产与流通技术的重要变化、产业组织的变化，不完全信息、不完全竞争、高度的异质性和国际贸易均扮演着重要角色（Antle，2001）。中国农产品流通显然也受类似影响，但是正如前文分析指出的，中国的农产品市场在很大程度上仍然是一个由小规模种养殖者、小规模农产品运销商或经纪人和高度异质性消费者构成的多元化复杂市场。近年来，伴随着大型连锁超市、大型农产品加工企业和大型农产品电商交易平台的迅速崛起，中国农产品流通体系进入加速转型升级期，但在整体上并未对传统流通体系的基础地位产生颠覆性影响，这是中国农产品流通面临的基本事实，也是农产品流通迂回度较高的根本原因。

（一）以小规模种养殖为主的生产体系

以小规模种养殖为主体的生产体系，是中国在今后相当长的一段时期内难以改变、绕不过去从而必须直面的现实。就种植业而言，从全球范围来看，如果基于平均土地规模（无论是从人均，还是从农户户均，抑或从每个农场平均来看），大致有两种典型的农业类型，即大规模农业和小规模农业，前者以欧洲多数国家、前英国殖民地和拉丁美洲为典型代表，后者以东亚地区为典型代表。相应的，农户或农民（农场主）就是所谓的大农（大农场主）和小农（小规模农户）。

当前，学界和政界都将推动农业规模经营（一般都主张"适度规模"）作为缓解中国农业困境的重要方向。大多数讨论规模经营的文献，都暗含基于户均土地增长的规模经营。然而，受人多地少的资源禀赋与农地制度的双重约束，以扩大土地经营规模为基础的规模经营，似乎很难成为中国大陆农业未来发展的主要方向。根据世界银行的研究，日本和韩国的农场平均土地规模分别从 1955 年的 1.0 公顷和 0.9 公顷缓慢增长到 2004 年的 1.6 公顷和 1.5 公顷（2004 年，韩国有约 120 万个农户，约 340 万农业人口，约 180 万公顷的可耕作土地面积）。相比之下，欧洲和美国的农场平均规模（基于土地面积）远高于日本：欧洲的农场平均规模是日本的 20～45 倍，美国的农场平均规模则是日本的 125 倍（Honma and Hayami，2007）。不仅如此，美国农场土地规模仍在扩大，1980 年，美国多数农场的面积不到 600 英亩（约合 3600 市亩），而到 2013 年，美国大多数农场的面积超过 1100 英亩（约合 6600 市亩）（US-DA，2013）。中国农户的户均土地规模尚不及日本的一半。

因此，即便是户均土地规模成倍甚至 10 倍、20 倍地增长，以户均土地衡量的中国农户规模仍然是非常小的，仍然无法与人少地多的欧美国家进行竞争。而且，近年来，各级政府陆续出台的多项针对达到一定规模"家庭农场"的补贴措施，尤其是对较大规模农户与农场的补贴，并未有效提升农业竞争力，并未显著扩大农业经营规模，反而损害了中等规模农户和小农的利益。在有些地区，由于补贴过于随意泛滥，也在长期内伤害了大规模农户、农场的市场敏感度与专业判断力，未能真正促进它们健康成长。从各地扶持的家庭农场的发展情况看，真正成熟的家庭农场发展模式仍在形成之中，上文提及的被媒体和各级行政部门广泛认可的典型模式，绝大多数经不住全面深入推敲，在财务上不可持续，在财政上难以推广①，在很大程度上是一种典型的"总结"甚至是宣传式的"话语"。

实际上，较小的土地经营规模，如果从资本、技术、知识投入以及产出和销售额来看，也有可能是较大的规模。正如列宁所言："农业发展的主要路线就是按土地面积计算仍然是小规模的小经济，变成按生产的规模、畜牧业的发展、使用肥料的数量、采用机器的程度等计算的大经济"；"土地的数量只能间接地证明农户的规模，而且农业集约化进行得愈广泛，愈迅速，这种证明就愈不可靠。只有农户的产值能够直接地而不是间接地证明农户的规模，并且在任何情况下都能证明"（张晓山，2006）。由此，有必要区分外延式的规模经营和内涵式的、与集约化经营相结合的规模经营（张晓山，2006）。当前，中国大陆很多地区比较成功的农业发展模式，在很大程度上就是一种集约式的规模经营：每家每户的土地经营面积基本上没有多少增长，但是，单位土地上的增加值出现数倍的增长（从粮棉油糖等低附加值产品调整为以水果等园艺作物为代表的高附加值产品）。从这个角度而言，在黄宗智（2008）所设想的"小规模多种经营"和舒尔茨（Schultz，1964）所设想的"大规模专业化经营"这两种模式之间，还存在另一种相当成功的发展模式，即"小规模的专业化经营"，该模式与舒尔茨所言的"大规模专业化经营"实际上

---

① 很难判定一些典型模式的可持续性，但至少可以判定的是，这些模式的可复制性很差，因为多数地方政府不可能具备试点地区的财政实力。

殊途同归（徐振宇，2011）。[1] 对于中国土地密集型农业能否走出既不同于欧美也不同于日韩的第三条道路，至今尚未找到答案，但有一点可以肯定的是，与中国大陆类似，面临人多地少基本约束的韩国、日本，以超小规模农户为主体的小规模农业，仍然在工业化、城市化、信息化的进程中，同步实现了现代化。

　　因此，农户户均土地规模太小，并非中国农业与农场的"问题"，而是中国农业在今后相当长的一段时期内难以改变、绕不过去从而必须直面的"现状"、特征与现实，同时也是制定和完善农业政策的基本出发点、立足点。正因为如此，在进行农地规模与家庭农场发展的境内外比较时，应首先选择合适的参照系。如果仅以欧美和前英国殖民地的农地规模作为基本参照系，就很容易对中国农业的未来持比较悲观的态度。但好在农业发展的模式是多样化的。世界上仍然有不少国家，是以小规模农业与小规模农户为基础的，包括早已是发达国家的韩国与日本这两个东亚国家，以及为数众多的发展中国家。经过 30 多年的高速工业化和城市化之后，中国大陆地区仍有 2.2 亿个农户，户均土地规模不到 0.6 公顷（韩俊，2014），甚至显著低于日本、韩国在工业化初期的规模（1955 年日、韩的农场平均土地规模分别为 1.0 公顷和 0.9 公顷），也显著低于中国台湾地区当前的规模（2004 年，中国台湾地区有 72 万个农户，户均土地规模为 1.2 公顷）[2]。近年来，在政策推动和市场驱动下，中国大陆地区各地土地流转速度有所加快，但户均土地规模过小的格局没有得到根本改观。日、韩和中国台湾地区的经验提示我们，无论城市化、工业化进程有多快，无论农业科技如何发达，无论采取何种力度推动土地规模经营，中国大陆地区农户（农场）的平均土地规模不可能有显著扩大，与欧美的农场规模更难以相提并论，绝大多数的农户仍是小规模农户。

　　以蔬果生产为例，无论是从当前还是从今后相当长一段时期来看，蔬菜和水果都是中国农业持续具备潜在比较优势的劳动密集型农产品，可以实现高度集约化经营。改革开放以来，中国蔬果种植面积稳步快速

---

① 不过，难点在于，即使以水果等园艺作物为代表的高附加值产品可以通过"小规模的专业化经营"提升竞争力，以粮棉油糖等为代表的土地密集型农业也很难行得通。

② 数据来源于 Honma 和 Hayami（2007）。

增长：2019 年，蔬菜播种面积是 1978 年的 6.26 倍，果园面积是 1978 年的 7.41 倍。相比之下，粮食作物、棉花的播种面积总体上呈下降态势；油料作物播种面积在 2000 年前呈增长态势，但进入 21 世纪以来，呈稳步下滑态势（参见表 3 - 1）。

表 3 - 1　中国主要农作物种植面积

单位：千公顷

年份	农作物播种面积	粮食作物播种面积	油料作物播种面积	棉花播种面积	蔬菜播种面积	果园面积
1978	150104	120587	6222	4866	3331	1657
1980	146380	117234	7928	4920	3163	1783
1985	143626	108845	11800	5140	4753	2736
1990	148362	113466	10900	5588	6338	5179
1995	149879	110060	13102	5422	9515	8098
2000	156300	108463	15400	4041	15237	8932
2005	155488	104278	14318	5062	17721	10035
2010	158579	111695	13695	4366	17431	10681
2015	166829	118963	13314	3775	19613	11212
2016	166939	119230	13191	3198	19553	10917
2017	166332	117989	13223	3195	19981	11149
2018	165902	117038	12872	3354	20439	11875
2019	165931	116064	12925	3339	20863	12277

数据来源：《中国统计年鉴》。

就蔬菜而言，播种面积在 20 世纪 90 年代年均增长 14.5%，进入 21 世纪之后，播种面积增长率虽有所下降，但仍为正。2000 年的播种面积为 1523.7 万公顷，2019 年增长到 2086.3 万公顷。与此同时，蔬菜播种面积在农作物播种面积中的比重，从 1995 年的 6.35% 上升到 2019 年的 12.57%（而同期，虽然国家不断增加种植补贴，粮食作物的播种面积占比仍由 73.43% 下降为 69.95%，参见表 3 - 2）。据联合国粮农组织统计，中国蔬菜播种面积和产量分别占到世界的 43% 和 49%。就水果而言，人均水果产量从 1995 年的 35 公斤急速上升为 2009 年的 153.2 公斤（柳琪、柳亦博和李倩等，2009）。蔬菜播种面积和果园面积的不断扩大，对改善农业生产结构和提高农民收入均产生了积极影响。

表 3 – 2　中国主要农作物种植结构

单位：%

项目	1995 年	2000 年	2005 年	2010 年	2015 年	2016 年	2017 年	2018 年	2019 年
农作物播种面积	100	100	100	100	100	100			
粮食作物播种面积	73.43	69.39	67.06	70.42	71.31	71.42	70.94	70.55	69.95
油料作物播种面积	8.74	9.85	9.21	8.64	7.98	7.90	7.95	7.76	7.79
棉花播种面积	3.62	2.59	3.26	2.59	2.26	1.92	1.92	2.02	2.01
蔬菜播种面积	6.35	9.75	11.40	10.99	11.76	11.71	12.01	12.32	12.57
果园面积	5.40	5.71	6.45	6.74	6.72	6.54	6.70	7.16	7.40
其他农作物播种面积	4.49	4.70	4.78	3.76	3.29	3.55			

数据来源：根据《中国统计年鉴》中数据计算整理。

虽然有不断增长的巨额产量，且近年来国内涌现出一批农工商一体化企业，家庭农场的规模也在逐渐扩大，在各地出现了一批专业种养殖大户。但是，这些大户基本集中在养殖或粮食种植领域，而在蔬菜水果种植领域，绝大多数种植者仍然是小规模农户。

（二）相对滞后的农产品加工业体系

近年来，中国农产品加工体系有了长足发展，主要表现为巨大的加工规模（农产品加工尤其是水果加工总量已居于世界前列），集群式、特色化和精深化发展，产业组织持续优化（涌现出中粮、熙可、汇源等一批上规模、上水平的知名骨干企业和名牌产品，名优产品的市场份额稳步提升，已形成龙头企业联基地，基地带农户，相辅相成、良性循环推动农业产业化发展的格局[①]），产品质量、装备水平和科技含量稳步提高（在装备方面实现跨越式发展，产学研合作机制逐步完善，重要技术方面取得重要突破）。但是，总体而言，中国农产品加工体系相对滞后，主要表现在以下方面。

第一，农产品加工的深度和精度仍显不足。虽然一些实力较强的农产品加工企业开始全面采用新技术大大提升了加工的精深程度，产品结

---

① 参见中国乡镇企业及农产品加工业年鉴编辑委员会（2009，第 10 页）。

构出现多样化趋势，并开始全面打造循环经济，注重对农产品及其加工副产物的综合开发利用。但是，总体而言，中国农产品加工率仍然不高，加工深度和精度仍显不足。德国的苹果加工量占总产量的75.2%，美国、巴西的柑橘加工量占柑橘总产量的70%以上（王敏，2005）。在中国，即便在一些发达地区，很多重要农产品加工深度仍严重不足。如，浙江省柑橘生产总量为150万吨，但加工量仅为8%，且均为罐头。而国际上柑橘的加工量一般占总产量的35%，发达国家的这一比例高达65%以上。

第二，农产品加工业空间布局不太合理。从大型农产品加工企业与蔬果生产布局的衔接看，蔬果加工业的空间布局不太合理，蔬果产品的生产、加工和销售等各产业链基本环节相互脱节的现象仍普遍存在，一些农产品主产区缺乏大型加工企业，一些农产品加工企业布局远离原料主产区，影响一些地区的原料资源优势顺利转换为产业优势，而且造成农产品原料消耗大、运输费用高，增加了经营成本。

第三，农产品加工企业扩张速度偏慢。我们对基层的调查也表明，近年来，一些大型加工企业主营业务收入的增长速度迅速放缓，有些甚至出现负增长。一些重要农产品加工行业的增长速度也急速放缓，甚至接近零增长水平。由于加工总体规模偏小，生产集中度不够高，很多企业尚未达到规模经济阶段。多数企业生产设备落后，资源消耗多，经济效益低。这种状况，严重制约了企业规模经济的实现，极大地限制了中国农产品加工业国际竞争力的提升。

第四，中国与境外在农产品加工业政策取向上存在明显差异。一是在目标取向方面，境外政府对食品安全的重视程度远甚于产业的快速发展。这也是发达国家农产品质量标准体系越来越完善的重要原因。由于有严明的法律和高效的政府管制，发达国家农产品加工企业大多建立了科学的产品标准体系和质量保证体系。二是在政策的着力点方面，政府主要提供间接支持，很少直接投资开办企业。在产业发展过程中，政府严格按市场规律办事，不直接投资办厂设店。而中国的国有企业中投资于农产品深加工业的企业不在少数，而且得到国家多方面的支持。三是在政策扶持手段方面，也存在差别。在税收优惠方面，发达国家一般采取的是行业内所有企业都受惠的普遍减税，而且多为间接减税（如采用加速折旧、投资抵免、增加税前扣除项目等间接方式）；而中国则多为直接减税（如定期减免、优惠税率），且往往专门针对某些特定企业，尤其是专门给予大型企业——但是这会导致企业间的不公平竞争。在财政补贴方面，发达国家一般重视对农民的直接补贴，更加关注农民收入，很少直接干预农产品市场价格，而中国仍然非常重视对农产品市场价格的干预，对流通环节仍然有相当数量的间接补贴。

另外，中国农产品深加工企业较少，且企业多为中小型企业，规模小，竞争力较弱，品牌培育滞后，产业链条短，品种比较单一，"以工促农"能力不强。加上技术装备较落后，产品科技含量低，节能降耗减污难度较大，清洁化生产程度不高，对原料的综合利用水平低，转化增值能力弱，附加值低，产品质量和安全隐患问题较突出。

（三）多样化的农产品消费需求体系

中国的人均蔬果消费量尤其是蔬菜消费量在全球处于极高的水平。2009 年中国人均蔬菜产量高达 463.2 公斤，人均消费量数倍于世界平均水平和发达国家水平。实际上，在很多国家，蔬菜水果的零售终端价格都相对较高，但中国蔬菜水果的零售终端价格相对较低。再考虑到中国庞大的人口基数，中国能够满足如此多元化的蔬果消费需求，本身就是一个奇迹。

水果、蔬菜与肉类、禽类、加工产品同属以消费者为导向的高价值产品。在美国农产品出口中，这类高价值产品的出口占总出口的 2/3 左右。所谓"消费者驱动的农业"，正是美国农业部对 21 世纪农业体系变化的概括中的基本要点之一。中国当前的经济实力显然还难以保证迅速且普遍地提高蔬果质量安全水平，毕竟人均 GDP 一万美元（中国）和五万美元（很多发达国家已接近或达到这一水平）的生活水平对农产品的需求必然呈现相当大的差异。中国农民年人均纯收入刚超过 2000 美元（据农业部最新数据，2017 年中国农村居民人均可支配收入为 13432 元），中国城市中还有大量中低收入人群，他们对农产品的消费需求显然不同于发达国家的消费者，也不同于国内高收入群体。根据世界银行（2006）的研究，按照不同的消费需求[①]，中国当前的蔬果市场至少可以

---

① 当然，这种区分不仅是根据消费需求的差异，也与生产、销售、质量和安全管理及附加值方面密切相关，但原初驱动力源于消费需求的差异。

区分为传统的本地市场、工业化国家市场和新兴的现代国内城市市场。每种市场都既包括加工产品，也包括新鲜产品。由于它们的特点不同，所需要的政府支持也各不相同。正是这种高度多元化、异质化的农产品消费需求，决定了中国农产品生产、流通必然与发达国家有非常大的差别，从而不得不容纳那些让专家学者看起来不那么"安全"的生产、流通方式和经营标准，必须考虑满足不同层次的消费需求（于冷，2004）。

三　典型事实

（一）低组织化程度的多元流通主体

中国农产品流通主体或曰中间层组织最突出的特征之一，就是类型的多样化。其实，在很多国家的不同发展时期，交换、流通与市场形式也是多样化的。正如布罗代尔（1992）所指出的："在欧洲的经济发展的各个历史时段，存在着多种多样交换方式和市场形式，而且不同层次交换与市场存在此消彼长关系。"

在中国这样一个经济持续高速增长的发展中大国，农产品流通主体的多样性特征更为显著。既有传统的集市与农贸市场，也有现代化的连锁零售体系和网络零售体系；既有个体化特征很强的经纪人，也有一批产业化龙头企业，还有合作社、家庭农场等新型农业经营主体；既有垂直型交易组织，也有平台型中间层组织。大致可以区分为如下类型——当然以下的划分只是理论上的。在现实中，有些经营主体是不能被划入某个类型的，各类型之间可能是有交叉的。

第一种，垂直型交易组织。农民经纪人分为两种类型，是指农民中促使农产品生产者与需求者之间相互衔接，并以此获取佣金或购销差价的中间人或运销商（张晓山，2002）。其中，获取购销差价的运销商为垂直型交易主体。类似称谓是农产品经纪人，即从事农产品的购销、储存、加工、运输等流通服务的人（廖斌，2015，第201页）。中国约有600多万名农产品经纪人（贾敬敦等，2012，第200页）。无论是位于东部的浙江，还是位于西部的宁夏、甘肃、青海，其蔬菜、水果等农产品大部分由农产品经纪人完成市场流通过程（贾敬敦等，2012，第288页）。我们在很多省份的基层调查结果也表明，农产品经纪人及其控制的运销公司是鲜活农产品流通组织的核心。以海南省为例，鲜活农产品流通体系的突出特征，就是农产品经纪人及其控制的运销公司（虽然名称上各不相同，有些对外称"农民专业合作社"）在农产品流通中发挥着核心作用。海南全省范围内都很难找到其他省份那种大规模的农产品批发市场，但由于中小规模的产地市场很发达，更由于农产品经纪人的引进与培育工作做得到位，从而同样很好地实现了农产品的高效流通。据我们近年来在海口、万宁等地的座谈、实地考察与访谈，大多数较成功的农产品运销业者都在农产品流通行业摸爬滚打数十年，很多人过去本身就是农民或菜贩。他们长期积累的农产品运销经验、人脉、信息、渠道和资本，成为高价值鲜活农产品流通体系中最宝贵的资产。

第二种，平台型中间层组织。近年来，这种组织日益成为重要的组织形式。首先是农产品批发市场。通过汇集为数众多的农产品生产者、批发商、零售商，实现商品集散功能；同时，共享大量的商品供求信息，形成稳定的交易价格，降低议价成本，减少交易频率，提高农产品流通效率（王晓东，2013，第301页）。其次是农贸市场或集市，它们也是中国最具生命力的平台型交易组织（王晓东，2013，第301页）。最后，农产品电子商务的快速发展，在很大程度上与农产品交易互联网平台的快速发展如影随形。

第三种，纯中间商组织。主要代表是纯农产品经纪人，是指那些主要以获取佣金为目标的经纪人。这一类中间商往往被学界和政界所忽视，也经常被误解。

第四种，辅助型中间商组织，包括运输、仓储、包装、快递、保险、金融、广告等组织。近年来，这些辅助型中间商持续快速发展，成为中国农产品流通体系的一个突出特点。尤其是物流领域的诸多中间商的崛起。中国每年仅生鲜农产品的物流规模就约有4亿吨，2015年，中国农产品物流总额为3.45万亿元。

总之，多样化的农产品流通主体，不仅包括专门从事农产品贩运的"商贩"或"运销商"（包括经纪人、收购商、批发商、配送商、零售商、外贸商等），也包括销售农产品的农民及农民合作组织。近年来，这些流通主体的经营能力都在持续增强。

（二）非标准化的农产品流通客体

前文已经指出，中国农产品流通组织的基本约束之一，就是中国农业生产是以大量小规模种养殖主体为基础的，从而容易内生出非标准化的农产品流通客体。当前，国内外形势将有可能进一步强化农产品流通客体的非标准化倾向。

第一，国内工商资本虽然在资金、技术、信息、渠道、品牌、规模等多方面对农产品生产与流通有较大的推动作用，但是，考虑到中国农业生产将在相当长时期内以大量小规模种养殖主体为基础这个基本约束，以上的推动作用必然会大打折扣。如若处理不当，工商资本还有可能在各方面对小农户在生产流通方面形成压力，甚至有可能进一步降低小农户从事农业的收益，进一步强化小农户的兼业趋向，从而进一步强化农产品流通客体的非标准化倾向。

第二，从国际市场看，中国进口农产品数量和金额呈持续快速增长态势，中国小农户在几乎所有农业子行业都面临日益激烈的竞争：在土地密集型的大宗农产品生产方面，比较优势基本丧失，只能暂时靠高关税或非关税壁垒维持生产经营；劳动密集型的园艺作物生产，则受制于农产品质量安全风险及其他国家的关税、非关税壁垒而难以充分发挥比较优势；资本密集型的畜牧业生产，在偏高的贷款利率，明显超出国际市场价格的谷物、饲料价格，以及质量安全风险等方面，面临着越来越多的困境。中美贸易摩擦加剧以来，中国农产品关税税率和非关税壁垒持续下降和减少趋势或许难以扭转，将对小农户造成更大压力，从而有可能强化农产品流通客体的非标准化倾向。

总之，数量庞大但组织化程度偏低的小农户，在很多方面难以对接现代农业发展的基本要求，在融入现代农业发展的轨道与路径方面存在诸多重要障碍，很难抓住居民消费升级、对高质量农产品需求持续增长的重要机遇。现代农业必然会对种养殖过程、农业生产资料使用流程、运输、品牌、营销、品相、规格、标准、质量安全、批量、及时性、新鲜度、可追溯性等方面提出诸多严格要求，而规模偏小、年龄偏大、信息不畅、装备较差、土地细碎、融资偏紧、兼业经营的小农户，在资源、信息、知识、能力、动力等方面都很难满足现代农业发展提出的种种要求，从而在产业链、供应链、价值链等方面容易出现断链、短路、短板。贫困地区、边远地区、山区，囿于资源环境恶劣，小农户与大市场的矛盾将长期存在，有可能强化农产品流通客体的非标准化倾向。

（三）持续改良的农产品流通载体

持续改良的农产品流通载体尤其表现为农产品批发市场的数量增长、质量提升与结构改良。

1. 农产品批发市场发展机遇向好

虽然国际形势风云变幻，国内经济增速持续放缓，但在新型城镇化、信息化、工业化的过程中同步推进农业现代化，为推进农产品批发市场发展提供了新的机遇。

首先，国家持续重视农产品流通与批发市场。早在1993年，党的十四届三中全会就已明确指出："进一步发展商品市场。在重要商品的产地、销地或集散地，建立大宗农产品、工业消费品和生产资料的批发市场。"进入21世纪以来，党和国家更加重视农产品市场体系尤其是农产品批发市场建设。最近10年来，几乎每年的中央一号文件都把包括农产品批发市场在内的农产品市场体系建设放在突出位置。从2000年以来，从国务院到相关部委，发布的相关政策和意见都反复强调农产品流通与农产品批发市场建设（见表3-3、表3-4、表3-5和表3-6）。

表3-3　进入21世纪以来国务院及国务院办公厅发布的与农产品
批发市场有关的政策意见

发布年份	发布部门	内容
2002	国务院	《关于加强新阶段"菜篮子"工作的通知》
2005	国务院	《关于促进流通业发展的若干意见》
2007	国务院	《关于加快发展服务业的若干意见》
2008	国务院办公厅	《关于加快发展服务业若干政策措施的实施意见》
2008	国务院办公厅	《关于搞活流通扩大消费的意见》
2009	国务院	《关于当前稳定农业发展促进农民增收的意见》
2011	国务院办公厅	《关于加强鲜活农产品流通体系建设的意见》
2012	国务院	《关于深化流通体制改革加快流通产业发展的意见》

发布年份	发布部门	内容
2013	国务院办公厅	《降低流通费用提高流通效率综合工作方案》
2015	国务院	《关于推进国内贸易流通现代化建设法治化营商环境的意见》

资料来源：根据相关资料整理。

表 3 - 4　进入 21 世纪以来商务部牵头发布的与农产品批发市场
有关的政策意见

发布年份	发布部门	内容
2003	商务部	《农副产品绿色批发市场国家标准》
2004	商务部	《外商投资商业领域管理办法》
2004	商务部、国家认监委	《绿色市场认证实施规则》
2004	商务部	《全国商品市场体系建设纲要》
2004	商务部	《流通业改革发展纲要》
2004	商务部、国家发改委等	《关于进一步做好农村商品流通工作的意见》
2004	商务部	《农产品批发市场管理技术规范》
2004	商务部、科技部等	《三绿工程五年发展纲要》
2005	商务部	《〈农产品批发市场管理技术规范〉实施细则》
2005	商务部	《关于开展农产品批发市场标准化工作的通知》
2006	商务部	启动了"双百市场工程"
2006	商务部	《流通领域食品安全管理办法》
2012	商务部	《关于加快推进鲜活农产品流通创新的指导意见》
2014	商务部、国家发改委等	《关于进一步加强农产品市场体系建设的指导意见》
2016	商务部、国家开发银行	《关于共同推进全国农产品流通骨干网建设的通知》
2017	商务部、中国农业发展银行	《关于共同推进农产品和农村市场体系建设的通知》

资料来源：根据相关资料整理。

表 3 - 5　进入 21 世纪以来农业部牵头发布的与农产品
批发市场有关的政策意见

发布年份	发布部门	内容
2002	农业部	《全国农产品批发市场发展规划纲要（2002～2005 年）》
2004	农业部	《农产品批发市场建设与管理指南（试行）》
2005	农业部	《关于加强农产品市场流通工作的意见》

发布年份	发布部门	内容
2006	农业部	实施农产品批发市场"升级拓展5520工程"
2010	农业部办公厅	《关于加强产销服务稳定农产品市场运行的紧急通知》
2012	农业部	《新一轮"菜篮子"工程建设指导规划(2012~2015)》
2012	农业部	《关于贯彻落实〈国务院办公厅关于加强鲜活农产品流通体系建设的意见〉的通知》
2015	农业部、国家发改委等	《关于印发〈推进农业电子商务发展行动计划〉的通知》

资料来源:根据相关资料整理。

表3-6 进入21世纪以来其他部委牵头发布的与农产品批发市场有关的政策意见

发布年份	发布部门	内容
2002	国家计委	《关于工商和集贸市场收费检查有关问题政策界限的通知》
2002	国家计委、国家经贸委等	《关于印发进一步加快农产品流通设施建设若干意见的通知》
2003	国家发改委	《关于2003年农产品批发市场试点项目建设的实施意见》
2003	卫生部	《集贸市场食品卫生管理规范》
2004	国家质检总局	《食品质量安全市场准入审查通则》
2005	国家粮食局	《关于进一步促进粮食批发市场发展的意见》
2011	财政部、国家税务总局	《关于免征蔬菜流通环节增值税有关问题的通知》
2014	国家工商总局	《关于加强商品交易市场规范管理的指导意见》
2016	财政部、国家税务总局	《关于继续实行农产品批发市场农贸市场房产税城镇土地使用税优惠政策的通知》
2016	中华全国供销合作总社	关于加强农产品批发市场建设的意见

资料来源:根据相关资料整理。

从以上表格可以看出,除国务院外,牵头发布政策意见最多的是商务部,农业部、财政部、国家发改委、国家工商总局、国家粮食局、国家质检总局等部委也牵头发布了一些政策意见,反映出国务院和各部委对农产品流通与农产品批发市场的重视。尤其是最近几年,连续发布了《国务院办公厅关于统筹推进新一轮"菜篮子"工程建设的意见》《国务院关于进一步促进蔬菜生产保障市场供应和价格基本稳定的通知》和

《国务院办公厅关于加强鲜活农产品流通体系建设的意见》等文件。①

其次，宏观经济政策环境也有利于农产品批发市场发展。当前，虽然经济增长速度持续放缓，但在积极的财政政策背景下，仍然会有较充裕的信贷资金和财政补贴可用于农产品批发市场基础设施建设与升级改造。

最后，城镇化进程与持续增长的消费需求也有利于农产品批发市场发展。未来若干年仍将是中国城镇化加速的时期。城镇化加速及居民收入持续提升，在数量、营养、口感、品质、方便性和安全性等方面都对农产品流通提出了新要求，从而要求农产品流通在物流规模上，在管理、服务和运营模式等方面，在交易和配套服务方面，都必须发生较大转变。以北京新发地农产品批发市场为例，1994 年建立，到 2003 年，运行 8 年时间，市场总成交额突破 100 亿元；2007 年市场总成交额突破 200 亿元，又用了 5 年时间；2009 年市场总成交额突破 300 亿元，只用了 3 年时间。其他大型农产品批发市场的快速发展，也在很大程度受益于所在城市的快速发展。

2. 批发市场总量保持稳定且结构有所改良

首先，批发市场总量保持稳定。改革开放以来，中国农产品批发市场的数量曾经历过一段时间的高速增长。但是，据国家工商行政管理总局的统计数据，进入 21 世纪以来，情况开始发生变化。2000 年为 4532 个，2001 年减少到 4351 个，减少了 181 个，这是批发市场在数量上首次

---

① 概括起来，相关政策大致可分为如下层面。第一，扶持鲜活农产品生产"保供应"的政策。以新一轮"菜篮子"工程中明确要求各城市必须确保一定的蔬菜自给率为代表。第二，加强鲜活农产品市场尤其是批发市场基础设施建设的政策。第三，试图降低农产品流通的体制性成本的政策。除效果显著的农产品"绿色通道"外，国家反复重申"大型农贸市场用电、用气、用热价格实行与工业同价""蔬菜冷链物流中的冷库用电要实行与工业用电同价""落实批发市场用地按工业用地对待政策"，并要求"在一定期限内免征农产品批发市场、农贸市场城镇土地使用税和房产税。将免征蔬菜流通环节增值税政策扩大到有条件的鲜活农产品"。第四，试图提升农民组织化程度和议价能力的政策。除一直强调的对龙头企业的扶持和"公司＋农户"外，近年来中央文件日益强调对农民专业合作社、专业大户和家庭农场的政策优惠和支持。第五，提高弱势消费者支付能力的政策。以对生活困难的居民在主要农产品价格上涨时发放一定的补贴（现金或食物券等形式）等政策为代表。第六，扶持农产品物流尤其冷链物流的政策。另外，政府还出台了减少流通环节和增加直供的政策——以"农超对接"政策为代表。

出现负增长（全国城市农贸中心联合会，2007）。自2001年以来，全国农产品批发市场数量稳定在4100多个和4500多个之间，总量已基本保持不变。从亿元以上的市场看，则数量一度维持持续增长的态势，从2000年的1142个增长为2012年的1759个（参见表3－7），其间增长近54%。但从2013年开始，亿元以上的批发市场数量开始下降。

表3－7　2000～2018年中国亿元以上批发市场的基本情况

年份	市场数（个）	总成交额（亿元）	每个市场平均成交额（亿元）
2000	1142	3665	3.21
2005	1256	7079	5.64
2010	1672	16062	9.61
2012	1759	20724	11.78
2014	1682	24840	14.77
2016	1647	28566	17.34
2017	1598	30028	18.79
2018	1501	30628	20.41

注：市场数为综合批发市场与专业批发市场加总；为确保统计口径一致，包含部分零售市场。

数据来源：根据《中国商品交易市场统计年鉴》（2001～2019年）中数据计算整理。

其次，批发市场规模不断扩大。无论是从总成交额还是从平均成交额来看，中国农产品批发市场的规模都是不断扩大的。从所有亿元以上的农产品批发市场的总成交额看，2000年仅为3665亿元，2012年增长到20724亿元，再增长到2018年的30628亿元；平均每市成交额则从2000年的3.21亿元增长到2012年的11.78亿元，再增长到2018年的20.41亿元。

最后，批发市场结构也有所改良。从专业批发市场和综合批发市场的比例变动看，结构有所改良。① 从表3－8可以看出，在亿元以上的批发市场中，综合批发市场的个数有所减少，从2000年的820个减少到2012年的715个，在2005年曾经一度减少到539个。然而，农产品专业

---

① 专业批发市场是指产品的种类比较固定的市场，如干鲜果品市场、粮油市场、肉禽蛋市场、水产品市场、蔬菜市场、土畜产品市场等。综合批发市场则是交易多种农产品的场所。参见卢凌霄和周应恒（2010）。

批发市场由 2000 年的 322 个增加到 2012 年的 1044 个，13 年间约增长 2.24 倍。2005 年，专业批发市场数量首次超过综合批发市场数量，自此以后，专业批发市场数量快速增长成为常态，批发市场专业化成为农产品批发市场发展的重要趋势。从比例上看，在亿元以上的农产品批发市场中，综合批发市场占比由 2000 年的 72% 下降到 2012 年的 41%，而专业批发市场的占比则由 28% 迅速上升到 59%，侧面反映了中国农产品批发市场的结构改良。

表 3-8　2000~2018 年中国亿元以上农产品批发市场发展情况

单位：个

年份	综合市场	专业市场	粮油市场	肉禽蛋市场	水产品市场	蔬菜市场	干鲜果品市场	棉麻土畜烟叶市场	其他农产品市场
2000	820	322	52	23	52	123	56	16	—
2005	539	717	146	116	69	265	102	19	—
2010	691	981	109	124	150	295	147	23	133
2011	702	1020	111	114	157	313	147	34	144
2012	715	1044	111	121	160	312	147	24	169
2013	689	1019	103	134	150	312	137	22	161
2014	683	999	105	126	145	304	136	21	162
2015	683	979	103	125	145	299	129	21	157
2016	681	966	106	116	141	293	129	18	163
2017	661	937	100	108	139	274	124	15	177
2018	648	853	85	101	134	244	113	11	165

数据来源：《中国商品交易市场统计年鉴》（2001~2019 年）。

另外，产地批发市场严重滞后于销地批发市场的状态也正在转变。近年来，在商务部和农业部等部委的资金和政策扶持下，已建成一批农产品产地集配中心，建成若干全国性产地批发市场（如陕西洛川苹果、浙江舟山水产等国家级农产品产地专业批发市场），以及一批产地加工配送中心和农产品冷链物流集散中心，在一定程度上优化了市场结构。

3. 流通载体的硬件水平不断提高

首先，销地批发市场的硬件水平持续提升。近年来，在农业部、商务部、国家发改委等中央部委和地方政府的持续支持下，销地批发市场的市场信息收集发布、电子结算、产后处理与储藏保鲜、质量安全检测、安全监控、垃圾处理等系统，以及市场地面、水电道路系统、交易厅棚改、客户生活服务设施等基础设施显著改善，为批发市场实现保障供应、稳定价格、发布信息、形成价格、快速检测等功能从而提升交易效率奠定了物质基础。在一些大中城市，越来越多的销地批发市场，因城市规划调整和交通压力等多重考虑而迁建郊区，新市场在基础设施方面明显好于老市场。

其次，部分产地批发市场硬件水平显著提升。近年来，部分产地批发市场的基础设施也在稳步改善，尤其突出的是，部分产地的冷链体系发展水平不断提高。据海南省农业厅提供的数据，2012 年海南省仅预冷库就达到 184 家，总库容量接近 30 万吨，比 2008 年增长了 170%，其农产品流通量占全省的 60%。更重要的是，这些预冷库建设在产地（主要集中在海口、澄迈、文昌、琼海、万宁等地）且与产地市场结合在一起进行建设。

4. 批发市场的基本功能得以发挥

首先，以批发市场为核心的分销体系满足了农产品的基本流通需要，发挥了基本功能。从批发体系看，实现了农产品集散、价格形成、结算和仓储保管等基本功能。从零售终端看，基本满足了居民多层次消费需求。在全国各地，包括农贸市场、早市、社区菜店、生鲜连锁超市、配送以及网络零售等多样化的综合零售终端体系初步形成。

其次，农产品批发市场的保供稳价功能得以发挥。近年来，各类农产品有形市场和无形市场快速发展，保障了农产品供应，丰富了城乡居民的"菜篮子"，使得很多地区多年来农产品滞销卖难的状况得到逐步缓解。一些大型农产品批发市场、冷藏保鲜设施和网络销售平台还成为缓解鲜活农产品滞销卖难问题的重要抓手。北京等大城市还建立了蔬菜政府储备和轮换机制，保证了应急条件下的市场供应。据调查，湖南衡阳曾长期没有建立规范的本地蔬菜市场，全市蔬菜生产受到很大制约，在 2011 年建成专门的蔬菜产地市场后，菜农能以相对较高的价格卖出农产品，市民能以相对较低价格买到更新鲜的农产品，实现市民农民双赢。很多地区配套建设的冷藏保鲜设施，有利于调峰平谷、旺吞淡吐，避免鲜活农产品过于集中上市，减少价格"过山车"和"价贱伤农"现象，大大降低了农民面临的市场风险。另外，淘宝、天猫、聚划算等阿里系各平台的多种鲜活农产品电子商务销售模式（包括预售、团购、体验消费、微博营销等社交网络传播，以及绿色食品的参与式保障体系等），也为缓解鲜活农产品买难卖难问题提供了更多方式和渠道。

最后，农产品批发市场的辐射带动功能稳步增强。很多经验证据都表明，农产品批发市场的建设与发展，对周边相关产业发展与农民增收具有显著的带动作用。北京市的鲜活农产品批发市场体系，不仅得以有效保障城市平稳运行，而且成为华北地区鲜活农产品尤其是蔬果流通网络的枢纽。深圳布吉农产品中心批发市场，经营的蔬菜、水果、粮油和土特产分别占深圳市民消费量的85%、90%、40%和65%以上，不但满足了深圳700万名居民的生活所需，而且辐射到整个华南地区甚至全国，并与东南亚、南非及欧美等各地市场建立了紧密的贸易往来（卢凌霄和周应恒，2010）。建在著名的蔬菜产地的山东寿光蔬菜批发市场，辐射带动范围远超出寿光所属的潍坊市。宁夏中宁枸杞商城除了承担本县枸杞交易外，还承担了宁夏及周边省区60%以上的枸杞干果交易量，成为名副其实的全国性枸杞集散地。在河南，包括内黄的夏番茄、开封的胡萝卜、温县的山药、中牟的大蒜等在内的名优特色农产品能够在全国产生较大影响，产地市场的快速发展是一个重要原因。在湖南，怀化洪江市每年集中发往全国各地的柑橘达50余万吨，占怀化柑橘产量的50%以上；常德市谢家铺龙阳生猪交易大市场经多年发展，成为中南五省最大并辐射全国的生猪集散地之一，年生猪交易量超过80万头，交易额达20亿元。江苏淮安清江蔬菜批发市场在周边乡镇建立60万亩特色蔬菜基地，销售了淮安80%的蔬菜。青海每年近50%的牛和30%的羊要运至西宁周边的清真牛羊肉批发市场进行屠宰和交易。

（四）"迂回"的多环节流通渠道

受发展阶段、区域、品种、消费习惯、流通技术、经营主体规模等诸多方面的影响，从农场到消费者，农产品往往会经历不同的流通渠道与路径，至少可以归结为如下五种路径：农产品经由产地批发市场到批零组织再到消费者的路径；农产品经由销地批发市场或中转地批发市场到批零组织再到消费者的路径；农产品经由产地批发市场、销地批发市场或中转地批发市场再到批零组织最后再到消费者的路径；农产品直接经由零售组织到消费者的路径；农产品直接到消费者的路径（王晓东，2013，第303页）。

但是，总体而言，中国农产品流通渠道仍然体现出非常鲜明的多环节特征。首先，批发市场仍然是中国农产品流通体系的枢纽。国际经验表明，尽管超级市场快速发展和统一配送、订单农业的渗透，会对农产品批发市场经由率产生负面影响，但农产品批发市场在很多国家都具有强大的生命力。在中国绝大多数城市流通的农产品，尤其是鲜活农产品，绝大多数要经过农产品批发市场这一环节。由于城市地域面积越来越大，批发市场数量有限，很多对货架期要求较高的农产品甚至要通过一级批发、二级批发甚至三级批发才能到达消费者手中。以北京市为例，鲜活农产品从批发到零售再到消费的过程大致分为如下情况。一级批发商通常通过租借交通工具（或者通过自己的交通工具，一部分批发商拥有自己的大型交通工具）从外地批发农产品，其农产品销售主要有三种流向：流入二级批发商；直接流入零售终端从而到达消费者；直接流入大型食堂、政府机关、企业等单次采购量非常大的团体机构。部分农产品甚至要经过三级批发过程。或从单个二级批发商处进货，或从多个二级批发商处采购，单次进货量较小，包括多个品种的农产品，部分农产品通过三级批发进入零售终端，然后流向消费市场。一般而言，经过三级以上批发的情形较少。

第四章 组织惯例与农产品批发交易演进的路径依赖机制

在人多地少和农场规模偏小的国家或地区，以批发市场作为农产品流通的枢纽，符合国情农情。在今后一段时期内，伴随连锁超市、农产品加工企业和农产品电子商务的崛起，批发市场在农产品流通中的重要程度（基于农产品批发市场经由率衡量）或有所下降[①]，但是，总体而言，批发市场仍将继续在中国农产品流通体系中保持枢纽地位。人地比例关系与中国大陆接近的日本、韩国和中国台湾地区，批发市场的经由率至今仍然保持在较高水平。越来越多的经验证据也表明，大型连锁超市扩张、农产品电子商务发展与农产品批发市场之间，并不必然是竞争和互替关系。

前文已经指出，在马克思看来，"流通本身"（即各种中间商之间的交换）比"流通的结局"（主要是零售）更为重要。而"流通本身"中，最为重要的，就是各种批发商之间以及批发商与零售商之间的交换。本章的基本任务，是系统研究中国农产品批发市场交易方式、交易空间、交易技术等方面的演进机制。

一 组织惯例及其在经济组织演进中的地位

在演化经济学代表人物纳尔逊和温特（1997）看来，在所有经济组织演进机制中，最基础的机制是组织惯例。所谓的组织惯例，即组织在生产、管理、营销、财务管理、投资、研发等方面都有一套固定的行事

---

① 大型超市的崛起堪称发达国家农产品批发市场经由率下降最直接、最重要的原因。1972 年时法国超市企业出售的食品仅为食品销售总量的 4.8%，而到 1987 年增加到 59.7%，进入 20 世纪 90 年代以后增长速度更为迅速。由于超市企业进入了蔬菜、水果流通市场，自己开设集配中心，采购货物，发送到连锁店进行零售，这样造成了流通领域蔬菜和水果经由批发市场的比例不断下降。参见小林康平、甲斐谕和福井清一等（1998）。

方式。组织或机构的运作正是基于这些"惯例"，类似于组织中个体的"技巧"或"默会知识"（tacit knowledge），即一些虽说不清楚细节但能不假思索"自动"完成的动作和流程。通过这些行之有效的惯例，组织的大多数生产经营活动可以"自动"完成。组织惯例不仅具有"默会性"，而且通常具有持久性或惯性——虽然有时需要根据外部环境（尤其是市场与技术环境）的变动进行适应性调整。组织惯例还可以"遗传"，如企业为增加产量再建新厂，新厂的惯例往往与老厂保持一致，这样新厂就"继承"了老厂的惯例，老厂经过适当修改的惯例可以"遗传"给新厂。在这个意义上，组织惯例如同生物学中的遗传基因，在经济变迁过程中起着基础性作用，从而应该被视为组织演进的基础性机制（纳尔逊和温特，1997）。

在市场和技术环境相对稳定的情况下，组织一般遵循以往的"惯例"就可以生存发展。但是，在市场与技术环境变动比较剧烈的背景下，当经济组织在竞争中处于不利地位，甚至自身发展或存续受到威胁时，就会基于组织惯例衍生出另外两种基本的演进机制——搜寻机制与创新机制，前者是指组织在已知技术和惯例中寻找适合本组织需要的技术和惯例；后者是指组织通过研究与开发去寻找原来没有的技术和惯例（纳尔逊和温特，1997）。无论是搜寻机制还是创新机制，都会使组织的绩效有所改良，从而又会吸引学习、模仿行动，衍生出学习机制与模仿机制。但是，对于纳尔逊和温特（1997）意义上的组织演进，基础性的核心机制是组织惯例，无论是搜寻机制，还是创新机制，抑或是衍生出来的学习机制与模仿机制，都是围绕组织惯例进行的。

二　中国农产品批发交易方式演进的路径依赖

与绝大多数国家相似，中国农产品批发的交易方式呈典型的多元化特征。与日本、韩国等国不同，中国绝大多数农产品批发交易方式仍为议价交易方式，在相当长时期内都是"一手钱、一手货"的现金现货交易方式，在以多样化交易方式为基本特征的背景下，显示出相当的制度稳定性或路径依赖特征。

（一）各国批发交易方式多元化背景下拍卖的演进

从全球范围看，农产品批发交易方式是多元化的，其中，拍卖和议价是各国农产品批发交易中最常用的方式。拍卖曾受我国政界、学界、业界和媒体高度关注。不容否认，拍卖交易在日本、荷兰、比利时、韩国和中国台湾地区的鲜活农产品批发交易中一度非常流行，甚至曾是占主导地位的交易方式。但是，拍卖交易在很多欧洲国家和北美都不是占主导地位的交易方式。而且，即便是在拍卖交易曾经非常流行的国家或地区，情况也早已发生变化。在荷兰，拍卖制正在走向衰落。荷兰瓦格宁根大学（Wageningen University）的一项研究发现，虽然合作社拍卖曾在很长一段时间里主导着荷兰水果和蔬菜交易，但越来越失去吸引力（Ondersteijn，Wijnands and Huirne，2010，第211页）。在拍卖非常流行的中国台湾地区，蔬果流通也主要不是采用拍卖方式。2004年，中国台湾农产品批发市场采用拍卖交易的有6个，包括蔬果市场3个、花卉市场3个；采用议价交易的有41个，全部为蔬果市场；同时采用拍卖交易与议价交易的有12个，包括蔬果市场11个、花卉市场1个（赵一夫，2008，第116页）。在日本，拍卖交易长期是占主导地位的批发交易方式，这与日本的法律、农会组织及历史密切相关（徐振宇和赵烨，2010）。1923年日本制定《中央批发市场法》时就明确规定"农产品交易采用拍卖制，废除秘密的对手交易"。① 也就是说，拍卖交易在日本中央批发市场中唯一的合法地位，是法律赋予的。但是，相关法律修改后，在农产品批发拍卖交易方式最发达的日本，绝大多数农产品的批发交易中，采用拍卖方式的比例，在过去的几十年间一直在下降（见表4-1）。

表4-1   日本中央批发市场中拍卖比例的变化

单位：%

项目	1978年	1985年	1993年	1999年	2004年	2007年
蔬菜水果	83.2	74.3	58.2	46.3	26.3	20.3
蔬菜	85.2	77.5	60.5	48.0	26.2	18.8

---

① 在当时的法律制定者看来，拍卖可以确保将农产品出售给要价最高的买主，它不因购买方规模大而产生交易条件上的差异，具有公平性；同时，拍卖时所有希望购买的人都聚集在同一场所进行竞价，报价及成交过程的透明度和公开性很高。

续表

项目	1978 年	1985 年	1993 年	1999 年	2004 年	2007 年
水果	82.7	72.4	56.9	44.8	27.7	23.5
水产品	45.1	38.6	32.4	29.4	24.6	21.3
生鱼	83.4	69.2	55.9	50.8	40.8	35.5
冷冻品	16.1	18.9	18.6	17.3	16.6	14.2
腌制品	33.9	19.6	9.7	8.3	6.6	4.9
肉类	84.2	89.8	86.0	89.7	90.7	87.3
花卉	99.6	99.2	85.3	74.1	58.0	40.3

数据来源：日本农林水产省市场课，转引自王志刚（2009，第214页）。

　　另外，在拍卖非常流行的日本和中国台湾地区，不同品种间差异很大。花卉、水产品、肉类等农产品的拍卖比例都相对较高。[①] 在日本，肉类的拍卖率一直高达80%以上，生鱼和花卉也超过30%。但是，蔬菜、水果在批发市场的拍卖比例已经非常低——1978年蔬菜和水果批发交易采用拍卖交易的比例分别高达85.2%、82.7%，但到了2011年上述比例分别仅为13.4%和18.0%（農林水産省食料産業局，2013）。中国台湾也是如此，据中国台湾学者刘善富在21世纪初的一项研究，中国台湾63个果菜批发市场中，仅有台北第一果菜批发市场、台北第二果菜批发市场、三重市果菜批发市场等3个市场采用拍卖交易制度，其他市场多以议价为之（徐柏园和刘富善，2003，第411页）。

　　拍卖交易不再流行的基本原因，在于经济形势的变化和相关法律的重大修改。早在1971年，日本就废除了《中央批发市场法》，重新修订了以全部批发市场为对象的《批发市场法》，该法已在交易方式上不再强调拍卖原则，引进了预约对手交易等预约型交易方式。进入20世纪90年代，日本出现了长期的经济不景气，批发市场的经营环境也发生了重要变化，批发商面临强大的贸易自由化挑战压力，交易方式日趋自由化，拍卖受到对手交易等其他交易方式的强大竞争。另外，互联网技术在企

---

① 以中国台湾为例，中国台湾共有4个花卉市场，全部采用拍卖交易；23个肉品市场，除台北市和澎湖县两个肉品市场外，全部采用拍卖交易。所有大城市的鱼市场也大多采用拍卖交易。参见徐柏园和刘善富（2003，第411页）。

业与家庭的广泛运用，拓宽了生产者与消费者的沟通渠道。为此，日本分别于 1999 年和 2004 年对《批发市场法》进行了修改，其中就包括将对手交易方式与拍卖相并列，并放宽了对批发商的管制。所谓"商物一致"的原则逐渐缓和，允许农产品实物不进场，允许采用电子商务交易方式进行批发（焦必方和孙彬彬，2009，第 146～147 页）。

（二）中国农产品批发交易方式演进中的惯例与趋势

着眼全球发展趋势与以往的经验教训，中国农产品批发市场交易方式的演进表现出强烈的惯性与路径依赖特征，主要发展趋势如下。

1. 批发交易将继续以对手交易为主

中国农产品批发市场的交易方式，将继续以"传统"的"一手交钱、一手交货"这一对手交易[①]为主，以现货交易为主，有批零兼营的"弊端"[②]，还存在一系列"缺点"[③]。在国内部分学者看来，对手交易方式过于落后，远不如部分发达国家所采用的拍卖交易或电子交易等交易方式先进，并主张在国内加快引入拍卖交易，相关主管部门和地方政府还予以大力扶持。自 1998 年以来，已陆续有深圳福田农产品批发市场、山东寿光蔬菜批发市场、广州花卉交易（拍卖）中心、云南斗南花卉市场、北京莱太花卉交易中心等市场尝试拍卖交易。然而，上述批发市场的拍卖交易，要么停止，要么惨淡经营。2007 年山东寿光蔬菜批发市场投巨资建起了电子拍卖大厅，但并未投入实际运营——通过对市场管理方访谈获知，拍卖交易的商品量仅占总量的 2% 左右；上海也曾试点拍卖交易，也因标准、规格、交易习惯、信誉及支付等方面不配套未能坚持（中商流通生产力促进中心和中国人民大学流通研究中心，2010，第48 页）。总之，当前，在全国绝大多数农产品批发市场，对手交易仍是主流的交易方式——据商务部的一项调查，90% 以上的农产品通过对手交易销售（王晓红，2011），而被认为"先进"的拍卖交易方式则很少

---

① "对手交易"一词，大概来源于日语，源于日本流通界的概括。

② 在批发市场内进行的虽然也是批发交易，但批量并不大，而且有少量零售交易夹杂在其间，批发交易与零售交易分离并不彻底。

③ 这些缺点往往被总结为：一是协商买卖是买卖双方私下议价达成交易，不是竞价成交，透明度较低，竞争性相对较弱，不能充分体现公开、公平原则；二是一对一的议价需要寻找多个对手，不利于节约交易时间，不利于提高流通效率；三是对农产品的规格化、标准化要求低，商品档次不高。

被采用。

从发展趋势看，对手交易仍将在相当长时期内占据主导地位，拍卖等其他类型的交易方式仍将处于辅助地位。当然，长期以来的"一手交钱、一手交货"的现金、现货"双现"交易，在近年来正在发生重大变化。随着信息技术革命不断深化和第三方支付的广泛兴起，在越来越多的农产品批发市场，越来越多的农产品中间商开始采用微信、支付宝等非现金支付方式，使得国家多年推动却未能取得进展的"电子化统一支付"通过市场化手段得以迅速实现。

2. 新型交易方式不断涌现

各种新型农产品交易方式大量涌现。不难发现，"现代"和"新型"交易方式与"传统"交易方式之间并非此消彼长的关系，而是呈现不同类型的交易方式互补发展、共同繁荣的良性格局。而且，很多新型交易方式在很大程度上依赖于农产品批发市场的功能拓展。

第一，拍卖交易在探索中有所进展。在理论上，拍卖交易是一种可降低交易成本的公开、公平、公正的交易方式，有利于节省交易时间，提高交易效率，也有利于形成正确的市场信息和合理的市场价格。但是，无论是经销商的经营规模，还是农产品本身的质量等级化、重量标准化、包装规范化等，都难以达到拍卖的最低要求（王志刚，2009）。中国各地绝大多数试点经验已证明，大多数鲜活农产品至少在现阶段是不适合采用拍卖交易方式的。据调查，长期坚持采用拍卖交易的是云南斗南花卉市场（不过，在该市场，更大比例的交易仍然是通过对手交易实现的）。另外，舟山等地的水产品批发市场也采用过拍卖交易。

第二，农产品期货交易稳步发展。现货市场与期货市场并举，是一些发达国家农产品流通的重要经验。在这些国家，高效率的农产品期货市场，比发达的农产品现货市场更加重要。在部分发达国家，现货市场（尤其是批发市场）与期货市场共同形成的大宗农产品价格信息，被及时传递给生产者和消费者，有效地发挥着发现价格、规避风险、指导生产与调节消费等重要作用（高铁生和朱玉辰，2005）。中国的期货交易所中，上海期货交易所上市的品种以金属和其他工业原材料（主要是铜、铝、锌、螺纹钢、线材、黄金、燃料油、橡胶等）为主，兼做农产品的只有大连商品交易所和郑州商品交易所①。大量实证研究发现，中国农产品期货市场较好地发挥了价格发现和风险规避的功能。不过，从交易品种可以看出，中国农产品期货的品种数量不算太少，但基本都是粮油产品，鲜活农产品仅鸡蛋、苹果等极少数几个品种（最近才增加了生猪这个品种）。今后应该在充分论证的基础上，开发更多的鲜活农产品期货品种。②

第三，农产品现货电子交易快速发展。近年来，随着现代信息技术飞速发展，随着农产品价格波幅与波动频率增长所产生的日益增长的避险需求，在现有期货品种难以满足现货企业需求的情况下，订单交易、远期合约交易、挂牌交易③等中远期现货电子交易应运而生。在农产品现货电子交易市场，买卖双方以电子交易平台为中心，以电子商务为手段，通过信息交换、现货电子合同订立、转让，资金清算和结算，仓储、保险与物流配送，货物交割和物流配送等，广泛开展包括远期交易在内的现货交易。在风险防范比较到位（重点是确保高保证金率、高交割率，低持仓率和统一结算）的情况下，能够在有效发现价格、规避风险、获取信息、更高效地集散产品并引导农业生产等方面发挥重要作用（中商流通生产力促进中心和中国人民大学流通研究中心，2010）。从 2000 年前后开始，蚕丝、白糖、粮食等大宗商品开始采用电子化交易方式，一批利用互联网进行大宗商品现货交易的批发市场涌现出来，如广西南宁蚕丝交易网、广西南宁白糖交易网等。最早从事蔬菜现货电子交易的是2006 年 5 月正式开业的山东寿光蔬菜电子交易市场。此后，山东金乡大蒜电子交易市场、山东栖霞苹果电子交易市场、北川维斯特商品交易所、北京新发地农产品电子交易中心等农产品现货电子交易市场在全国各地迅速发展起来，涉及大蒜、花生、南瓜、辣椒、普洱茶、核桃、苹果等

---

① 大连商品交易所交易的主要品种是大豆、豆粕、玉米、豆油、棕榈油、鲜鸡蛋等农产品，以及 LLDPE、PVC、焦炭、焦煤、铁矿石、纤维板、胶合板、聚丙烯等工业原料或能源；郑州商品交易所交易的主要品种是硬麦、强麦、白糖、棉花、菜籽油、油菜籽、菜籽粕、早籼稻、粳稻以及 PTA、甲醇、平板玻璃、动力煤等工业原材料或能源。

② 在美国期货市场发展的早期阶段，活牛、生猪等生鲜农产品都曾是农产品期货的主力品种。

③ 即会员通过交易所交易平台发出采购或销售邀约指令，与应约会员在网上谈价直至签订合同，以满足各种商品多样化、差别化、个性化的贸易需求。

多个品种，但也产生了一些问题。各地按照国务院发布的《关于清理整顿各类交易场所切实防范金融风险的决定》（国发〔2011〕38 号），对大宗商品现货电子交易行业进行了规范整顿。

第四，批发市场成为跨境贸易新平台。长期以来，中国农产品跨境贸易的主体，以大型农产品进出口公司、农产品加工企业和国际商业集团为主。同时，中国基于批发市场开展的农产品跨境贸易，也有较长的历史。新疆、广西、云南、黑龙江、吉林等地的一些沿边城市的农贸市场或集贸市场，早已自发开展过多年的农产品进出口活动。只是由于管理粗放，设施简陋，发展速度比较缓慢，未能引起各界的重视。但是，近些年来，随着水果等鲜活农产品关税的大幅度降低，随着广州江南果菜批发市场、上海西郊国际农产品交易中心、北京新发地农产品批发市场等一批农产品批发市场开始大规模经营农产品进出口贸易以来，情况已发生重要变化。另外，中国有为数不少的较高品质和较强竞争力的鲜活农产品，多在大型农产品批发市场集散，有利于境外采购商从中国扩大进口。大型农产品批发市场将在扩大中国优势农产品的国际贸易份额和提升它们的出口竞争力方面发挥重要作用。据不完全统计，截至 2009 年，中国经过农产品批发市场实现的进出口贸易额已近 300 亿元（不包括粮、棉、油料作物等农产品），农产品批发市场已成为中国农产品尤其是鲜活农产品跨境贸易重要的新兴平台（全国城市农贸中心联合会，2010）。

总之，从中国农产品批发交易方式的演进趋势看，惯例在其中发挥着极为重要的作用，很多传统的交易方式，尤其是对手交易仍将在长期中占据主流地位。但与此同时，一些新兴的交易方式也在探索和涌现，共同形成一个网上网下结合、虚实相互融合、现代传统并存，农产品批发交易多元化、多样化共同演进发展的新格局，并在此基础上不断创新。

三　中国农产品批发交易空间演进的路径依赖

（一）重点批发市场的辐射力将持续增强

在北京、上海、广州、南京、武汉、成都等部分大城市，由于它们特殊的经济地位、优越的交通条件和地理区位，大型农产品批发市场的影响力，顺理成章得以放大。各地农产品都得以在大型农产品批发市场高效流通，在全面缓解各地农产品卖难问题的同时也解决了各大城市农产品尤其是鲜活农产品的供应难题。因而，在很多大城市，在部分大型农产品批发市场，不仅有大量的销地批发交易，也有大量的集散地批发交易。部分大型批发市场的交易还日益呈现明显的外向型倾向，一方面大量进口农产品通过大型农产品批发市场进入国内，另一方面国内大量优质农产品通过大型农产品批发市场走向全球，初步形成"买全球，卖全球"格局。从发展趋势看，上述格局将日益强化。极少数大型农产品批发市场的成交量将占据越来越大的市场份额。大型农产品批发市场之间可能形成更合理的分工格局：首先是综合型农产品批发市场和专业型农产品批发市场的分工；其次是不同专业型农产品批发市场之间的分工；最后是一级农产品批发市场和二级农产品批发市场之间的分工。通过单体市场规模扩大与资本并购"两条腿"走路，大型农产品批发市场的集中度将不断提高。由于交易辐射力持续增强和交易功能的进一步完善，以南京农副产品物流中心等为代表的极少数大型单体农产品批发市场，以海吉星、中国农批、新发地为代表的品牌连锁型批发市场集团，均有转变为"买全球，卖全球"的现代化、国际化农产品物流中心的潜力，助力农产品批发市场网络体系进一步现代化、国际化，通过发挥大吞大吐、内引外联的作用，进一步强化集散功能、价格形成功能、信息功能和供求调节功能（马增俊，2005）。

（二）批发市场交易空间将稳步郊区化

随着城市高速扩张，原先布局在市区或者离市区不远的郊区的农产品批发市场，一般都被认为在区位选择方面不合理、不经济。在这些市场交通拥堵加剧后，外迁就成为必然。以北京为例，由于城市高速扩张和房地产业高速发展，目前四环附近大型农产品批发市场的外迁压力正在不断增加，进一步郊区化在所难免。国内已有不少大城市（杭州、南京等）已将市区或者离市区不远的郊区的农产品批发市场加以"整合"，耗费巨资专门建设巨型的"现代化"农产品物流（批发）中心，试图将"分散"的农产品批发交易集中到一个"硬件设施完备、规划科学合理"的综合交易区，理由是那些自发形成的农产品批发市场过于落后，不仅交易方式落后，而且交易环境差，交易不规范，不利于农产品质量安全监管，还影响交通，影响市容。很多城市都试图用一个硬件上更先进、距离市区更远、规模更大的综合农产品批发市场（物流中心）一劳永逸地解决上述难题。不过，上述建构主义的决策思维，在很大程度上忽视了农产品批发市场交易空间的演化性质及其复杂性。农产品批发市场的交易空间郊区化，主要是一个演进而非建构的过程，不能人为加快，不宜片面强调政府主导与政府主办（往往在农产品批发市场公益性的名义下）。"建构"的成功也主要是遵循演化（演进）规律的结果。

（三）批发市场交易空间向集聚化方向发展

当前，很多城市的农产品批发市场均在不同程度上存在"规模偏小、食品安全监控难、环境脏乱、交易方式落后"等"问题"。但是，就总体而言，很多城市的农产品批发市场的交易效率并不低。以特大型城市北京为例，就交易空间而言，目前已初步形成了三个颇具影响力的大型农产品批发市场聚集区，各批发市场之间的竞争比较充分，在很大程度上降低了农产品的批发价格。在北京农副产品批发市场交易中，占据绝对优势的是正在逐渐形成的以新发地、岳各庄、中央批发市场和锦绣大地等大型农产品批发市场构成的京西南农副产品批发市场聚集区，其中新发地、岳各庄和中央批发市场均位于丰台区，锦绣大地位于海淀区。另一个是以朝阳区的大洋路农产品批发市场和通州八里桥等大型农产品批发市场为核心构成的京东农产品批发市场聚集区，其中还包括顺鑫石门农产品批发市场等综合型市场和莱太花卉交易中心等专业市场。再一个就是北部的回龙观、清河小营等八达岭高速沿线的京北农产品批发市场聚集区。从各集聚区的发展历史来看，几乎所有目前正在发挥核心作用的农副产品批发市场，都位于北京市连接全国各地的各交通要道上，而且绝大多数批发市场的快速发展，虽与政府的规划有关，但在更大程度上是市场自发选择和演化的结果。

四　中国农产品批发交易技术演进的路径依赖

（一）中国农产品批发交易技术的演进历程

批发市场是中国农产品流通体系的枢纽。因此，提升农产品批发市场的交易效率，无疑是提升中国农产品流通效率的关键。循着这一逻辑，国家有关部委已经多次推动农产品批发市场的升级改造，其中一个重要方面就是交易技术升级。实际上，由于基础设施和交易条件普遍比较落后，很多农产品批发市场自身也有升级改造的需求。

经过持续多年的升级改造，各地批发市场的基础设施明显改善，交易条件与交易技术也有一定程度的提升。但与此同时，现行的部分政策阻碍了批发市场的交易技术进步进程。初步的调查表明，电子结算体系、市场信息采集发布体系、农产品质量安全检测体系等诸多技术水平较高的交易系统闲置现象比较普遍。从整体上而言，虽然不排除全国范围内有一些地区仍然存在交易技术供给不足和交易技术"能力"较低的情形，但同样不排除在很多城市，交易技术供给充足与技术应用需求不足并存，交易技术"能力"较高与技术采用"动力"不足并存。上述中国农产品批发市场交易技术演进的"奇特"格局，值得剖析。

中国农产品批发市场交易技术演进，是与农产品批发市场的建设与升级改造紧密相关的。随着农产品批发市场数量的迅速增长，在丰富城乡居民"菜篮子"、促进农产品在全国范围内大流通的同时，也伴生有硬件落后、缺少规划、缺乏配套、缺乏标准、缺乏规范、信息传递滞后、忽视农产品质量安全等问题。为尽快建立起农副产品信息和安全管理体系，并了解价格走势，早在十多年前，国家有关部门就启动了农产品批发市场的标准化和现代化建设，很早就已经意识到要加快农产品批发市场交易技术进步并促进农产品批发市场的标准化、规范化发展。如农业部早在2000年就已明确提出"鼓励电子统一结算"和"加大信息服务，切实做好信息收集分析和发布工作"（吴永亮和周斌，2000）。国家标准委等部委也于2004年之后启动了中国农产品批发市场管理技术规范与标准化工作。①

---

① 2004年11月1日，国家标准《农产品批发市场管理技术规范》正式实施。2005年4月30日，《商务部　农业部　国家税务总局　国家标准委关于开展农产品批发市场标准化工作的通知》指出，以国家标准《农产品批发市场管理技术规范》为评定标准，按照企业自愿申请、地方政府部门推荐、专家评审机构评审认定的原则在全国范围内开展农产品批发市场标准化工作。

1. 国家政策对农产品批发市场升级改造的持续扶持

进入 21 世纪以来，有关部委就开始扶持农产品批发市场升级改造，扶持对象是多层面的，既包括市场地面、水电道路系统、交易厅棚、仓储设施、配送中心、冷链系统、加工分选及包装设施、客户生活服务设施、卫生保洁设施、垃圾处理设施等硬件设施，也包括监控系统，还包括电子结算体系、市场信息收集发布系统、质量安全检测及追溯系统等与交易技术密切相关且公益性较强的体系。

近年来，国家部分部门（国家发展和改革委员会、商务部、农业部、财政部）对农产品批发市场升级改造的支持力度不断加大，其中有相当一部分资金专门用于改善批发市场的交易技术与交易条件，尤其是信息中心、检测中心、结算中心等方面的建设（见表 4 - 2）。

表 4 - 2　国家部分部委对农产品批发市场升级改造的政策支持

主管部委	项目	政策重点支持对象或内容	政策支持金额
国家发展和改革委员会	全国农产品批发市场国债项目	扶持全国数百家骨干农产品批发市场信息和质量检测系统建设，以及在此基础上形成全国农产品批发市场信息采集发布中心	19 亿元（专项国债资金，2003~2008 年不完全统计）
商务部	"双百市场工程"	农产品批发市场的质量安全追溯系统、环保等准公益设施和仓储、配送等经营设施建设	15 亿元（中央财政资金，2006~2009 年）
商务部与财政部	农产品现代流通综合试点	农产品批发市场和农贸市场升级改造、农超对接、创新农产品流通模式和南菜北运等	18.6 亿元（中央财政资金，2010~2011 年）
农业部	农产品批发市场"升级拓展 5520 工程"	提升流通设施和市场管理水平，积极引导多元投入，推动农产品批发市场强化基础设施建设，拓展市场服务功能，提升市场经营管理水平	不详
财政部	农村物流服务体系发展专项	重点扶持农产品和农资物流配送企业（含农产品批发市场）的公共信息服务平台、配送中心和冷链系统建设	从 2005 年起，每年安排专项资金（具体金额不详）

主管部委	项目	政策重点支持对象或内容	政策支持金额
农业部与中国农业银行	《共同支持农产品批发市场建设合作框架协议》	"十一五"期间计划支持 500 个农产品批发市场建设，中国农业银行提供 100 亿元信用额度，支持市场升级改造和服务功能完善	截至 2008 年底，中国农业银行已为农产品批发市场累计发放贷款 25.3 亿元

资料来源：根据相关部委官方网站资料整理。

过去 10 年来，在国家有关部委推动的农产品批发市场升级改造中，很多地区的农产品批发市场都曾获得过国家专项升级改造资金，加上地方政府和企业自筹资金，各批发市场在检验检测、信息采集发布、监控、结算、废弃物及污水处理、冷链、仓储等方面的硬件设施建设水平有了不同程度的提升。商务部调查结果显示，截至 2009 年底，在所调查的批发市场中，24.9% 拥有冷库，11.4% 拥有制冰设备，14.2% 拥有冷藏车，40.7% 建立了安全监控中心，22.9% 改造建设了废弃物及污水处理中心，11.2% 建立了信息结算中心。其中很多批发市场都建起了以信息中心、检测中心和结算中心为基本架构的信息化系统，已为交易技术升级奠定了较好的物质基础。

2. 中国农产品批发市场交易技术演进：政府推动与普遍闲置并存

就学理而言，国家支持的农产品批发市场升级改造，重点之一应该是那些准公益性设施方面，比如电子结算体系、市场信息收集发布系统、质量安全检测及追溯系统等。实际上，大多数国家部委正是这样定位的。近年来，随着国家政策的大力支持与各级政府专项资金的连续投入，在很多大型农产品批发市场，无论是从电子结算体系、市场信息采集发布体系，还是从农产品安全检测体系看，交易技术均有巨大进步。问题在于，这些批发市场采用先进交易技术的动力严重不足。在调查中发现，很多农产品批发市场先进的电子结算系统、拍卖系统、市场信息采集发布系统、农产品质量安全检测体系，要么利用率极低，要么干脆被废弃不用，这严重影响了升级改造的效果和市场交易效率提升。

以上现实表明，有必要重新审视有关政策。虽然国家相关部委支持农产品批发市场升级改造的大方向完全正确，将升级改造的重点放在与交易技术升级相关的准公益性设施方面也完全正确，但与此同时，必须反思，为什么国家和有关企业耗费巨资打造的电子结算体系、农产品可追溯体系、农产品质量安全检测体系基本被废弃不用，"落后""传统"的交易技术体系反而成为主流？换而言之，在强调硬件建设、资金投入与技术能力进步的同时①，必须高度重视相关主体采用先进技术的动力和激励问题，尤其要考虑交易技术应用的约束条件（尤其是政策与体制约束）。即，必须正视并深入剖析中国农产品批发市场交易技术升级过程中的激励不相容问题。

（二）中国农产品批发交易技术演进的路径依赖

1. 解释框架：激励相容

被认为最早提出"激励相容"（incentive compatibility）理论的经济学家赫维茨（Hurwicz, 1973）指出，Groves（1969）才是最早明确探究激励相容问题的学者。后来该理论在委托－代理模型下得到进一步发展。代理人与委托人的目标函数不一致，加上不确定性和信息不对称，代理人的行为有可能偏离委托人的目标函数，而委托人又难以进行有效监督和约束，从而容易出现所谓的"代理问题"，即代理人损害委托人利益的现象。委托人需要根据能观测到的不完全信息，设法激励或约束代理人选择做出对委托人最有利的行动。但委托人面临代理人的参与约束（participation constraint），即代理人从接受合同中得到的期望效用不能小于他不接受合同时的效用；同时面临激励相容约束（incentive compatibility constraint），委托人唯有在代理人效用最大化的前提下才能将代理人的行动导向自己所期望的方向。下文将基于激励相容视角探讨中国农产品批发交易技术演进的内在逻辑。

2. 批发市场交易技术演进历程：激励相容的视角

理想情形可描述如下：政府部门对农产品批发市场交易技术进步予

---

① 经过了多年的政府推动后，有关部门仍将焦点放在硬件建设和政府推动方面。比如农业部在 2011 年 6 月 9 日召开的"贯彻落实 6 月 8 日国务院常务会议精神，研究谋划农产品市场流通工作"专题会议上，仍然是这种倾向。一是在"加强农产品市场体系建设"的话语体系下拟重点推进主产区建设农产品专业批发市场、主销区建设农产品综合物流园区，以及与储藏保鲜需要相适应的农产品冷链系统。二是在"大力推进新一轮'菜篮子'工程"的话语体系下加强"菜篮子"产品物流体系建设。三是在"积极推进农产品市场流通信息化建设"的话语体系下，在推进农业信息化建设中利用现代信息技术改造农产品流通体系。参见农业部官方网站（http://www.moa.gov.cn/zwllm/zwdt/201106/t20110609_2011178.htm）。

以资金支持，并设法推动相关政策配套，农产品批发市场主办方与批发商均自愿采用先进交易技术。为此，政府部门必须设法调动农产品批发市场主办方和批发商的积极性，使之主动、自愿地推动农产品批发市场交易技术进步。但是，现实情形与上述理想情形相差太远：在交易技术进步方面，与政府不同部委的支农、惠农、强农的巨大热情相比，批发市场主办方和批发商显然有些"不领情"，或者说缺乏应用"先进"交易技术的内在积极性。

只要存在信息不对称，就存在委托－代理关系。我们可以将中国批发市场交易技术演进中所涉及的三个基本利益主体之间的关系看成两组委托－代理关系。"委托人"和"代理人"是两个源自法律的术语。在法律上，当 A 委托 B 代表 A 从事某种活动时，委托－代理关系就发生了，A 称为委托人，B 称为代理人。但在经济学中，委托－代理关系泛指任何一种涉及非对称信息的交易，交易中有信息优势的一方称为代理人，另一方称为委托人。在这里，典型的激励不相容出现了：由于存在信息不对称，虽然作为委托人的政府部门希望作为代理人的批发市场主办方和批发商积极采用先进的交易技术，改善交易条件，但代理人的行动恰恰相反，先进的交易技术被闲置（这些硬件和先进技术的"唯一"缺陷就是从来没有发挥过应有作用）。可以肯定的是，在目前的各种约束条件下，废弃先进的交易技术是符合代理人效用最大化的。由此，就必须进一步剖析，哪些约束条件决定了先进的交易技术被普遍闲置。

（1）基本的利益主体与委托－代理关系。为简化分析，中国农产品批发市场交易技术演进中，主要的相关利益主体包括政府（如果要进一步细分，则可分为中央政府和地方政府，以及各个具体的相关部门，为简化，不予区分）、批发市场主办方和批发商。虽然从长期和总体而言，政府部门、批发市场主办方与批发商之间在农产品批发交易技术升级方面的最终目标是一致的，但由于受种种政策与体制约束，就短期和局部而论，各利益主体的目标必然存在不一致性。正是这种不一致性和信息不对称，才会导致出现所谓的委托－代理关系以及随之相伴的激励相容问题。

基本的委托－代理关系是：政府与农产品批发市场主办方、农产品批发商之间的委托－代理关系。政府部门（有时是商务部门，有时是农业部门，有时是国家发改委或财政部，有时是其他部门）可以视为委托人，它们可以采取财政专项资金支持、税收减免、税率优惠等正向激励措施，设法激励作为代理人的农产品批发市场（公司）积极采用电子结算体系、农产品质量安全检测体系、市场信息采集发布体系等现代交易技术。对作为代理人的批发市场主办方和批发商而言，当且仅当如上系统的使用符合各自最佳利益（效用最大化）时，这些系统才有可能被启用。否则，即便是由政府耗费巨资帮批发市场免费安装，仍然可能被废弃不用。

（2）中国农产品批发市场交易技术升级的外部约束：以电子结算体系为例。农产品批发市场交易技术升级，包含很多领域。受篇幅所限，本书仅以电子结算体系为例分析交易技术升级的外部刚性约束。在所有交易技术中，电子结算体系非常有代表性。第一，它是其他重要的交易技术体系的基础，比如市场信息采集发布体系、农产品质量安全检测体系、可追溯体系甚至批发市场与批发商自身的信息管理系统，都有赖于电子结算体系的健康运行。第二，电子结算体系还可以很好地弥补农产品批发市场在发挥公益性作用中的欠缺之处。电子结算体系可以完整地记载与交易有关的绝大多数信息，比如交易主体信息、交易农产品信息、交易过程信息、市场检测信息等大量的动态信息，信息的全面性、客观性和真实性程度可以大大提高，并可据此向全社会准确发布相关信息。不仅可为批发商和采购商提供有效的价格信息，也可为产地农民的生产提供有效的引导。第三，电子结算体系的引入，不仅是政府部门的期望（农业部于2000年就开始试点），批发市场、批发商从自身发展的角度也愿意建设和使用该体系。因为，电子结算对批发市场和批发商都有相当多的好处，至少包括：①交易费、税费、管理费将按公开统一的标准收取，实现交易公平、公正、公开；②统一结算由结算点或结算中心收取货款，具有快速、准确、安全等特点，能有效地控制农产品质量安全，减少欺行霸市现象，增加买卖双方的资金和人身安全，同时减少批发商不必要的经营损失——比如，误收假币的损失可以避免，"抹零"现象也可以大幅减少；③对市场开办方也有好处，大量沉淀的资金流会产生财务收益。

虽然电子结算体系有相当的社会效益，而且几乎所有相关利益主体都"愿意"使用，但是现实中被普遍闲置。最基本的原因，在于现行税法与税收政策所导致的外部刚性约束。无论是批发市场主办方还是批发商，都难免有一个重要顾虑，电子结算将使其销售情况更加透明，从而税负极有可能会大大增加。现行税法给农产品批发市场和批发商规定了较重的名义税负，但农产品批发市场和批发商的实际税负水平远低于名义税负。这种名实差距较大的状况，不仅严重影响了包括电子结算体系在内的市场信息化建设，也影响了批发商法人化进程。

虽然农产品批发市场的实际税负水平远低于名义税负，但税费极为繁杂。据调查，农产品批发市场普遍被视为一般商业企业，需缴纳的各种税费达 17 项之多，除营业税、城建税、土地使用税、房产税、教育费附加等所有市场统一缴纳项目外，有的还需缴纳地方综合基金费、防洪费、堤围费等。被调查市场平均税费额占市场收入的 24.3%，最高的达 42.6%，甚至有市场反映各项税收每年在以较大幅度增长，已占企业年净利润总额的 85% 左右。

中国农产品批发商主要是小规模纳税人和个体工商户，按税法规定应该按销售额的 4% 计算应纳增值税额。农产品批发业的特殊性在于，它必须通过交易速度快、大批量来使投资资金快速周转而获得利润，是典型的快速流通的低增值行业。据调查，不算进场费和停车费，批发商一般要向农产品批发市场交纳其交易额的 3% 左右作为交易费[①]，如果再按其销售额的 4% 计算批发商的增值税，农产品批发商将无利可图。目前普遍的做法是与税务部门协商实行包税制，由市场代收代缴，或实行定期定额办法，这种做法在本质上是在交易信息不透明的前提下的变相"避税"方式，也是人所共知而又无法回避的事实。然而，此种操作方式，不仅使税法中较高的名义税赋有名无实，而且使批发商担心如果透露真实交易信息，各种税费会"秋后算账"，从而必然出于自我保护的考虑本能地抵制电子统一结算。为了保证批发商正常经营，大多数农产品批发市场主办方也对采用电子结算体系缺乏动力。另外，现行税法及其执行也导致很多业务规模很大的个体经营大户，为规避沉重的税负而

①　如果只对批发市场的手续费进行简单的境内外比较，不难发现，中国农产品批发市场不是低效率，反而具有相当高的效率。比如日本中央批发市场的手续费，蔬菜为成交额的 8.5%，水果为 7.0%，鲜花为 9.5%；韩国的手续费，蔬菜和水果均为 7%（曾寅初，2007）。

不愿意成为公司法人，这严重影响了批发商的规模化、规范化和法人化进程，不利于市场健康发展。此外，目前对为超市进行配送业务的公司（很多实际上是批发商）等一般纳税人实行的进项税额抵扣政策，因抵扣条件非常苛刻很难落实，而且相当部分超市供应商不能给超市提供全额增值税发票，导致无法抵扣、超市不能及时结款等。总之，现行的税法与农产品税款抵扣政策已完全不适应当前的发展需要，限制了企业进入农产品流通领域，成为农产品流通行业从业者多为小而散的农民的主要原因之一。

虽然电子结算体系有助于推动结算、市场信息采集发布、农产品质量安全等领域交易技术进步和改善国家市场调控，也有助于增强农产品批发市场的公益性，但是，由于农产品批发行业运行的外部环境不够宽松，尤其是国家现行相关政策特别是税法和税费政策在客观上形成巨大阻力，它的应用情况不佳。

3. 现实政策约束与批发市场的"模糊"运行策略

虽然很少有人明确否认农产品批发市场的公益性，但是，相关政策不仅没有考虑到农产品批发行业的特殊性与农产品批发市场的公益性，而且导致农产品批发市场被迫采取"模糊"运行策略。换而言之，在相关政策严重忽视农产品批发行业特殊性与农产品批发市场公益性的前提下，农产品批发市场只有自己通过在用地取得和税收上的"不规范获益"，来弥补因此而要承担的支出。目前之所以许多农产品批发市场还能够维持正常运转，是因为它们面对"不规范"的外部政策环境，采取了"模糊"对策：土地取得上的"模糊"对策，以及通过与税务部门的"谈判"而确定的定额税收等，都是这种"模糊"运行策略的典型表现（曾寅初，2007）。甚至可以说，"模糊"运行策略构成了当今中国绝大多数农产品批发市场的生存根基。

农产品批发市场与批发商所采取的基本生存措施，就是设法让交易"模糊化"，无论是价格还是成交量以及质量、产地来源等重要信息都尽可能地"模糊化"。① 很多所谓的现代或先进交易技术的本质，是使得原

---

① 这也正是中国那些交易条件较差、交易技术较落后的批发市场反而比那些交易条件好、交易技术先进的农产品批发市场更有"竞争优势"，出现"劣币驱逐良币"现象的重要原因。

本"模糊"运行的农产品批发市场开始走向规范化、透明化，这实际上动摇了农产品批发市场赖以生存的根基，将有可能导致批发市场主办方和批发商承担难以承受的税赋水平，相当于"自掘坟墓"（曾寅初，2007）。

4. 批发市场交易技术演进进程中的低效率均衡

由于外部发展环境不够宽松，尤其是现行税法和税收政策的潜在威胁，批发市场不得不采取"模糊"运行策略，电子结算体系难以运行，因而难以获得真实、准确、全面的交易信息，从而包括电子结算体系在内的信息化建设沦为"面子工程"，进而国家的市场调控也失去抓手，电子交易、农产品质量安全与追溯系统、市场信息采集发布体系都不能顺利运行（在很多基础设施非常先进的农产品批发市场，基本市场信息仍然主要依赖于人工采集）。

由此，中国农产品批发交易技术演进进程表现为独特的低效率均衡。一方面，在农产品批发交易技术方面，国家持续增加公共投资，很多农产品批发市场已具备比较先进的交易硬件与技术能力；但外部刚性约束导致批发商与批发市场主办方均本能地抵制以统一电子结算体系为代表的现代交易技术（因为将这些技术投入使用，将在相当大程度上损害自身利益），维持现状就成为必然选择，先进技术与硬件普遍闲置。另一方面，媒体要么不了解情况，要么虚报升级改造绩效，而批发市场主办方和批发商也配合重复明显的谎言。①

五　小结

第一，关于农产品批发交易方式演进。国内学界关于中国农产品批发交易方式"弊端"或"缺点"的总结，忽视了对手交易在中国现阶段的必然性和有效性，也忽视了国外拍卖交易的历史背景和最新趋势。部分学者错把一些已过时的经验或者高度受限于特定国家和地区的经验当

---

① 主流媒体对电子结算体系、价格信息发布体系和农产品质量安全检测体系的报道，很少有负面的。然而，只要去批发商和批发市场调查，就不难发现，主流媒体的一些报道是严重失实的。为什么很多主流媒体都要说谎，一些批发市场主办方和批发商也配合说谎？这或许是信息不对称导致的一种必然格局：无论是政府部门，还是批发市场和批发商，听到这些谎言时皆大欢喜，没有人有激励去揭露类似谎言。

成放之四海而皆准的模式，不顾时空差异直接嫁接到中国农产品批发交易中，后果可想而知。中国经验证明，看似落后的对手交易成为中国农产品批发市场的主流交易方式，而被认为"先进"的拍卖交易方式则基本水土不服。不顾国情农情，盲目移植国外曾经成功的"先进"交易方式，难以成功。交易方式只有合适与不合适之分，无所谓先进与落后——如若转换时空，"先进"的交易方式完全有可能水土不服，"落后"的交易方式反而成为主流。从全球范围看，与拍卖交易方式并存的，还有其他类型的"先进"交易方式。追根溯源，拍卖交易主要是日本政府通过法律管制批发市场交易的重要后果，其"先进性"值得怀疑。实际上，拍卖被一些日韩权威学者视为农产品流通效率低下的根源（小林康平，1998）。交易方式的选择，本质上是演进的。中国各地批发市场商户选择的交易方式，无论与发达国家比较起来多么落后和原始，多么有碍观瞻，都将长期存在和长期繁荣。必须尊重交易的演进性质和内在的演进规律，必须尊重交易的多元化，要更多地相信市场的力量，虽然这种力量并不完美，但这种力量基本上是一种犯错误较少也相对比较容易纠正的力量。

　　第二，关于农产品批发交易技术演进。在信息不对称条件下，目前的体制安排，有可能导致政府与批发市场主办方、批发商之间的目标冲突。上述潜在冲突是中国农产品批发市场现代交易系统普遍闲置、现代交易技术能力与采用动力之间严重不匹配的基本原因。为促进中国农产品批发交易技术进步，必须尽快改革体制机制，通过税收、用地政策等方面的改革，促使激励不相容转变为激励相容状态。在税费、土地和用水用电费用问题长期未得到妥善解决的情况下，仅仅着眼于硬件的改善和交易技术本身的改善，缺乏对交易技术进步和升级背后的社会经济因素和政策因素的考察，是很难实现预期的政策目标的。因此，硬件设施基础薄弱并非影响中国农产品批发市场健康发展的根本问题，更为关键的，是既有投入和硬件如何通过政策改良与体制调整，通过相关政策配套，发挥应有的作用。

　　第三，中国农产品批发市场有着超高效率的特殊微观结构。长期以来，中国绝大多数农产品批发市场并非纯粹的批发市场，而是承担着多种功能，有着非常复杂的微观结构。①即便是在一级批发市场，批发商也仅是在每天的某个时间段（凌晨到早上）从事一级批发工作。以北京新发地农产品批发市场为例，猪肉一级批发到早上就基本结束；蔬菜也是如此。凌晨到早上是一级批发，上午这个市场基本变成了二级甚至三级批发或零售市场。深入考察其他城市大型农产品批发市场，莫不如此。上述情形看似问题颇多，却可在很大程度上充分利用批发市场的空间和时间，从事更多交易，是典型"白天加晚上""批发加零售""一级批发加二级批发"，某些批发市场还是典型的"销地批发加中转批发"。换而言之，一级批发商、二级批发商、零售商以及其他中间商在分工上并非泾渭分明。②从全年的经营情况看，农产品批发商也基本将经营场地和时间的利用率提高到了难以再提高的地步。胡冰川（2013）对寿光农产品批发市场的调查发现，某典型商户全年经营时间表大致是：每年3～5月经营本地西红柿，5～7月经营本地土豆，7～12月经营张北甘蓝等，12月至次年3月经营浙江菜花，夏秋两季搞北菜南运，冬春两季搞南菜北运，全年几乎没有任何时间浪费。根据我们对南京农副产品物流中心（众彩农副产品批发市场）的调查，由于蔬菜、水果的季节性很强，因而，经常有一些专业性的批发商会将档口进行季节性转租，这样也可以最大限度地提高经营场地的利用率。上述方面或许可视为中国农产品批发市场的"非正规性"或"非规范性"，但同时也是中国农产品批发市场高效率的重要源泉，从而也决定了中国农产品批发市场很难做到像发达国家的农产品批发市场那样干净、整齐、有序和规范。

第五章　信息技术进步与农产品零售交易演进的创新机制

正如前文所指出的，中国的农产品市场，是一个由众多小规模生产者、小规模运销商和大量异质性消费者形成的三个"汪洋大海"所构成的复杂多元化市场，近年来，越来越多的重要"岛屿"正在形成。尤其值得重视的是，伴随着信息技术尤其是互联网技术的进步，伴随着零售商组织化尤其是连锁化程度的持续提高，阿里、京东、拼多多等大型农产品电子商务交易平台也开始发挥越来越重要的作用，一批大规模现代连锁超市或便利店迅速崛起并加入农产品运销队伍。

当前，上述"岛屿"在整体上并未对中国传统农产品流通体系的基础地位产生颠覆性影响，但是，从发展趋势看，从发达国家的经验看，信息化、连锁化必然会对农产品流通组织演进与创新产生更大程度的影响，甚至有可能在将来重塑农产品流通组织。农贸市场、集贸市场和早市等传统零售终端曾经长期主导中国城乡农产品零售渠道。但是，近年来，随着农产品电子商务和连锁超市的迅速发展，上述情形正在发生迅速变化。这些新现象和新趋势，对于农产品零售组织演进与创新，究竟有什么影响？其内在的动力和机制是什么？回答上述问题，构成了本章的基本任务。

一　信息化推动的农产品零售业态与模式创新

信息化尤其是互联网技术彻底改变了交易时间与交易空间，在促进市场范围扩展、全面提高搜寻效率与履约效率的同时，使得交易变得更为复杂，加上农产品流通本身的复杂性，从而对农产品组织演进与创新产生了微妙影响。

（一）信息化对农产品零售组织效率的影响

在主流经济学中，中间商的角色是被忽略的，Spulber（1999）的中间层理论高度重视企业的交换职能，高度重视企业所扮演的中间商角色。杨小凯（1998）基于分工理论分析了专业商人的产生，认为专业商人其实就是选择交易专业化的商人（在自给自足和专业化之间进行选择）。专业商人专业化于交易行为，为提升交易或流通效率提供了理论可能性；诸多经验证据也证明了中间商的确提高了交易效率。作为重要的中间商，农产品零售组织是专职于零售终端交易并谋求交易的专业化利益的主体，总体上提高了交易效率。

在信息技术进步背景下，信息化与网络化进一步提高了农产品零售组织的交易效率，尤其是全面提高了搜索效率。信息化使得农产品零售商得以更高效地衔接买方的需求和卖方的供给，从而可以最大限度地提升搜寻效率和交易效率。仅仅是找到合适的交易伙伴并确定合适的价格就需要耗费不少的时间、精力和费用。信息技术进步可以使得农产品零售商通过更透明的价格和产品信息，缩小买卖双方的搜索范围，降低均衡搜索强度（Yavas，1994），加速交易过程。

另外，信息技术进步可以全面加速交易的平台化倾向，可以促使更多的消费者、生产者和各种类型的中间商都参与到交易平台的各种流程中，从而增加潜在交易伙伴的数量，提高找到合适交易伙伴的概率，进一步降低搜寻成本（斯普尔伯，2002），并减少或消除潜在的交易对手在搜寻过程中的不确定性。另外，交易平台本身可以提供重要的履约担保机制，本身就可以做出可信承诺并提供必要的监督与签约服务，加上日益完善的评价机制，可以在很大程度上规避直接交易承诺难以置信的风险，更好地解决农产品质量可追溯的难题，并得以有效地抑制各种机会主义行为。

（二）信息化与农产品电子商务的快速发展

信息化推动的农产品零售业态与零售模式创新，首先体现为，信息化为农产品电子商务的快速发展提供了强大推力。农产品电子商务主要包括 B2B 和 B2C 等类型，但目前最重要的是 B2C，因而可将以 B2C 为重点的农产品电子商务视为农产品流通终端的组织创新之一。近年来，在信息技术革命的背景下，在资本与技术双轮驱动下，农产品电子商务实现了持续快速增长。与此同时，大多数农产品电子商务交易平台企业尚未实现规模化盈利，多家农产品电子商务交易平台公司先后出现经营危机，行业发展活力与挑战同在，组织创新与风险危机并存。

1. 农产品电子商务的发展历程

2014 年以前，农产品电商以垂直电商平台为主。以阿里、京东、顺丰优选、一号店、我买网等为代表的电子商务网站，通过 B2B、B2C、C2C、O2O 等多样化交易模式，开始以较大力度介入农产品电子商务业务。但是，受制于技术发展水平、消费习惯、物流等诸多因素的影响，在这一阶段，农产品电商的总规模不算太大，但增速较快。阿里巴巴集团研究中心根据淘宝后台数据发现，2010 年、2011 年和 2012 年，阿里平台完成的农产品交易额，分别为 37.35 亿元、113.66 亿元和 198.61 亿元（阿里研究中心，2014），到 2015 年更是达到 695 亿元。蔬果类、肉蛋禽类等由于包装、运输不便被认为不太适合做电子商务的产品种类，增长速度反而最快。[①]

从 2014 年开始，农产品电商行业开始受到国内外各方资本（包括天使投资在内的风险投资、私募基金和资本市场）的高度关注，农产品电子商务行业迎来了爆发式增长期。大规模的资本进入，加上前期积累的巨额亏损，倒逼美味七七、优菜网、特土网、后厨网、采购兄弟、水果营行、菜管家、卡卡鲜、土鸡 91、正源食派果蔬帮、抢鲜购、果食帮等一批农产品电子商务交易平台企业或倒闭，或转型，或被其他企业并购。

2015 年前后，越来越多的企业加大了对冷链和生鲜农产品供应链的投资力度，阿里、苏宁和京东等大型企业集团分别提出新零售、智慧零售、无界零售概念，并开始设法打通线上线下消费场景，试图实现线上线下融合协同发展。以此为背景，前店后仓、前置仓等新型电子商务模式开始迅速发展。但是，多数农产品电商平台长期亏损的格局并未发生根本变化。

到 2019 年，妙生活、迷你生鲜、呆萝卜、爱鲜蜂、吉及鲜多家知名农产品电商平台出现危机。资本市场对农产品电子商务的预期有所转变，行业加速破产或重组，进入农产品电子商务的资本数量有所下降，行业进入冷静期和整合期。但也有部分大型互联网公司开始逆势加快农产品

---

① 以 2012 年为例，海鲜/水产品、新鲜水果等鲜活农产品所占份额虽然不是太大，却是增速最快的类目，2012 年同比增幅超过 400%（阿里研究中心，2014）。

电商布局。2019 年 10 月，阿里巴巴集团成立数字农业事业部，"盒马村"（阿里巴巴数字农业生产基地的重要类型之一，即根据订单为盒马提供农产品的村庄）、"盒马市"（和淄博合作建立盒马市并将产地仓落地淄博）和淘宝直播成为其数字农业新业态，并宣布搭建以"产地仓 + 销地仓"模式为骨架的全国农产品数字化流通网络。

但是，2020 年的突发疫情，全面扭转了农产品电商行业的颓势与困境。新冠肺炎疫情在打破民众生产生活节奏的同时，也带来了新商机，尤其是使得农产品线上交易变得日益活跃。线上购买农产品，成为很多家庭的新选择，甚至成为最重要的选择。线上购买农产品的需求显著增长，甚至有相当比例的中老年群体也被迫成为网络零售的新客户。很多农产品电商企业利用各种技术手段开始加速在社区布局，并利用自身社区布局及供应链优势将各种农产品（包括半成品菜）送至消费者手中。

2. 农产品电子商务的主要类型

我国涉农电子商务网站主要有两种类型：一种是各种经济组织以交易为目的建立的，牵涉农产品产供销等环节的专业电子商务网站，主要采用 B2B 和 B2C 等形式；另一种则是各级政府主办，不以交易为目的的涉农网站（包括中国农业信息网）。前一种类型的农产品电子商务发展速度很快，近年来细分出越来越多的子类型（见表 5-1）。

表 5-1　中国农产品电子商务模式一览

模式	主要内容	模式	主要内容
B2C	农产品网站对消费者	C2F	订单农业
C2B	集合竞价定购模式	B2M	农产品企业根据客户需求建立网站
B2B2C	农产品产业链模式	M2C	农产品加工企业对消费者
C2C	农户对消费者	BMC	企业 + 中介平台（网络）+ 终端客户
B2F/F2C	生产者（农户）对家庭	SoLoMo	农产品社交化模式
ABC	代理商—商家—消费者	P2C	生活服务平台
B2S	分享、体验式电商（众筹）	SNS-EC	农产品社交电商
O2O	线上与线下融合发展	跨境零售	跨境电商：海代、海淘、海批（批发）

资料来源：根据洪涛和洪勇（2016）整理。

3. 农产品电子商务的主要运营模式

目前，农产品电子商务行业出现了多种运营模式并行的格局。在国内外资本的推动下，在激烈的市场竞争条件下，农产品电子商务陆续出现了诸多创新型的运营模式，主要包括前置仓、店仓一体化、平台到家、社区拼团、冷柜自提等。

上述各类运营模式各有优劣，近年来发展较快，其中规模居前的是前置仓、平台到家和社区拼团模式。其中，总体规模最大的是平台到家模式，2019 年的市场规模达 624.6 亿元（增速达 41%）；增速最快的是社区拼团模式（2019 年的增速达 535%，市场规模达 474.1 亿元）。社区拼团模式的爆发式增长，得益于该模式综合成本更低，且有流量红利，众多国内外资本通过大量补贴强力推动也是该模式高速增长的重要原因（艾瑞咨询，2020）。

（1）前置仓模式。在这种模式下，每个门店本身都是一个中小型仓储配送中心，从而能够使得总部大仓只需要对门店供货就能覆盖"最后一公里"。在消费者下单后，农产品即从附近零售门店而非郊区某个大仓发货，从而得以支撑门店数公里范围内尽可能快速送达之需求。每日优鲜是这种模式的开创者。每日优鲜通过城市农产品批发市场采购和产地直采"两条腿"走路，以及跨国采购网络，在 10 个主要城市建立城市分选中心，建立起覆盖华北、华东、华南、华中等 16 个主要城市的极速达冷链物流体系，在前置仓布局蔬菜、水果、肉禽蛋、水产等 12 大品类超过 3000 款的单品，通过"城市分选中心 + 社区 + 前置仓"模式，为会员提供最快 30 分钟送达服务。

（2）社区拼团或团购模式。在这种模式下，一般借助微信或 QQ 平台，把小区邻里拉入一个群里，每天发布拼团信息，通过线上销售，消费者在线下门店自提或由线下门店配送。这种模式比较典型的代表是兴盛优选——全国连锁便利超市芙蓉兴盛旗下的电商平台。兴盛优选以门店为核心团长体系，以线下便利超市为依托，通过"预售 + 自提"模式，重点满足家庭的生鲜农产品需求，所购商品在下单次日到线下便利店或指定提货点自提。其重要特点在于：借助 B2B2C 模式连接供应链和消费端，搭建从中心仓到服务站再到门店的三级物流配送体系，以保障品质与"次日达"；"团长"主要由夫妻店和便利店组成并以门店作为自提点，好处是可以获得双重收益，从线上获得分红的同时还有带动线下生意的可能。

（3）"预订＋冷柜自提"模式。该模式的典型代表是聚焦华东市场的食行生鲜。食行生鲜首创了"预订制＋全程冷链＋冷柜自提"的运营模式，通过反向定制实现以销定采、订单式采购和零库存，同时通过大规模基地直采和集约化冷链配送，直接连接生产基地与消费者，全面降低了损耗和配送成本（艾瑞咨询，2020）。

4. 农产品电子商务的流程创新

农产品电子商务还在流程方面实现了创新。①实现了非标准产品的标准化。多数农产品尤其是生鲜农产品难以实现标准化，向来被视为农产品电子商务的重要瓶颈。在现实运行中，阿里等电商平台企业探索出一套新办法以克服上述瓶颈，即地方政府和协会根据产品特点和市场需求自建被消费者和市场认可的地方标准，从而实现更多的生鲜农产品的标准化。②通过预售降低损耗。淘宝在运作新疆新鲜葡萄团购时，通过预售形成订单之后，再采摘，然后通过冷链发到全国各地。与之类似的模式，还有前文提及的食行生鲜，也是通过预售大幅降低了损耗（陈亮，2015）。

5. 农产品电子商务的主要挑战

由于农产品尤其是生鲜农产品的供应链体系远比普通工业制成品复杂，生产主体小而散，规格化、标准化、品牌化程度偏低，流通环节偏多，对运输、储存的要求和消费需求都呈现高度的多样化特征，无论哪种运营模式，都未能找到成熟的盈利模式。

（三）农产品电子商务平台化机理与风险防范

近年来，随着资本市场在农产品电子商务发展中发挥越来越大的作用，农产品电子商务发展出现了一种非常值得关注的趋势，即日益明显的平台化趋势。当然，这种趋势并非农产品电子商务的独特特征，几乎所有领域的电子商务都有平台化趋势。其中的重要原因和机理在于：绝大多数电子商务企业在很大程度上都是资本市场的资本驱动的，遵循的基本逻辑是资本逻辑，是"股东财富最大化"的逻辑，从而决定了这些企业在短期内不太在乎盈利能力，也不在乎短期内是否盈利。平台企业的投资者最在乎的，是平台的用户数量能否在短期内迅速增长。因为用户（消费者和服务提供者同样重要）数量决定着企业的估值，从而影响到"股东财富"。因而，平台企业高管的基本策略，并非在短期内盈利，反而是通过巨额亏损大量补贴用户（在补贴消费者的同时也补贴服务提供者），即所谓"烧钱"。国内外资本市场之所以能源源不断地瞄准长线做短期内的巨额亏损投资，一个基本的原因在于全球范围内利息率和资本收益率的持续下滑，加上各国量化宽松政策，导致资本市场的资金泛滥，这正是国内外资本市场（从天使投资、风投、股票一级市场到股票二级市场）能够持续支持长期巨额亏损的平台企业的基本原因。当然，中国特殊的文化、体制与技术条件，也进一步加快了中国电子商务行业的平台化进程：阿里从一开始就是纯平台企业；拼多多也主要是平台；京东一开始是垂直电商，但越是到后来平台交易占比就越高。近年来，越来越多的农产品电商企业日益平台化。

交易平台做的是"纯交易"，是中间商的中间商。这种纯粹从事交易和辅助交易活动的组织，在中国经济中，具有极为重要的价值与功能，无法替代。农产品电子商务平台化本身没有太严重的问题：如果在公平竞争的环境下，不是设法利用巨额的补贴占领线下的农产品零售市场，是可以实现线上线下融合协同发展的。但是，如果某些互联网巨头试图通过巨额补贴这一打价格战的方式去占领线下农产品零售终端市场，则必须考虑到这种行为对农产品流通效率与公平性的多重负面影响。必须防范互联网资本和电商平台通过巨额补贴搞低价倾销，把线下竞争对手逼破产歇业后再大幅提价的风险。

二 零售商连锁化驱动的农产品流通组织创新

信息化在促进农产品电子商务发展的同时，也为零售商连锁化经营提供了强大的信息技术支撑，并促进了农产品零售组织创新。零售商连锁化发展为农产品零售组织创新变革提供了强大推力。20 世纪 90 年代以来，零售商连锁化成为城乡零售组织的基本潮流。其中，超市连锁化发展势头引人注目。作为一种新型业态，超市①从东部地区大城市起步，并逐渐向全国中小城市甚至乡镇扩张，其门店数和销售额增速均远超 GDP 增速。

---

① 这里所称的超市主要是指常见的大卖场、标准超市以及有生鲜农产品经营的便利店。

随着中国城乡居民收入水平的提升，随着消费者对食品安全、购物环境和便利性等方面要求的提高，随着超市鲜活农产品供应链管理能力稳步增强，加上各级政府对"农超对接"的持续扶持，越来越多的消费者更多地选择到超市购买农产品。连锁超市的迅猛发展，必将对中国农产品流通组织演进产生巨大影响。

下文将以连锁超市为重点，研究零售商连锁化发展驱动的农产品流通组织创新的演化历程及内在机理，同时关注"农超对接"的现实运行困境。本节以湖南 FC 超市为例，主要采用现场观察法以及对该超市总经理、分店店长和生鲜部经理等关键人物的深度访谈，获得大量一手资料，并以一手资料为基础，对该超市近 20 年来鲜活农产品零售组织创新的演化历程进行追踪案例研究。

（一）连锁化零售商农产品交易演进：追踪案例研究

1. FC 超市经营生鲜农产品的基本情况

FC 超市隶属于 FC 实业发展有限责任公司。该公司创立于 1994 年，从湖南澧县起步，后将公司总部迁至长沙市，于 2000 年进入超市行业，目前已拥有近 30 家大型连锁超市（总营业面积超过 20 万平方米），主要分布于湖南省中北部地区，曾经是常德市"农超对接"试点单位。FC 超市生鲜农产品主要有蔬果、肉、水产、熟食以及季节性商品，涉及的品类多达数百种。

2. FC 超市生鲜农产品交易方式的演进历程

近 20 年来，FC 超市生鲜农产品经营，经历了从无到有，从自营到引进专业供应商和联营户，再到建立自己的物流配送中心及"农超对接"点的过程，大致可分四个阶段：从 2000 年 6 月 1 日至 2002 年底，FC 超市没有设立生鲜区；从 2003 年初到 2004 年底，超市开始经营部分畅销生鲜农产品；从 2005 年初至 2015 年前后，超市全面建立生鲜区，为生鲜农产品的全面扩张期；从 2015 年至今，为生鲜农产品扩张中的调整与提高阶段。

（1）无生鲜农产品阶段（2000 年 6 月 1 日至 2002 年底）。FC 超市于 2000 年 6 月 1 日开设了第一家门店——兰江店，面积 4000 平方米，坐落于澧县（隶属于湖南省常德市）。当时超市未设生鲜区，一是因为经营者对生鲜区的理解不够透彻，二是因为缺乏生鲜区经营知识、经验与专业人才，三是因为县城居民仍习惯在农贸市场购买所有生鲜农产品。另外，税收体制等方面的原因，导致超市在农产品价格方面必然缺乏竞争力。加上 FC 超市兰江店是县城的首家超市，超市面积大且购物环境好，也没必要通过生鲜区吸引客流和增加人气。事后分析也表明，在这一阶段，超市选择不引入生鲜产品销售是明智之举。

（2）开始销售部分生鲜农产品阶段（2003 年初到 2004 年底）。随着县区人口增加和生活水平提高，消费者对购物环境和食品安全有了一定的要求，部分消费者已开始考虑到超市购买部分生鲜农产品。从 2003 年初到 2004 年底，FC 超市逐步拥有四家连锁超市，并开始尝试销售部分居民日常生活中购买频次较高的生鲜农产品，包括蔬菜、水果、鲜肉和部分畅销的季节性农产品。FC 超市生鲜区经营进入探索阶段，这一阶段的交易方式具有两个基本特征。

第一，货源主要来自农贸市场或部分农户。超市生鲜区处于起步阶段，超市经营者对生鲜农产品的定位、价格、经营模式等都处于学习阶段。之所以未选择从专业的供应商或批发商那里采购，主要是因为这个阶段超市生鲜农产品的销售规模较小，相对于规模而言，交易成本太高，实力强的供应商不愿与超市合作。此阶段，超市蔬菜以外的生鲜农产品主要通过农贸市场或农户直接采购。到农贸市场采购既方便，又能及时了解生鲜农产品行情。更重要的是，采购员可以有较大的挑选余地，加上超市拥有专业的保鲜设备，因此虽然超市生鲜农产品零售价格高于农贸市场，但品质好于农贸市场的平均水平。蔬菜则主要是直接从农户那里采购。由于绕过了中间环节，蔬菜采购价格比农贸市场低不少。但是，上述两种采购渠道也有固有缺陷：一是农产品质量安全方面的风险较大，二是超市保鲜库面积有限，必须多次采购，导致运输成本和损耗加大；管理者也很难对每种商品的采购价格进行监督，难以避免部分采购员虚报商品采购价格的道德风险。由于缺乏固定的供应商，货源很难得到保障，经常出现商品断销。部分农户的农产品销售掌握在当地"霸主"手中，要想采购，就必须向他们缴纳所谓的"保护费"。

第二，所有商品均为自营。超市经营需要从超市整体角度考虑利益最大化，而联营商往往以自己利益最大化为根本考虑。由于超市的生鲜区处于起步阶段，超市管理经验和制度安排的缺乏，更容易导致联营商的机会主义行为。虽然自营能较好地规避联营商带来的机会主义问题，但也有自身的局限性。超市曾精心选择了一个年富力强的员工去餐饮学校进行培训。三个月后回到超市，经营店内的面包房。最初，面包房的口味无法与专业的面包房抗衡，销售量一直很低，面包房一直处于亏本经营状态；随着经营时间和经验的增长，超市面包房口味持续改善，加上价格方面的优势，超市面包销售额持续好转。但此时主管面包制作的师傅选择了自己创业。超市此前的所有成本，包括送员工去培训的成本、早期的销售损失、新品开发损失等都由自己承担。

在这一阶段，随着超市规模稳步扩大，固定资产投入持续增加，此时超市退出生鲜经营的壁垒也在增加。超市规模在扩大，超市商誉在上升，为保持店面形象，及时为顾客提供所需商品，超市必须保持稳定的货源和货架商品的丰富程度。超市规模扩大带来生鲜农产品价格的下降和销售量的增长，而农贸市场的价格降幅并不大，从而，超市与农贸市场之间的价格差距有缩小的趋势。但由于超市固定资产投入多，经营费用总体较高，超市的生鲜农产品经营，在这个阶段处于微利状态，部分商品或部分时段处于亏损状态。

（3）生鲜农产品全面扩张阶段（2005年初到2015年前后）。从2005年初开始到2015年前后，FC超市生鲜区经营开始全面扩张，经营品种不断丰富。商品经营范围包括：低温冷冻品、蔬菜水果、豆制品、面包面点、熟食、鲜肉、水产、蛋类、散装干货、五谷杂粮等。超市还会根据时节和地域的不同选择销售一些季节性商品和地域性的特色商品。生鲜农产品交易方式呈现多元化发展态势。

第一，供应商直接供货。在这个阶段，超市选择部分商品供应商直接供货。供应商直接供货为超市带来了不少的好处。①价格优势。生鲜商品供应商一般都是批发商，它们直接给超市供货，省去了中间环节，使超市在进货价格上具有了一定优势。以生鲜区高档水果为例，由于高档水果周转期比较慢，其销量不像主力单品（如橘子、西瓜、苹果等）那么大，只占水果销售的15% ~ 20%。如果超市自己进货，由于销售量小，进货价格就相对较高。而一家供应商往往为几家超市供货，供应量较大，相应的价格就较低。像高档水果这种商品，超市选择和供应商合作，往往能降低进货价格。②减少超市经营成本。与专业的供应商合作，减少了超市的经营成本，包括运输成本、部分储存成本、谈判成本、签约成本等，并降低了食品安全风险。以猪肉销售为例，超市选择了专业的供应商，主要的考虑：一是质量和安全性能得到更好的保障；二是专业供应商可以在很大程度上节约猪肉的运输和管理成本。另外，超市给供应商的账期为 30 天。这就意味着超市拿着供应商的钱做买卖，从而更有利于扩大经营规模。③减少超市固定资产投入。作为必备条件，供应商拥有冷库、运输车辆，具备物流基础设施，而且随着业务的不断扩大，设施愈加完善。④增强超市生鲜商品货源的稳定性。超市与供应商合作都会签订供销合同。根据供销合同，供应商必须保证超市的货源，不然不仅对自己的声誉有影响，还要支付相应的高额违约金。

第二，开始尝试大规模基地直接采购。虽然通过中间供应商供货有不少好处，但经营者认为，这种合作还是在生鲜农产品流通链条上"扒了一层皮"。由于超市规模有限，部分商品销售规模不够，加上对部分商品的专业知识的掌握和专用资产的投入还比较欠缺，超市不得不选择与供应商合作。而对于那些畅销的主力单品来说，超市往往采取生产基地直接采购。在这个阶段，超市直接采购的商品品种迅速增加，由原来的只有蔬菜到后来的蔬菜、水果和部分特色农副产品等。在一开始，因为区域性分布特点和销售规模原因，多数只是通过本地基地直接采购，很少扩展到其他的市。以西瓜为例，FC 超市澧县的分店每年都会和双龙乡的西瓜生产基地签订合同。由于超市规模已经够大，往往以产定销，双龙乡的西瓜由超市全部收购。

第三，超市与联营商联营。随着超市区域性的扩张，超市管理者不可能完全深入地掌握当地饮食文化和习惯，部分商品往往与联营商联营。联营商对当地生鲜食品口味的把握更到位，经营也更加专业，能够为超市拉动人气。以 FC 超市桃源一店为例，其卤菜区和凉菜区都是采取联营形式。这些联营商在当地都相当有实力，为大众所熟知。它们对当地的饮食文化和习惯把握得很到位，做出来的菜品和口味广受当地消费者喜爱。对于联营，超市统一称重销售，能很好掌握联营商的销售额情况。其他经营费用，如耗材、包装等，都由联营商承担。超市采取销售扣点形式获得利润，及按联营商销售额的一定比例进行收费。

（4）生鲜农产品扩张中的调整与提高阶段（2015 年至今）。近 10 年来，FC 超市日益重视生鲜农产品经营。其中一个重要背景，在于该超市主力消费人群的微妙变化，根据 FC 超市对 648079 个活跃会员年龄结构的分析，目前超市的主力消费人群已经由 10 年前以 50 年代、60 年代出生的人群为主，迅速转变为以 70 年代和 80 年代出生的人群为主（分别占 25.86% 和 29.32%），而 90 年代出生的活跃会员比例（18.26%）超过了 60 年代出生的活跃会员（13.61%）。而且，"90 后"会员的增速位列第一。随着消费人群的转变，对生鲜的消费习惯也有了天翻地覆的变化。另外，顾客消费能力也在持续提升。根据 FC 超市提供的数据，2020 年，蔬菜、水果、肉品、干货的精包装占比达到 30%，部分品类甚至超过 50%。消费者对品质和便利性的要求越来越高，"80 后"和"90 后"会员对价格的敏感度远远低于"60 后"和"70 后"会员，超市的生鲜农产品经营正在由以前的以裸散消费为主，逐步向精包装便利消费转变。

随着主力消费人群的变化和顾客消费水平的提升，FC 超市生鲜农产品销售额占比也在稳步增长。从 2016 年至 2020 年，生鲜销售额占超市总销售额的比重从 27.89% 提高至 36.10%（如表 5-2 所示）。上述背景都要求 FC 超市必须重视精益生鲜经营能力的稳步提高。

表 5-2　FC 超市生鲜销售额占超市总销售额的比重变化情况

指标	2016 年	2017 年	2018 年	2019 年	2020 年
生鲜销售额比重（%）	27.89	29.15	30.84	33.02	36.10

数据来源：根据 FC 超市的财务报表整理。

在生鲜农产品销售稳步增长的同时，FC 超市在经营模式方面也做出了一系列调整，主要表现在以下几个方面。第一，在自营和联营方面的调整。生鲜经营从全品类自营（2000~2004 年）到除蔬菜、干货、日配之外其他品类联营（2005 年至 2016 年 6 月）再到全品类自营战略（2016 年 6 月以后）。到 2020 年，FC 超市收回了全系统水果，部分门店的肉品、水产和烘焙。但是对于加工部门，因为暂时没有中央厨房作为支撑暂时仍采取联营。第二，对精益生鲜经营能力的强调。从超市整体经营的角度考虑，生鲜依然是价格竞争和品类引流的重要品类。但近 10 年，除强调生鲜的价格竞争之外，也越来越强调生鲜经营能力和盈利能力的提升，其中生鲜后台能力的建设（包括供应链管理能力和后台加工能力）也成为生鲜经营能力提升的关键。第三，加大了从基地直接采购的力度，并初步取得较好的效果。随着农业生产的专业化、板块化、品牌化发展，部分产地出现了有相当竞争力的生鲜品类，如山东和云南的蔬菜，山东、陕西和甘肃的苹果，湖南怀化的橙子，东北的大米等。2020年，FC超市产地直供的占比大概为20%，较以前有显著提高，但依然存在很大的提升空间。到2018年，FC超市直接与陕西、山东等地的苹果生产基地对接，从基地采购的苹果超过1000万元。

（二）与小农户衔接的连锁零售商：创新挑战与困境

近年来，中央明确要求促进小农户和现代农业发展有机衔接。连锁零售商被视为促进小农户和现代农业发展有机衔接的重要组织，在10多年前，商务部等部委还主导过"农超对接"相关政策扶持。作为"农超对接"试点企业，FC超市所进行的探索、相关经验教训，尤其是面临的挑战与困境，包括政策层面的障碍，可以作为重要样本以进行深入分析。

"农超对接"曾被认为可产生系列优势，包括当地种养殖者可在最短时间内将农产品直接运送到超市，以确保商品鲜度，减少生鲜损耗；就近合作节约了运输成本；超市比农贸市场等零售终端更有可能实现可追溯，从而可以更好地保障农产品质量安全。然而，对FC超市的深度访谈发现，此种模式在现实运行中存在诸多困境，有些困境在目前的体制背景与经济环境下很难克服。这些困境主要表现在以下方面。

第一，"农超对接"即便减少了环节，也只是成本的转移，不一定是成本的降低。以FC超市的猪肉销售为例，附近城市的猪肉进货成本确实比本地更低。但由于超市没有屠宰证，超市采购的猪必须运到当地的屠宰厂进行屠宰，待屠宰完后，再将猪肉运回超市进行销售。经过上述周折，超市承担了极高的物流成本和人力成本，还不如和经销商直接合作。

第二，农产品增值税体制导致的困扰。部分农产品是免税的，但是在取得税票时不得不支付3%~5%的增值税成本。另外，获取农产品的税票过于复杂，比如FC超市在山东收购苹果，因为是散户收购，而每户农户只有5万元的税额，但收购金额超过200万元，所以只能找几十个农户分批次开税票。

第三，在"农超对接"格局下，超市货源很难得到保障，商品质量难以保障，匹配比较困难。农户种植规模小而分散，超市生鲜经营规模也小，难以达成理想的合作；对于大规模种植户，超市消化能力又不够，造成有实力的种植户不能依靠超市销售产品；而且规模种植的品种相对比较单一，难以满足超市多品种经营模式，从而影响合作积极性。寻找合适的规模匹配，需要花费很高的"皮鞋"成本。另外，长期以来种植成本高、种植品质不统一、种植品项缺失等问题至今尚未得到明显缓解。如湖南省汉寿县将蔬菜种植作为农业的重要支柱，但在与汉寿进行合作的过程中，发现其产地采购价格远高于批发市场上山东蔬菜的价格。加上各农户种植品质严重不统一，没有办法引进超市进行销售。

第四，生鲜农产品零售行业不正当、不公平竞争现象日益突出。在农产品电子商务平台化发展的背景下，在资本市场的推动下，以社区团购为代表的新型农产品电商正在全面利用巨额补贴严重破坏市场正常秩序，影响到生鲜农产品流通行业的可持续发展。

另外，专业人才匮乏也影响业务稳健扩张。生鲜经营人才主要靠企业自己培养，而培养一个合格的生鲜经营人才需要 3 年以上时间。高校毕业生普遍不愿意从事生鲜流通行业，而且也缺乏必要的专业训练。

三 "短链"流通模式与减少流通
环节的再审视

以互联网为代表的现代信息技术革命，成为商品交易自动化、智慧化的强大推动力，交易速度加快、交易量增加与交易制度演进（斯普尔伯，2002，第 445～447 页）给中间层组织带来的，不是毁灭性打击，而是越来越大的生存空间（荣朝和，2006）。与此相似，伴随着"农超对接、农餐对接、农校对接、场地挂钩"等各种"短链"流通模式的迅速兴起，涌现出大批新型中间层组织。

（一）信息化与连锁化并未导致"非中介化"

信息技术的进步和电子商务的发展，曾被广泛认为会加快"短链"流通的发展，甚至会导致所谓的"非中介化"或"去中间化"（disinter-mediation），中间商或中间环节的数量将趋于减少。连锁超市快速发展，也被广泛认为会减少中间环节的数量。但是，正如斯普尔伯（2002，第

447 页）所指出的，随着互联网的普及和电子商务的发展，中间层组织不仅没有消失，而且导致了新型中间层组织的诞生，它们在网上提供服务或者帮助消费者在种类繁多的产品和服务过程中，找到了自己应有的位置。就农产品流通组织而论，由于农户规模太小、农产品品质规格不一等原因，随着农产品电子商务和连锁超市的快速发展，中间环节并未真正减少。总之，信息化与连锁化并未导致"非中介化"，也没有真正减少流通环节。

与上述基本判断相关的重要事实是：第一，近年来，与农产品电子商务和连锁超市的快速发展并行不悖的是，农产品批发市场的成交量非但没有减少，反而呈现持续快速增长态势；第二，传统批发商的数量虽有所减少，但经纪人、配送服务商等承担了部分批发功能的新型中间商不断涌现；第三，在传统农产品批发市场，越来越多的商户同时从事网上和线下业务，创造出"网上与网下交易相结合，白天与晚上交易相结合"的交易格局，并已取得不俗的业绩。

（二）信息技术进步与中间层组织的未来

技术和市场的变化不断地创造出新型的中间层组织并从根本上改变市场的微观结构（斯普尔伯，2002，第 447 页）。与那种认为互联网会导致"非中介化"和中间环节减少的"常识"恰恰相反，互联网在降低交易成本的同时，也创造了对中间人（middleman）的更多需求。每个人都可以通过互联网降低交易成本——当互联网的出现使中间人的交易成本降低得比其他人更多的时候，买卖双方依然愿意通过中间人进行交易（Steinfield，2000；克拉科夫斯基，2018，导论，第 XⅢ 页）。Lucking-Reiley 和 Spulber（2001）也认为，在互联网经济背景下，中间商不但不会被替代，其作用反而会进一步加强。实际上，无论是电子商务交易平台企业，还是在平台上经营的企业，都是典型的新的中间层组织，扮演的也都是中间商角色，发挥的正是中间商的功能，包括甄别和提供信息以进一步降低搜寻成本等。信息技术进步实际上使得中间商搜集和发送信息的能力大大增强，从而在匹配交易方面有更高的效率。从这个角度，中间商的作用是不可能被替代的。

近年来，伴随着互联网经济的崛起，不仅涌现出以京东、阿里等为代表的数量极为庞大的网络交易平台提供商，还涌现出更多的网络交易衍生服务商或支撑服务商，包括与互联网支付、快递等服务有关的中间商等，更涌现出一大批利用互联网技术扩展业务的新型农产品经纪人。从市场微观结构的视角看，中国农产品电子商务呈高速增长态势，直接后果就是一大批一系列新型中间层组织的迅速涌现。另外，农产品电子商务的快速发展还培养了农户的品牌、契约、诚信意识，从而也有利于促进现代农业发展与小农户的有机衔接。

此外，伴随连锁超市和连锁便利店的崛起，伴随"农超对接、农餐对接、农校对接、场地挂钩"等各种"短链"流通模式的兴起，伴随社区直销菜店、"周末菜市场"、农产品产销"农批零""农批超"等新兴对接模式（安玉发，2011），必然会产生对各种类型的专业供应商、经纪人、配送商、加工商等新型中间层组织的巨大需求，否则，各种"短链"流通模式就是无源之水。Graciela（2002）对阿根廷超市和生鲜供应链的研究也发现，超市的快速发展，促使很多专业服务超市的批发商崛起。我们对北京、南京等大城市的深度追踪调查表明，无论是社区直销菜店、连锁配送专卖企业，还是各种类型的"短链对接"和"周末菜市场"，货源大多来自农产品批发市场。

四　小结

第一，信息化与网络化加快了农产品电子商务的发展，全面提高了农产品流通的搜索效率与交易效率，同时也使得履约过程变得更为复杂。同时，信息技术进步全面加速了农产品电子商务交易的平台化倾向，在进一步降低搜寻成本、提供重要的履约担保机制的同时，也引发了由于资本市场过度介入而导致的不公平竞争与不正当竞争的风险，必须从政策与规制层面加强防范。

第二，连锁零售商（包括连锁超市和连锁便利店）将成为最重要的城乡生鲜农产品零售终端之一。随着主力消费人群的变化和顾客消费水平的提升，随着连锁零售商经营规模的不断扩大，超市不断缩小了与农贸市场的农产品价格差距，部分品类价格已经可以低于农贸市场。但是，由于农产品生产的组织化程度仍然偏低，农产品的标准化、品牌化发展滞后，以及税法等体制方面的影响，真正意义上的"农超对接"全面实施尚需时日。

　　第三，信息技术的进步和电子商务的发展，以及零售商的连锁化，不会导致"非中介化"，中间商或中间环节的数量不会减少，反而会涌现出更多的新型中间商，从而全面改变了农产品流通组织的微观市场结构。加上农户规模太小、农产品品质规格不一，上述趋势就更为明显。对于各种类型的"对接"（包括"农超对接"在内）这一"短链"流通模式，重要基础就是各种类型的专业供应商、经纪人、配送商、加工商等新型中间层商的涌现，而很多中间商的运作都依赖于农产品批发市场。另外，农产品电子商务、连锁零售商和各种类型的新型中间商，和传统的中间商一起，共同促进了现代农业发展与小农户的有机衔接。

第六章 关系网络与市场范围扩展—— 技术扩散正反馈机制

已有关于农产品流通体系的研究，多着眼于城市，着眼于销地，更多地关注"最后一公里"，从而在很大程度上忽视了农村和产地以及"最初一公里"。很多经验研究表明，"最后一公里"的大幅度加价，在本质上源于零售环节的高成本，在现行二元体制和城市劳动力机会成本持续上升的大背景下，零售环节的高成本问题难以缓解。我们针对重点村庄的追踪田野调查发现，产地市场（或产地集配场所）和嵌入于各种关系网络中的产地中间商（包括产地经纪人和产地批发商），在农产品流通高效运行中发挥着极为重要的作用。实际上，现实经济行为总是受到所嵌入的制度和人际关系的影响（Granovetter，1985）。中国农村是典型的"关系本位"或关系取向的社会（梁漱溟，1996；赵泉民和李怡，2007）。在农村，以血缘、亲缘、地缘关系为基础的关系网络，对交易与资源分配都会产生重要影响。如果忽视社会结构尤其关系网络的影响，必然在很大程度上降低对农产品流通组织演进的解释力。

在产地市场，各种类型的关系网络在农产品流通中发挥着非常重要的作用。在很多特色农业成片发展区，一个突出特征，就是根植于当地的中间商（包括纯经纪人和运销商）或运销公司（名称上往往各不相同，有些对外称"农民专业合作社"，有些对外称农民技术协会，有些其实就是个体户），它们在农产品高效流通尤其是产地收购过程中发挥着关键性作用，成为产地市场的核心主体。以海南省为例，该省虽然缺乏其他省份那种大规模的农产品批发市场，但由于产地市场很发达，更由于根植于产地的农产品经纪人的引进与培育工作做得到位，同样很好地实现了农产品的高效流通。据我们的座谈、实地考察与访谈，绝大多数比较成功的农产品运销业者在农产品流通行业摸爬滚打数十年，很多人过去本身就是农民或菜贩。他们长期积累的农产品运销经验、人脉、信息、渠道和资本，成为农产品流通体系中最宝贵的资产。

本章将试图突破主流经济学的分析框架，着眼于关系网络视角，在梳理关系网络在中国农村情景中的普遍性，及其对交易行为和流通组织演进的影响路径的基础上，重点研究农户和产地中间商主导的农产品流通组织的运行机制。

一 关系网络的普遍性及其影响商品流通组织的基本路径

（一）关系网络在中国农村情景中的普遍性

在中国农村社会，小农户必须面对不同类型的关系网络。多数小农户的资源禀赋状况都不是太好，但这些关系网络经常可以成为他们的重要"资源"。

1. 最核心的关系网络

几千年来，中国社会的基本单位，一直都是家庭而非个人。"家"的观念往往被看成中华文化最基本的特征之一。史学家钱穆先生认为，中国文化全部都从家庭观念筑起。正因为如此，中国历代幼儿启蒙读物不断强调忠孝、长幼有序等观念。[1] 金耀基（1999，第 24 页）也认为，中国的"家"是靠非形式的、个人间方法从事其活动的"原级的""面对面"团体。中国的家庭也是典型的人际关系"实验室"（徐中约，2008，第 56 页）。

在中国，家庭和宗族往往具有诸多特殊功能，被视为传统宗族社会最有特色的机制（徐中约，2008，第 56 页）。家庭以及衍生的家族，堪称传统社会的"核心"，不仅是一个"紧紧结合的团体"，而且整个社会价值系统都经由"育化"与"社化"作用传递给个人（赵泉民和李怡，

---

[1] 在一个家庭内部，长者与男性为尊，父亲是家长，他对其他家庭成员拥有绝对权威，而且决定所有重要家庭事务，包括安排子女的婚姻，惩戒忤逆不孝，甚至可以卖掉他们。但他必须在儒家伦理规范的范围内行事，必须像一个做父亲的样子——严厉而慈祥、专断而关爱。注重身份的意识促使父亲在对自己的双亲说话时恭敬谦卑，对自己的子女说话时则威严果断。同样，由于这种身份意识，一个兄长在自己的父亲面前就表现得很谦恭，而在他的弟弟面前则会很自信（徐中约，2008）。《红楼梦》对上述情形描绘得可谓淋漓尽致。在宝玉挨打那一回，贾政在儿子面前的威严，在夫人面前的权威，在贾母面前的谦恭，统统被形象地刻画出来。

2007）。在人类学家许烺光（2002）看来，"亲族原则"是中国社会中居支配地位的组织原则。因此，中国的基本社会单元，不仅超越个人到家庭，甚至超越家庭，延伸到家族和宗族。居住在一定地域内、出自同一祖系的家庭，组成宗族。① 虽然各宗族的组织结构各不相同，但一般都会由一位年长、显赫的族人担任族长。他在族人的协助下处理族务，尤其要管理族产和宗祠、奖惩族内成员。宗族活动涵盖的范围②非常广泛。宗族往往有一套与儒家道德教条相对应的宗规。③ 宗族还警戒一些越轨的行为，如懒惰、浪费、暴戾和赌博等。严重触犯宗规的行为将在宗祠内当全体族人之面得到公开处置（徐中约，2008，第56页）。上述集体惩罚制度不仅在古代中国的散居群落中广泛存在，而且一直延续至近代。彭玉生（Peng，2004）发现，从20世纪80年代起，中国不少地区开始大规模重建祠堂、编纂族谱和重修祖坟。祠堂是一个宗族的象征中心，也是实施公开惩戒的重要场所。上述集体惩戒制度，在很大程度上强化了家族和宗族的"强制的信任"或"基于可强制实施的信任"（enforceable trust）（Portes，1993）。

在国人看来，中国人的关系网络是典型的"圈层"结构。按照与自己关系的远近，汇聚成一个内外不同、生熟有别的类似同心波纹的人际关系网（费孝通，1985）。④ 宗族和家族可视为个人及其家庭的扩展与衍生，在中国人的关系系统中处于"圈层"最外围。总之，与家庭、家族、宗族密切相关的血缘、亲缘与地缘关系，是中国人赖以生存和发展的重要"资源"。

2. 扩展中的关系网络

中国是一个典型的"关系取向"社会，在农村更是如此。通过面

---

① 当前，宗族制度在华南很多地方仍然非常盛行，在华中地区和华北地区则弱得多。

② 宗族活动一般包括7个方面：（1）编纂续订族谱；（2）操办祭祖仪式，掌管宗祠、祭田和祖坟；（3）救济族人；（4）训导族内孩童；（5）嘉奖族内贤能者而惩戒不肖者；（6）宁息争讼；（7）防卫。

③ 这些道德戒律或张贴在宗祠里或在适当的场合念诵，一般包括如下原则："孝敬父母；尊敬长辈；和睦族里；训诫子孙；谨奉职守；勿干法禁。"尤其被强调的是，儿子必须孝顺父亲，妻子必须服从丈夫，兄弟要相互友悌（徐中约，2008，第56页）。

④ 换而言之，在中国传统观念里，爱有"差序"——按照人与人之间的信任程度随着一轮一轮推开去，逐渐减弱的。也就是把自己作为人伦"同心圆"的圆心，渐次外推以至"天下"。儒家所谓的"修身，齐家，治国，平天下"反映的正是此种观念。

子、人情等多种关键机制，国人往往可以不断扩展自己的关系网络，从而把原本是"外人"或"生人"的人，逐渐纳入"自家人""自己人"或"熟人"的"圈层"中来。关于这一点，费孝通（1985）的"差序格局"论，胡先缙（Hu，1944）的"面子观"、许烺光（Hsu，1971）的"心理社会图"（psycholosociogram），均可以给出较好的解释。

中国人大概是全世界最善于"拉关系"以建构私人关系网络的。黄光国（2004，第4～29页）以社会交换理论为基础，将"人情""面子""关系"和"报"等本土性概念整合起来，用来描绘华人社会中社会行为原型，以及解释大多数文化中社会互动过程的一般性模式。他将关系、人情和面子视为理解华人行为的关键。

在关系网络的持续扩展过程中，血缘关系逐渐退居次要地位，地缘关系开始成为重要的"资源"。首先是地缘关系。中国社会长期流行"远亲不如近邻、近邻不如对门"的说法，常常把地理范围不等的"老乡"挂在嘴边。一个生产大队（人民公社解体后改称为"村"）的人肯定是老乡，一个公社（人民公社解体后是乡或镇）的人可以说是老乡，一个县、一个地级市的人也可以说是老乡，一个省的人也可以是老乡（尤其是到了省外），甚至所有中国人都可以是老乡（到了国外）。

另外，各种所谓的"缘"，包括战友、同学、师兄弟，同一姓氏（所谓"五百年前是一家"的说法），当然是扩展关系网络很好的"资源"。从事同一职业的所谓业缘，甚至饭缘、酒缘、赌缘、牌缘[1]，也都可以成为扩展关系网络的"理由"。甚至一起坐过牢，也可以成为很好的关系网络资源。中国很多农村地区还可以将本来没有的关系"制造"出来，比如"拜干亲"或"认干亲"的习俗。[2] 还有不少农村地区流行结拜兄弟或结拜姐妹，当然也有利于扩展关系网络。在本质上，包括地缘、业缘、战友缘、学缘等在内的"缘"或"缘分"，以及"制造"出来的关系，其实就是"外人"或"生人"转变为"自家人""自己人"或"熟人"，有利于扩展关系网络的种种理由。

---

[1] 人以群分。在娱乐或打牌中，经常可以看出人的性格、脾气甚至品行。什么"牌品"如人品，酒品看人品，都是类似的逻辑。

[2] 在很多地区，该习俗在主观上都是出于小孩好养和顺利健康成长的愿望，但客观上也扩展了关系网络。

比上述逻辑更进一步的逻辑是，"亲戚的亲戚，也是我的亲戚；朋友的朋友，便是我的朋友"（曹锦清，2000，第5页），通过类似滚雪球的方式，国人的关系网络至少在理论上是可以无限向外延伸的。上述逻辑可以被概括为"社会网络的高聚集度"，即往往通过老朋友结识新朋友（Jackson and Rogers，2007）。

（二）关系网络影响商品流通组织的主要路径

以往关于商品流通的理论，在不同程度上忽视了社会网络或"关系网络"（尤其是血缘、亲缘、地缘、业缘关系）的影响（徐振宇、赵天宇和李冰倩，2014）。关系网络总是嵌入人类经济活动中，从而经济活动必然受关系网络的影响（Granovetter，1985）。作为一种非常重要的基本经济行为，商品流通组织，也会受到关系网络的影响，主要体现在如下方面。

1. 缓解信息不对称

现实世界的信息不对称（Akerlof，1970）无处不在，从而必然对交易行为及其绩效产生影响。交易过程中，交易各方会通过各种方式寻求尽可能充分、完备的信息，以期在交易中获取更大利益，但由于信息不对称，交易各方都不得不耗费相当的资源去搜寻、鉴别、使用信息，为此而耗费的资源或成本，主要是旨在缓解信息不对称问题的交易成本。实际上，各种类型的关系网络本质上就是一个信息流动的复杂网络（徐健、张闯和夏春玉，2010），通过这个网络，可以省去不少搜寻过程从而降低搜寻成本（赵家章，2014）。在人际接触中，社会网络中的每个人都有很多人际接触，提供给两点之间唯一路径的一条线便是所谓的"桥"（Granovetter，1973）。

2. 减少机会主义行为

在新制度经济学家威廉姆森（Williamson，1985）看来，对于机会主义行为，除信息不对称外，基于资产专用性投资而产生的"敲竹杠"行为以及基于低频率交易而产生的短期化行为，也是非常重要的部分。社会网络对机会主义行为有重要影响。王立磊、张剑渝和胥兴安（2015）发现情感性关系能抑制机会主义行为；姜翰、金占明和焦捷等（2009）发现，商业关系资本可以为企业提供外部关系支持并遏制创业企业的被动性机会主义倾向；陈劲松、张剑渝和张斌（2013）发现组织内良好的私人关系可以降低在组织间发生机会主义的可能性。另外，网络结构和成员在网络中所处的位置也会对机会主义产生影响（曾伏娥和陈莹，2015）。

3. 强化交易中的信任

信任是一种涉及面很广的复杂的社会心理现象，也被普遍认为是社会资本的基本要素。从博弈论的角度看，信任是人们在重复博弈中，为追求长期利益而进行理性选择的结果（张维迎和柯荣住，2002）。信任是在人际互动中产生的，一旦信任某人，则乐意与他进行交易（Granovetter，1985）。在法治不彰的环境下，社会网络可建立"道德团体"来创造彼此间的信任（赵永亮和刘德学，2009）。根据新经济社会学的结构洞理论，在某一节点中，b 和 c 都与 a 有联系，而 b 和 c 之间缺乏联系，此时网络不稳定。而想要保持网络稳定性，那么 a 的作用就非常大，必须与 b 和 c 都建立信任（Burt，1992）。罗家德在格兰诺维特的文集《镶嵌：社会网与经济行动》的译序中有这样的评论，"人际互动产生的信任是组织从事交易必要的基础，也是决定交易成本的必要因素……'信任'关系可节省的正是这项防止欺诈、处理争端的交易成本"（格兰诺维特，2007，译序）。信任也会减少经济关系中的不确定性，从而为合作打下基础（周晔馨、涂勤和胡必亮，2014；沙颖、陈圻和郝亚，2015）。

综上所述，关系网络通过影响缓解信息不对称、减少交易主体间的机会主义行为以及强化交易者之间的信任，影响交易成本。

二　关系网络与产地农产品流通组织
演进：比较案例研究

（一）样本村庄的农产品流通组织演进历程比较

1. 山东 N 村大蒜种植业的演进

N 村是金乡县重要的大蒜产地，其大蒜种植业随着金乡大蒜产业的发展而发展，大致可分为两个阶段。

（1）初步探索阶段：无意识的小规模种植。20 世纪 50～80 年代，处于农业集体化背景下的 N 村严格遵循"以粮为纲"，经济作物播种面积占比不到 20%，大蒜种植面积可忽略不计。N 村大蒜种植探索时期是在 20 世纪 80 年代，尤其是在 80 年代中后期和 90 年代初期。在该时期，家庭联产承包责任制实施后，农民有了土地承包经营权，由被动接受上级计划指令逐步转变为按照市场需求主动、自主安排种植作物的品种与数量，生产自主性与积极性极大增强，为大蒜种植奠定了体制基础。80年代初期，农民开始逐渐拥有生产经营自主权，但 N 村的多数农民并未马上种植大蒜，该村种植作物仍以棉花和红麻为主[①]。起初仅有小部分农民种植少量大蒜，自家食用有富余的，则使用手推车将大蒜运往附近的鱼山市场出售。市场中有商贩摆摊收购大蒜，此时摊位规模较小，仅仅在路两边搭起棚子进行收购。收购大蒜的商贩多为本地人，他们低价收购后运往周边邻近地区，再高价出售，从中赚取差价。这是由于大蒜产量少，处于初级阶段，正规的大蒜市场没有形成，蒜价不透明，商贩可以赚取比较可观的差价利润。

（2）快速发展时期：创新扩散背景下的规模化种植。N 村大蒜的大规模种植是从 20 世纪 90 年代中期开始的。伴随着大蒜价格不断上涨，相对于其他粮食和经济作物较高收益的激励，使得越来越多的农户转变种植偏好，由种植棉花、红麻等作物改为种植大蒜，由此引致大蒜种植规模迅速扩大。在 N 村大蒜大规模种植的发展过程中，离不开技术创新与扩散机制的作用。"创新机制""选择机制"和"扩散机制"是经济演化的内在动力，而创新是经济演化的原动力（黄凯南，2009）。大蒜种植过程相对简单，技术门槛相对较低，在种植环节可创新之处并不太多。[②] 最为重要的种植技术创新与扩散，就是地膜覆盖技术。农户早期种植大蒜时一般都不使用地膜，上级派到村里的技术员发现覆盖塑料薄膜具有保温保湿作用，能提高单产 20% ~ 30% ，并使大蒜成熟期提前，最终有助于提高大蒜的产量与质量。于是，技术员便在农户中推广扩散这项技术。然而，扩散过程并不顺利。起初没有多少农户相信覆盖地膜能够提高大蒜的产量与质量，仅有极少数农户持着半信半疑和试试看的态度，将小部分田地覆盖地膜，收获大蒜时将覆膜的蒜头与没有覆膜的

---

① N 村数据不详，但整个金乡县 1984 年棉花种植面积为 36.6 万亩，红麻种植面积为 4.5 万亩，两项作物产值占当年种植业产值的 39% （商爱国，2005）。

② 比如，在育种方面，创新的潜力较小。农户一般选取个头较大的蒜头留种，因为个头大的蒜头质量较高，种植后的果实质量也较高。

蒜头进行对比，发现前者产量和质量确实较高。于是，这种技术在 N 村这种以亲缘与血缘关系为纽带的"小世界"网络中开始传播并逐渐扩散开来，最终这项技术才在村里大规模使用。另一项非常重要的技术就是冷库保鲜技术①。大蒜保存期较短，比较容易发霉变质。未引入冷库保鲜技术之前，蒜农只有将大蒜进行晾晒，以期在短期内销售出去。否则，大蒜就会变质作废。冷库在 20 世纪 80 年代末期被引入 N 村，使用这种保鲜技术之后，大蒜保存期、货架期、销售期均大大延长，基本上可以做到常年保存与销售，从而这项技术很快便在 N 村扩散，为包括大蒜种植、保鲜、加工在内的整个大蒜产业发展做出了极为重要的贡献。总之，相对较高的经济效益的刺激，加上覆膜技术、冷库保鲜技术的引入与扩散，使得 N 村包括大蒜种植业在内的大蒜产业迅速发展。

2. 湖北 TX 村葡萄种植业的演进

从落实家庭联产承包责任制直至 20 世纪 90 年代初，棉花和小麦一直都是 TX 村的主要种植作物和主要经济收入来源（该村 80% 以上为旱地，一般是棉花与小麦套种；不到 20% 为水稻田，一般是水稻与油菜轮作）。TX 村的葡萄种植业大致从 1988 年开始起步，同一时期开始尝试种植的水果作物还有柑橘和梨。进入 20 世纪 90 年代后葡萄的种植规模逐步扩大，进入 21 世纪之后葡萄种植规模更是迅速扩大，伴随着葡萄品种的不断改良、种植技术的扩散与市场的开拓，葡萄种植业全面代替棉花成为 TX 村的支柱产业，具体来看，TX 村葡萄种植业的演进主要分为两个时期。

（1）探索时期：小农－企业家精神与种植结构调整。探索时期大致从 1988 年到 21 世纪初。在 20 世纪 80 年代中期，TX 村有少数不太"安分"的农户开始尝试种植水果。大致在 1985 年前后，该村一组村民徐 XP 开始在自留地上栽梨树；1988 年，该村四组村民陈 GZ 在自留地（仅 0.4 亩）上栽种葡萄。1989 年，TX 村一组村民徐 XC 承包了村里的一块

①　冷库是当地人兴建的用来储存大蒜的场所，冷库一般由场地和制冷设备构成，由于大蒜需要储存，所以冷库是必不可少的，任何大蒜只要不立刻出售，一般都会储存在冷库当中。由于当地对冷库需求量较大，而且兴建冷库相对简单，所以冷库数量在当地非常多。冷库的建造一般有两种类型：一是做大蒜生意需要冷库，比如加工厂；二是不做大蒜生意，建造冷库是为了出租收取租金。所有大蒜都要经过冷库。

机动用地（共 30 余亩），其中栽了约 10 亩的柑橘。由此，TX 村开始逐渐摆脱计划经济时期形成的以棉花、小麦、水稻、油菜等大宗农作物为主（尤其是以棉花为支柱）的种植格局，开始尝试以水果种植为特色，柑橘、梨、葡萄等不同产业之间"争胜竞争"的种植结构优化调整拉开了序幕。

由于柑橘种植回收期长、经常出现"大小年"、没有商贩上门收购以及种植技术要求较高等问题，柑橘种植户难以实现收益的稳步增长。因此，TX 村的柑橘种植面积在 1990 年以后基本上没有增长，全村的种植面积不超过 30 亩。梨树的栽培情况稍微乐观一些，一开始由于种植者较少，且品质较好，因而该村所产的梨在弥市镇、埠河镇和公安县城以及沙市等附近市场的销售比较顺利；另外，梨树在较短的时期内就能进入盛果期，且管理相对粗放，容易实现高产稳产，梨的行情在 20 世纪 90 年代中期还比较看好①。但之后一段时期，由于销售市场的扩展并不顺利，加上周边村庄梨树栽培面积增长过快，梨价开始急速下跌。大致从 2000 年开始，大量梨树种植户开始砍梨树，改种棉花或葡萄。截至 2003 年，全村的梨树基本砍伐殆尽。最早种植葡萄的农户是时任公安县政协委员的陈 GZ。据他回忆，他曾于 1988 年到安徽引种（巨峰），又于 1992 年派儿子陈 F 与徐 XP、徐 XQ 一起到北京植物园引种（品种包括高墨和京亚）；1992 年 3 月 21 日，曾经是高中同学的徐 YS 和徐 XP 曾到安徽合肥引种（高墨）；1992 年底徐 YS 又与其侄子徐 GY、邻居王 LG 一起到西安引种。随着巨峰和京亚两个品种逐渐表现出特有的适应性，而且产生了比粮食、棉花等农作物和经济作物高得多的经济效益，形成较强的示范效应，于是 TX 村的村民开始扩大葡萄种植面积，以便增加葡萄产量。

（2）快速发展时期：品种调整与市场拓展后的大规模种植。快速发展时期从 2000 年前后至今。虽然 TX 村葡萄栽培面积增长很快，1988 年开始起步时不到 3 亩，1999 年突破 500 亩，2003 年突破 1000 亩，2007 年更是接近 2000 亩。但实际上在相当长的一段时期内，TX 村的葡萄种

---

① 在 20 世纪 90 年代中期，TX 村梨树的栽培面积曾超过 200 亩，而当时葡萄的栽培面积还不到 200 亩。

植业也是困难重重，一度出现栽培面积停止增长甚至减小的阶段。导致这一情况出现的原因既有技术方面的也有市场方面的。从技术方面来看，葡萄种植有较高的技术门槛。在早期阶段，葡萄种植技术掌握在少数农户手中，葡萄种植技术扩散渠道不畅，很多农户的葡萄种植技术未能过关，葡萄品质不稳定。从市场范围扩展来看，在相当长的一段时期内，TX 村种植的葡萄主要面向周边县市销售，过度依赖附近的沙市批发市场，宜昌与湖南市场的开拓一直都不顺利，武汉市场一直未能进入，葡萄价格一度非常低落。直至 2003 年之前，以上情形仍未有明显改观。

　　葡萄种植业最终"打败"柑橘和梨这两种经济作物种植业而取得最后"胜利"和全面成功，是 2005 年以后的事。而且，最后能够成功，也主要得益于技术与市场两个方面困境的逐步克服和基础设施的改良，加上一些偶然性因素。一是在长期的试错过程中，"藤稔"这种适应 TX 村种植环境①的葡萄品种先是被引进，几年后大规模种植并大获成功。这种葡萄来自浙江金华地区，主要技术要点是果实膨大技术的合理运用。与"巨峰""高墨"等品种相比，"藤稔"葡萄虽口感有所下降，但成熟早，且高产稳产，从而经济效益明显更好，再加上在耐储运方面有较大提高，适应当年 TX 村道路等基础设施落后的情况，这使得农户收入大大提高。品种的改进再加上利益的驱动使得"藤稔"葡萄大规模代替"巨峰""高墨"等传统品种迅速成为当地最受欢迎的葡萄品种，同时也带动 TX 村葡萄种植面积迅速扩大，从此葡萄种植进入稳步发展时期。二是一个"巨无霸"的大市场（武汉市场）被 TX 村的村民成功开拓。2004 年以后，由于 TX 村的部分农户和商贩持续不断的努力，在"无心插柳柳成荫"之中开辟了一个具有里程碑意义的大市场。武汉市场开辟后，迅速将 TX 村的葡萄产地批发价拉升至历史最高位，从 2005 年开始，除个别特殊年份外，产地批发价都维持在较高的水平。三是基础设施的不断完善。TX 村周边的主要基础设施恰好处于不断完善（包括长江大桥、高速公路）的时期，而 TX 村内部的基础设施（通信系统、道路系统②、

①　而在此之前所选定的主打品种（巨峰和高墨）却相对不太适合在 TX 村种植。
②　TX 村内部的水泥路在 2006 年秋修建通车也有相当的偶然性特征。

电力系统等）也得到前所未有的提升①。

此外，由于葡萄种植业以及与葡萄种植相关的其他产业（葡萄运销、葡萄种苗交易、葡萄生产资料交易、葡萄技术咨询）的集聚，TX 村正在日益成为一个能够影响周边好几个市县的区域性葡萄定价中心、生资供应中心、苗木供应中心、信息中心和技术中心，而这又进一步地促进了种植技术成熟与完善，以及市场范围扩展，且在技术和市场的演进之间出现了良性的互动关系：技术的成熟有助于葡萄市场的不断扩展，而葡萄市场的不断扩展又有利于技术的进一步成熟——由于有了更多的专业化机会，技术创新有了更多的可能。总之，TX 村的葡萄种植业进入一个良性循环的发展进程之中。

3. 山东 N 村大蒜流通组织及其演进

经过几十年的发展，N 村大蒜交易流程已经比较完善，大蒜从生产端到消费端，从农户到消费者，各交易环节环环相扣，农户、本地商贩、外地商贩、交易市场、经纪人、加工厂各司其职，共同构成整个交易过程（见图 6 - 1）。

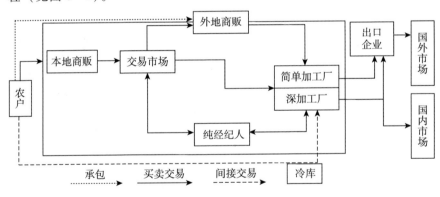

图 6 - 1　N 村大蒜交易模式示意

资料来源：根据实地调查整理。

需要说明的是，在大蒜交易的早期，由于各交易环节不太完善，交易过程不够公开、透明，中间商经常会扭曲大蒜收购价格，从而收购价

①　实际上，如果梨树能够继续种植，也未尝不是一件有利可图的事。交通、通信系统的完善必然有利于梨的市场扩展和交易成本的降低，亩平毛收也应该能达到 5000 元（这虽然不及种植葡萄的收益，但仍是比较可观的效益）。只不过，梨树没有等到这一天——可谓"生不逢时"。

格不能很好地反映市场供求状况。在大蒜产业发展较为完善的今天，大蒜市场透明、价格透明公开，大蒜价格基本由供需决定，交易市场每天会进行报价，商贩不能够随意压低收购价格或抬高出售价格而操纵大蒜价格，获取超额利润。整个交易过程中，大部分商贩的盈利模式有点类似于股票交易，通过低价购买，储藏起来，等待行情变好，大蒜价格上涨再将其卖掉，从而赚取差价。

在 N 村所在的金乡县，在大蒜产业发展史上，主要有过六种交易模式。这六种交易模式，都有特点，均在 N 村大蒜产业发展过程中发挥不同的作用。具体来看，六种交易模式分别如下。

第一种，农户在农贸市场与消费者直接交易，可称为"直销"，即农户自己用小车将大蒜运往附近的集市销售，不经过任何流通中介。这种模式是金乡大蒜交易最早的模式，也是当时比较典型的农产品交易模式。这种模式的优点是农民直接面对消费者，没有流通中介从中赚取利润。但是，这种不依赖于流通中介的模式，虽然减少了流通环节，却并没有为农户带来交易便利，农民必须自己将大蒜运往市场销售，无形中实际上增加了交易成本。据当地蒜农张 JS 的回忆，早期，他们自己或者与周围关系好的邻居一起将收获的大蒜通过小推车运往集市上售卖。受到小推车大小与人力的限制，每次仅能运送一部分蒜。如果遇上天气不好的时候，比如下雨，地上会坑坑洼洼，泥泞不堪，对运蒜又是一大挑战。基于此，虽然"直销"模式是最早的交易模式，但效率低下，成本颇高，仅在小规模种植阶段存在。

第二种，"农户 + 本地商贩"模式。按照大蒜产业化程度的不同，这种模式的交易又分为两个阶段。第一阶段为大蒜产业发展初期，农户将大蒜运往集市销售，与"直销"不同的是，交易对象主要是在集市或农贸市场摆摊收购大蒜的本地商贩，本地商贩将零星收购的大蒜集中起来，运往外地销售，从中赚取差价。第二阶段为大蒜产业化发展较为成熟的时期，农户不必将大蒜运往市场上销售，而是等待商贩上门收购。大蒜成熟季节，本地商贩会挨家挨户上门收购大蒜。商贩收购大蒜后一般通过两种方式进行处理：第一，将收购的大蒜或运往冷库等待大蒜价格上涨或等待有人给出他们预期或可以接受的价格再出售，或直接在交易市场中售卖；第二，进行代购业务，与加工厂或外地商贩进行协商合作，帮他们从农户手中代购大蒜，从中收取代收费，从而实现盈利（这实际上构成了下文所述的第五种交易模式）。这种"农户 + 本地商贩"的模式是 N 村大蒜交易最基本的模式。这种交易模式的优势在于，所有蒜农组成的卖方与所有本地商贩形成的买方数量均较为庞大，从而两个团体之间的竞争较为充分，这使得蒜农和商贩都可以根据自身情况和市场态势自由交易。在其他模式未能带来明显收益的情况下，这种看似传统而简单的交易模式仍在 N 村的大蒜交易中占据主导地位。

第三种，电子交易模式。该交易模式基本在 2008 年前后短暂地出现过一段时间。最鼎盛的时期，N 村所在的金乡县曾出现过十几家电子交易公司。然而，这种模式缺乏必要的监管，操作不规范，容易出现违规行为，因而此类交易模式在不太长的时期内就逐步从大蒜交易中退出。2011 年在金乡县工商局注册的电子交易公司仅剩 2 家。2016 年，调查者去金乡调查时发现，南店子市场附近一家电子交易公司刚刚倒闭。

第四种，"商贩（本/外地） + 纯经纪人 + 加工厂[①]"模式。这种交易模式是近些年开始流行的，且与其他模式有明显不同。可以看出，在该模式中，增加了纯经纪人与加工厂两个交易主体。其中，纯经纪人既不种植大蒜也不进行大蒜交易，而仅仅作为信息中介，提供交易信息，进行撮合交易。纯经纪人撮合的买卖双方中买方一般为加工厂，卖方一般为商贩。

第五种，"农户 + 本地商贩 + 外地商贩"模式。这种模式是基于"农户 + 本地商贩"而发展出来的交易模式。外地商贩（有些是外国商贩）的实质和本地商贩一样，也是大蒜交易的中介环节，想从大蒜交易中"分一杯羹"。由于外地商贩对当地大蒜种植情况及蒜农情况并不熟

[①]　加工厂实际上是大蒜的最终购买者。金乡市场上流通的大蒜 90% 以上最终由加工厂收购，除非加工厂对大蒜质量有特别高的要求，否则加工厂一般不直接从农户手中收购大蒜，它们一般从交易市场上收购大蒜。加工厂分简单加工厂和深加工厂。简单加工厂主要从事大蒜的简单加工，比如剥皮、装袋等，一般由冷库和简单的大棚构成，冷库用来储藏大蒜，大棚是工人进行大蒜加工的主要场所，简单加工厂一般由当地人开设，收购的大蒜先储藏起来，待从食品出口公司接到订单后，开始进行加工，加工完成后交付公司即可。深加工厂本质上与一般的食品厂一样，收购大蒜作为原料，对大蒜进行深度加工，制成蒜片、蒜泥、蒜饮料、蒜油、糖蒜、蒜盐、罐头蒜、黑蒜等一系列产品出售。

悉，如果直接从当地农户手中收购大蒜会产生大量信息成本、搜寻成本与谈判成本，实际上会推升整体大蒜收购成本。在大蒜最终销售价格比较透明的金乡，收蒜成本的提高无异于降低整体的交易利润。所以，这些外地商贩一般不直接从农户手中收购大蒜，而是委托本地商贩进行代购。外地商贩需要做的仅是与本地商贩协定收蒜标准以及代购费用，同时进行监工，检查本地商贩收购大蒜的质量。代购费用一般有两种结算方式：一是支付代购手续费，例如双方可以约定每斤大蒜收 0.1 元手续费；二是支付本地商贩在代购中的提成，具体支付方式需要双方不断协商。

第六种，"外地商贩（本地加工厂）+农户"的承包模式。这种交易模式是最特殊的一种，外地商贩或本地加工厂对蒜田直接承包。农户种好大蒜后，待蒜苗长出时，外地商贩或本地加工厂会挨家挨户到蒜田里考察，如果发现蒜苗生长较好的田地，收购者会与蒜农沟通协商，签订协议将蒜田承包下来。承包后大蒜的生长、收获等都与蒜农无关，承包者将承担大蒜之后的生长、收获与交易风险。

经过几十年的发展，就当前而言，"直销"模式已基本退出大蒜交易的历史舞台，电子交易模式由于缺乏必要监管和违规操作基本淡出交易，"外地商贩+农户"的承包模式并不常见。这样，"农户+本地商贩""农户+本地商贩+外地商贩"以及"商贩（本/外地）+纯经纪人+加工厂"这三种模式就成为 N 村当前流行的主要大蒜交易模式，而"农户+本地商贩"与"农户+本地商贩+外地商贩"是最基本的交易模式。据估计，在 N 村，从农户手里流向市场的大蒜，80% 以上经过商贩尤其是本地商贩收购后再集中到市场交易，这是大蒜流通的"主渠道"。

4. 湖北 TX 村葡萄流通组织及其演进

TX 村葡萄种植业在发展过程中，出现过六种不同的流通组织模式。

第一种，可称为"直销"模式。与 N 村大蒜交易模式一样，TX 村葡萄交易模式中传统也是最基本的一种模式就是"直销"模式。在 1989年至 1992 年，葡萄种植农户自己用担挑着或用小推车将葡萄运往附近的集市销售，不经过任何中介环节。与大蒜交易一样，这种交易虽然跳过中介组织，直接进行销售，但销量有限，运输成本也较高，仅在葡萄小规模种植时期出现，随着葡萄产量的提高，这种交易模式也就逐渐被淘汰。

第二种，"农户+当地交易市场"模式，这种交易模式在1993年和2000年之间比较常见。农户自己将葡萄运往附近的水果交易市场销售（常见的交易市场是沙市水果行）。事实上，这种交易模式在N村也出现过。农户在自己运输葡萄的过程中，受到道路等基础设施与天气条件等因素的限制。有时候，葡萄种植户会因为这些因素增加很大一部分成本。

第三种，标准的"农户+外地批发市场"模式，这种模式在2002年前后流行起来，TX村农户将葡萄运往荆门、襄樊、宜昌和长沙等外地市场自行销售。

第四种，变相的"农户+外地批发市场"模式。这种兴起于20世纪90年代末期的交易模式有些特殊：TX村本地商贩或农户将葡萄运往外地，付给外地批发市场商贩一笔代卖费，外地商贩收到这笔代卖费后，代理买卖本地商贩或农户的葡萄。之所以说这种交易模式较为特殊，是因为它涉及的不仅包含葡萄交易，还包括商贩之间代理关系的建立与维护、代理协议的签订、协议履约的保证、违约的损失等一系列因素。这进一步对本外地商贩的信誉、抗风险能力、对交易成本与收益的要求以及对可能出现的机会主义行为的治理产生更高的要求。

第五种，"农户+本地商贩+外地商贩"模式，这种模式在2005年得到广泛运用。该种交易模式中，由本地商贩替外地商贩代收，每斤收取代收费0.1元（本地商贩还可通过信息不对称谋取一些价差）。

第六种，"本地商贩+农户+外地商贩"模式：TX村的商贩与外地商贩合伙经营，平分利润。2006年以来，这种交易模式逐渐成为TX村葡萄流通中最流行的交易模式。

5. 农产品流通组织演进历程的比较

本小节选取的案例村庄存在一些不同之处，两个村庄的农产品交易模式也各有特点。比如N村大蒜的交易模式还有电子交易、纯经纪人撮合交易等模式，而TX村葡萄交易模式有本地商贩和外地商贩合伙经营并分享利润的模式。造成差异的原因是多方面，首先是交易的品种不同，同时也受到产业发展水平、区域环境以及风俗人情等方面差异的影响。但是，两个村庄的农产品交易模式的演进过程，仍有相当多的可比之处

（见表6-1）。如"直销"模式在两种农产品交易模式发展过程中均出现过，出现的时间段也较相似——均为产业发展的起步阶段。虽然这种模式出现时间较早，也没有中间商，但由于效率低下，仅适用于小规模种植的早期阶段，现均已基本消失。农户自己将农产品运往市场的交易模式也都曾在两地出现过，且出现时间也较为相似，均是在"直销"模式逐渐变得不再可行时，而且这种模式也由于存在一些难以克服的矛盾而逐渐被其他交易模式所代替。"农户+本地商贩+外地商贩"的代收代购模式均是两地当前比较流行的交易模式。与外地商贩相比，本地商贩显然在当地拥有比较丰富的关系网络，从而更具比较优势，外地商贩依靠与本地商贩的合作收购农产品，实际上反而节省了交易成本。

表6-1　两村农产品交易模式比较

序号	N 村大蒜交易	TX 村葡萄交易
1	"直销"模式	"直销"模式
2	"农户+本地商贩"模式	"农户+当地交易市场"模式
3	电子交易模式	变相的"农户+外地批发市场"模式
4	"商贩+纯经纪人+加工厂"模式	标准的"农户+外地批发市场"模式
5	"农户+本地商贩+外地商贩"模式	"农户+本地商贩+外地商贩"模式
6	"外地商贩（本地加工厂）+农户"承包模式	"本地商贩+农户+外地商贩"模式

资料来源：根据调查资料整理。

值得注意的是，无论是 N 村的大蒜交易，还是 TX 村的葡萄交易，似乎始终都没有出现过学界曾深入广泛探讨的"龙头企业+农户""龙头企业+基地+农户""龙头企业+大户+农户""合作社+农户"和"龙头企业+合作社+农户"等模式。毋庸置疑，上述交易模式的确是很多发达国家流行和比较成功的模式。国内有些学者的研究也支持对合作社和龙头企业给予扶持。但是，笔者基于鲜活农产品的案例研究，没有发现过任何一个由合作社或龙头企业带动的农业组织模式成功运营的例证。

（二）关系网络扩展与农产品流通组织演进机制

本节研究的两个案例村庄，尽管存在着一些不同之处，如分布地区不同（N 村地处山东省金乡县鱼山镇，属于东部地区；TX 村位于湖北省公安县埠河镇，属于中部地区）、种植技术门槛有较大差异（大蒜种植技术要求相对较低、葡萄种植技术要求相对较高），种植技术扩散顺畅程度也有所差别（N村的覆膜与冷库保鲜这两种关键技术在村里传播扩散速度相对较快，而TX村葡萄种植技术的扩散就要缓慢得多，一开始主要局限于以血缘、亲缘为主要特征的相对较小的圈子内，这在很大程度上也与两种产品的种植技术门槛差异有关），但案例间有不少可比之处。第一，所种植的农产品都是劳动密集型产品。无论是金乡县N村大蒜种植还是公安县TX村葡萄种植，都是典型的劳动密集型种植业——尤其是在特定季节。第二，附近地区都在长期中演化出具有区域特色的农产品种植集聚区：金乡县是著名的"中国大蒜之乡"，金乡大蒜已成为国际知名品牌，具备国际影响力；TX村所在的埠河镇与公安县已成为中国重要的葡萄产区，葡萄种植业已成为该县重要的支柱产业。

两地种植业演进过程中也有一些相似之处。第一，两地特色产业及其集群化发展，都是在长期试错、摸索、创新过程中逐渐演化出来的。无论是大蒜还是葡萄种植都是在市场化取向的转轨过程中，农户为改善生计，尝试种植计划外作物以谋取经济利益基础上发展起来的。起初都是少数人种植、探索。随着农产品价格上涨，利润提升，逐渐吸引其他农户加入，种植面积扩大，产量质量也随之提升。第二，创新机制、选择机制是产业发展的主要推动因素。N村大蒜种植业发展过程中体现出明显的技术创新（冷库保鲜技术、覆膜技术），TX村葡萄种植业反映出产品创新（葡萄品种）与技术创新（葡萄种植技术）。此外，N村种植结构经历了棉花、红麻、大蒜等调整过程。TX村葡萄种植业也经历过柑橘、梨和葡萄三种作物的竞争选择过程以及葡萄品种之间的选择过程。第三，地方政府在产业发展过程中都曾有过积极作用，尤其是在提供涉农基础设施等准公共物品方面（比如修路、农田水利基础设施建设等）。

更加需要关注的问题是，在两个典型村庄，关系网络对农产品交易是否有影响？影响程度有多大？如何产生影响？在N村和TX村种植业发展历程中，均出现过多种类型的农产品交易模式。在下文的比较案例分析中，我们感兴趣的核心问题是：关系网络是否在这些交易模式中起作用？如果是，其影响路径或机制是怎样的？又是如何演进的？

不难发现，无论是在N村大蒜交易还是在TX村葡萄交易中，关系网络均有着不同程度的影响。但在不同的交易模式中，关系网络的影响程度不尽相同（有影响较大的，也有基本没有影响的），而且关系网络影响农产品交易的路径与机制也有微妙的差异。此外，在不同的时期，其影响程度、影响机制也具有显著的动态演进特征。

受关系网络影响程度较低的农产品交易模式主要有以下几类：在"直销"模式中①，农户自己将收获的农产品运往附近的交易市场销售，销售情况很大程度上依赖于"运气"，基本上"靠天吃饭"（这个"天"主要是附近交易市场的供求状况）。由于产量和销量都比较小，既没有能力也没有动力去开拓更远的更大规模的市场，也基本上不需要通过关系网络进行销售。勉强可利用的关系网络，就是在将农产品运往交易市场的过程中，叫上比较亲近的亲戚、朋友帮忙。在 N 村出现的电子交易模式以及 TX 村的"农户 + 当地交易市场"以及标准的"农户 + 外地批发市场"等交易模式中，关系网络对农产品交易的影响也较小。

受关系网络影响程度较深的交易模式，一个共同特点，就是有商贩尤其是本地商贩参与或主导的交易模式，如"农户 + 本地商贩"模式、"农户 + 本地商贩 + 外地商贩"模式②、"商贩（本/外地）+ 纯经纪人 + 加工厂"模式③以及"本地商贩 + 农户 + 外地商贩"模式④。一旦有商贩尤其是本地商贩介入，交易行为就不可避免地会打上农村地区"熟人社会"的烙印，"拉关系""讲面子""做面子""给面子""讲人情"等就不仅仅是口头禅，各种关系网络往往会通过"关系""面子""人情"对现实中的交易造成不容忽视的影响。前文已经分析，关系网络对农产品交易行为的影响，主要通过降低信息不对称、减少机会主义行为以及建立信任机制等路径实现，下文将不再重点分析。研究发现，关系网络主要通过对交易成本、交易关系的稳定性以及交易效率产生影响最终影响农产品交易，下文将予以详细剖析。

（三）关系网络、信息传递与交易成本

前文已指出，关系网络可通过降低信息不对称性减少交易成本。由

① 两县均存在"直销"模式。
② 两地均存在"农户 + 本地商贩 + 外地商贩"交易模式。
③ 该种模式主要出现在 N 村大蒜交易中。
④ 该模式主要出现在 TX 村葡萄交易中。

于信息不对称，交易双方必须搜索、鉴别市场中的相关信息，而搜索、鉴别过程往往需要耗费一定的资源或精力，从而形成相关的成本，这恰恰是交易成本的重要组成部分。比如，代为收购农产品的代收代购模式之所以产生，基本原因就在于外地商贩与本地商贩之间存在明显的收购成本差异，或者说各有特定的优势。在该交易模式中，本地商贩受外地商贩委托，代为收购农产品。外地商贩委托本地商贩收购农产品最重要的原因是，与外地商贩收购葡萄相比，本地商贩的收购成本较低。之所以如此，主要是因为本地商贩具有外地商贩难以在短期内建立的以血缘、亲缘、地缘、业缘等为基础的广泛的关系网络，处于网络内部的成员尤其是核心成员（成功的本地商贩往往正是各种复杂的关系网络中的核心成员）往往能够以较低成本获取大量有价值的信息，比如各个农户/农场的农产品质量的真实状况、诚信程度等，从而可大大减少信息搜寻成本。

一般来说，信息获取方式有两种：一是主动观察，即在与他人的互动中通过他人的行为获悉和了解；二是被动告知，即由他人传达而了解（谢思全和陆冰然，2009）。本地商贩处于中国传统乡土社会中由血缘、亲缘关系所形成的人际关系网络中，在该网络内部，本地商贩与其他成员存在广泛的联系[①]，这种连接网络成员间的人际接触类似于 Granovetter（1985）所说的"桥"。一方面，网络成员间的"桥"可以相互传递信息与影响力，这使得信息可通畅地在网络中流通、传递，为网络成员所共享（徐健、张闯和夏春玉，2010）；另一方面，这种成员间的人际接触会增加信息互动的频率，信息互动频率的增加又使得主动观察的频率升高、被动告知的机会增多，这又引起网络成员的信息量增大（谢思全和陆冰然，2009）。信息量的增大必然降低信息不对称性，省去大量搜寻过程，降低信息搜寻成本较低（赵家章，2014）。而且，某些重要的交易行情、交易信息也往往只会在自己信任的圈内传播，不会随随便便告诉外人。

本地商贩的这种强大的关系网络使得他们获取信息的渠道要比外地商贩多很多，以及对当地的地域、民俗、语言、交易行情等更加熟悉，无形中给本地商贩带来先天优势。外地商贩本身在"圈子"之外的现实

---

① 这种联系包括亲缘关系、血缘关系、业缘关系等。

使他们缺乏先天优势，再加上语言不通、对当地不够了解等因素，从而并不能较快、较好地融入当地，或取得当地人的信任，这无疑给农产品收购增加了难度。不过，外地商贩往往具有更广泛的外部渠道优势或市场网络优势，这正好是本地商贩的劣势。借助本地商贩的关系网络，可在很大程度上缓解信息不对称所造成的负面影响，从而进一步降低交易成本，加上本身具有外部渠道优势（或曰市场网络优势），两者结合形成的优势互补，可在降低交易成本的同时实现市场范围的顺利扩展，进而提升农业经营的专业化水平。

1. 关系网络、信任与交易关系稳定性

关系网络有助于商贩间建立信任机制进而促进交易关系的稳定。早期关于农产品交易关系稳定性的研究主要集中于对订单农业的相关研究。近年来，部分文献已开始注意关系网络对农产品交易的影响，相关研究主要分为两类。第一类文献主要从社会关系的角度进行讨论（徐健、张闯和夏春玉，2010）。第二类文献聚焦于信任机制对农产品交易关系稳定性影响的讨论。张春勋（2009）基于对蔬菜类农产品交易的研究发现，以信任为核心的因果关系较为显著，信任是提高农产品交易绩效的政策基点。实际上，信任是社会网络中的关键性变量，具体的关系即关系结构能够产生信任（Granovetter，1985）。在"农户 + 本地商贩 + 外地商贩"模式中，外地商贩找本地商贩代购，往往倾向于选择熟人，一般都是之前合作过的商贩。这是因为相互熟识的商贩之间更容易建立起信任机制。信任源于对个体社会偏好的了解，它也是一种复杂的社会心理现象，人与人之间（尤其是陌生人之间）建立起信任不是一蹴而就的，而是个体的社会偏好在网络高频率的互动过程中逐渐显现出来，再加上网络信息传播的扩散性，那些在网络中努力秉持公平、互惠原则的个体会赢得较高的声誉，获取网络中更多人的信任（谢思全和陆冰然，2009）。

无论是 N 村的大蒜交易，还是 TX 村的葡萄交易，外地商贩第一次慕名而来收购农产品时，对本地商贩并不熟悉。他们寻找合作伙伴时往往通过有经验的亲朋好友的介绍，去认识根植于本地的代购商贩。而那些被介绍的本地代购商也是在与介绍人一次次合作后逐渐建立起信任的那群人。如果外地商贩与本地商贩第一次合作较为愉快，那么以后便有可能继续合作。在没有其他更好的人选时，外地商贩在第二次交易时一般还是会继续和第一次合作过的商贩合作，第三次甚至以后的交易，总会选择同一个本地商贩进行代购，这样随着两者在一次次合作中高频互动，逐渐建立起信任（当然，前提是商贩之间遵守规则）。随着信任的建立，双方会加大情感与物质的投入。调查发现，长期合作的外地商贩与本地商贩一般会通过请客吃饭、一起喝酒、打牌（或打麻将）等方式促进感情，深化信任，随着这种情感与物质投入的增长，交易关系日益稳定化。商贩之间的信任机制是在多次重复博弈中逐渐建立的，所以时间较长，甚至会投入一定的资金成本。但是，一旦建立起来，商贩（尤其是本地商贩与外地商贩）之间的合作关系便较为稳固，而且，由于建立信任困难，而破坏信任容易，所以商贩之间十分重视对信任的维护，排斥破坏信任的机会主义行为，这又使交易稳定性得到保证。

此外，关系网络通过降低信息不对称与建立信任机制来减少机会主义行为从而促进交易的发展。在"农户+本地商贩+外地商贩"模式中，本地商贩与外地商贩间并没有达成长期的书面合作协议，收购协议仅是一次性的短期性合约①。但是，值得注意的是，即使是这种类似于"君子协定"的短期性合约，双方在签订后也很少有违约的机会主义行为。这是因为在具有较强封闭性的网络中，由于网络内部个体频繁互动，个体掩盖其真实偏好的难度加大，个体"品行"更容易暴露于众，所以无论是声誉的建立还是损害，都表现出很强的扩散性（谢思全和陆冰然，2009），这使得个体采取欺骗行为会面临较大的风险。在由各商贩构成的农产品交易网络中，信息的传递是充分而迅速的。一旦某个商贩出现机会主义行为，那么他的这种"记录"会很快在商贩网络之间传播，导致人尽皆知，正所谓"好事不出门坏事传千里"。违约商贩在以后交易时，其他商贩会根据他之前的违约记录来考虑是否要与之合作。同样道理，如果某个商贩信誉良好的话，这种网络中的信息传播与扩散机制会是其好的声誉传播的助推器，吸引其他人与之合作。另外，虽然是短期合作，但本外地商贩的每一次合作都是建立在信任的基础上的。建立信任的成本投入是巨大的，而破坏信任的成本是很小的，有时可能只需一次小小

---

① 通过访谈发现这是因为未来面临的不确定性较大，书面协议并不能很好地约束交易双方。一旦农产品价格发生较大变化，通常有利的一方想继续交易，而不利的一方则会违约。

的机会主义行为。虽然一次机会主义行为会带来收益，但长期来看，一旦交易双方信任瓦解，那么，不但前期投入都"打水漂"，而且将来也很难"重建"信任（或者需要更多投入才能建立）。

2. 关系网络、交易绩效与交易效率

关系网络对信息充分性的作用会对农产品交易效率造成影响。N 村的"商贩（本/外地）＋纯经纪人＋加工厂"模式就是一个较好的例子。纯经纪人是支撑该模式的关键因素，他作为撮合买方（加工厂）与卖方（商贩）交易的信息中介，不仅要对大蒜种植、成熟、收获整个流程相当熟悉，而且要对市场上的买方、卖方，大蒜价格行情，库存大蒜行情等信息保持敏感，这就对经纪人掌握的信息、资源提出较高要求。能够胜任纯经纪人这一职位的人往往都是当地人，他们在这一行业"摸爬滚打"多年，有的以前种过大蒜，有的当过商贩，这种经历让他们不仅对整个大蒜市场的行情非常了解，而且拥有丰富的广泛的人脉关系，他们既认识许多商贩（其中有的可能是朋友，有的可能是以前的同行甚至竞争对手），也在加工厂里有熟人。这样才可以利用广泛的人脉关系获得大量市场信息，帮助买家快速寻找到合适的卖家或帮助卖家迅速找到合适的买家，从而提高交易效率。所以说，经纪人参与交易的模式中，关系网络是重要基础，甚至成为重要前提。通过以地缘、亲缘、业缘为基础的关系网络和互联网平台，土生土长、根植于农村的农产品经纪人及其非正式合作组织实际上已经成为中国很多地区农产品流通的中坚和主体。在缺乏龙头企业和农民合作社"带动"的情况下，金乡大蒜和公安葡萄交易依然能够保持高效，关键之一在于两个地区成长起来一批具有高度适应能力的大蒜和葡萄经纪人。对于比较成功的大蒜和葡萄经纪人，长期积累的大蒜或葡萄运销经验、关系网络（人脉关系）和获取信息的渠道是他们在该行业立足的根本。

3. 简要的比较案例分析

虽然选取的两个案例村庄存在一些比较重要的相异之处（如农产品品种不同、地区不同等），但研究发现，在交易模式及其演进背后隐藏着诸多相似之处。

第一，基于交易模式视角的比较。在两个村庄农产品交易模式演进过程中，关系网络显然发挥着重要的角色和作用。虽然某些类型的交易模式（如 N 村的"直销"模式、电子交易模式以及 TX 村的"农户＋当地交易市场"、标准的"农户＋外地批发市场"模式）中，关系网络的影响可以忽略。但是，恰恰是这些关系网络影响不太明显的交易模式，被逐渐淘汰了，成为两个村庄主流农产品交易模式的，均为不同类型的关系网络在农产品交易中发挥重要作用的模式。比如，在前文讨论过的本地商贩为外地商贩代购的交易模式、纯经纪人撮合交易模式以及本外地商贩合作经营的模式中，关系网络明显地起着非常重要的作用。在"农户＋本地商贩＋外地商贩"模式及本外地商贩合作经营模式中，本地商贩与外地商贩通过一次次合作逐渐建立起来的信任，为维持信任投入的感情与物质以及在此基础上形成的社会关系，成为双方在没有书面合同时紧靠口头合约来维持长期合作关系的隐性条件。在"商贩＋纯经纪人＋加工厂"模式中，以地缘、亲缘、业缘为基础的关系网络背后反映的人脉、资源的多少甚至成为决定经纪人成败的关键因素。通过观察就可以发现，那些业务比较好的经纪人，往往在该行业"摸爬滚打"多年，积累了大量人脉资源，成为金乡大蒜交易网络中那些核心的"节点"。在 TX 村及其所在公安县，情况也很类似。

第二，基于产业发展程度视角的比较。虽说 N 村大蒜种植业与 TX 村葡萄种植业产业化程度均较高——均已成为全国著名的专业化农产品种植地区。但进一步分析，两者的产业化发展程度仍有一定的差异。金乡县大蒜产业已具备全球知名度，90％以上的大蒜会销往国外，尤其是日本、韩国、美国等。更为重要的是，围绕大蒜所形成的产业链条很长，已经形成包括大蒜种植、储存、加工在内的一整套产业体系。相比而言，TX 村所在的公安县，葡萄种植业在国外市场没有任何影响力，主要销往宜昌、长沙、重庆、武汉、上海、北京、广州等国内市场；更为重要的是，TX 村所在的公安县，所种植的葡萄，多为货架期相对较短且难以加工的鲜食葡萄，不能延伸产业链条。在产业化发展程度不同的背景下，关系网络的影响程度也会有区别。调查发现，在大蒜产业发展的早期阶段，村民们也曾经广泛利用各种关系网络促进农产品交易；但近些年来，随着大蒜产业发展日益完善，大蒜价格变动日益公开透明，在交易过程中，关系网络的影响有逐渐弱化的趋势。近年来，借助关系网络销售大蒜的情况日益减少。每年收获的大蒜都会有人上门收购，只不过在大蒜行情好的时候卖的价格高、大蒜行情不好的时候卖的价格低一点而已。再不济也可以先将大蒜储存在冷库中去，等行情好的时候再卖。TX 村的情况则有较大差异，由于葡萄不能长期储存，也不能用于加工，从而葡萄及时销售就会非常重要。调查发现，葡萄种植户对葡萄销售非常关注，他们会通过亲戚、朋友、同学、合作伙伴等关系网络，尽量拓展销售市场以增加葡萄销量或获得相对高的价格。此时，关系网络的作用显然比 N 村的更大。

三　嵌入本地的中间商与市场范围扩展—技术扩散正反馈机制

在深度调查的村庄，不难发现，涉农基础设施其实是特色化、专业化农业发展最重要的基础之一。因为基本的涉农基础设施，不仅能够最大限度地降低生产成本，还能最大限度地降低流通成本和相关交易成本，减少不必要的损耗。以必要的涉农基础设施为基本前提，通过小农间的各种关系网络达成非正式合作，辅之以高效率的市场网络（主要体现为农产品交易市场与农业生产资料交易市场），以及必要的公共服务（有赖于部分行政网络），市场范围得以持续扩展，种植技术得以高效扩散从而实现本地化适应与创新，技术的本地化适应与创新又进一步支持了市场范围的扩展，市场范围的扩展可以支撑核心产区的逐步扩张，从而种植规模不断扩大，最终实现了涉农基础设施完善、关系网络扩展、市场范围扩展、种植技术扩散与种植规模扩张之间的良性循环。而这种良性循环，正是种植业集聚机制的基本内核。从这个角度看，市场范围扩展与技术扩散之间是共同演化的，农产品交易、农业生产资料交易与技术本地化创新是交织在一起共同演化的。在交织共同演化的背后，是各种形式的关系网络。

（一）产地中间商与市场—技术间的正反馈机制

在深入调查的村庄，不难发现一个共性现象，即那些在农产品流通方面具有渠道优势从而市场扩展比较顺利的农户，往往也是在农业技术创新与扩散方面走在前面的农户，是积极采用和尝试新技术（包括新的栽培技术、新的品种、新的肥料或新的农药）的农户。现象背后的秘密，正是关系网络。

笔者对湖北 TX 村葡萄种植业的追踪调查发现，农户的葡萄销售网络与他们对新技术的采纳有着非常重要的关联。当一些比较重要的葡萄种植技术（比如大棚种植）出现时，部分农户会很快开始学习使用，多数农户却基本采取观望态度。针对不同农户的深度访谈发现，造成农户对新技术采用行为差异的根本原因，在于不同农户所拥有的葡萄销售网络存在很大差异。那些积极采用大棚等新技术的农户，往往是在种植葡萄的同时兼营葡萄贩运，往往与本村的商贩、外地商贩之间拥有比较丰富的关系网络，而这些关系网络是比较有利于他们葡萄销售的。一些对大棚种植等新技术采取观望态度的农民认为，并非自己不想采用大棚种植技术，自己也知道大棚种植的葡萄上市早、品相好、损耗低、农药残留少，但是，采用大棚种植技术的潜在风险在于：一是大幅度增加种植成本（大棚种植的一次性投入为 1.2 万元/亩~1.5 万元/亩），二是使用大棚新技术种植出来的葡萄，由于主打"时间差"战略，以较早的上市时间换来较高的销售价格，从而销路也相对狭窄，进而对销售网络的要求更高。如果没有可靠的销售网络，以高成本种植出来的葡萄有可能难以顺利销售。这样的风险，使得很多并不兼营葡萄贩运的葡萄专业种植户不敢采用大棚种植技术。

在山东 N 村，不难发现技术扩散、市场范围扩展与产业持续发展之间也存在典型的共同演化现象。在该村，一项非常重要的技术是冷库保鲜技术。大蒜保存期较短，容易发霉变质。未引入冷库保鲜技术前，蒜农一般将大蒜进行晾晒，以期在短期内销售出去。冷库在 20 世纪 80 年代末期被引入 N 村，使用这种保鲜技术之后，大蒜保存期、货架期、销售期均大大延长，基本上可以做到常年保存与销售，很快便在 N 村迅速扩散，为包括大蒜种植、保鲜、加工在内的整个大蒜产业发展做出了重要贡献。

从这个角度而言，农业技术推广与扩散，其实与市场范围的扩展有着非常密切的关系，那些积极采用新技术的农户往往是拥有较为广泛的销售网络的农户。另外，在产业发展的早期阶段，农业技术扩散往往都不是太顺利，农户之间往往倾向于保守技术秘密，这种典型的非合作行为，往往源于过于狭窄的市场范围。但随着市场范围的顺利扩展，农户之间的合作开始变得日益充分，从而就越是有利于农业技术扩散。因而，市场范围扩展与农业技术扩散之间，是典型的共同演化，局限于技术本身谈农业技术扩散与推广，显然是不全面的，不接地气的，也是不深刻的。此外，种植技术的顺利扩散，导致农产品质量不断提升，竞争力不断提升，从而也能够有利于市场的顺利扩展。这样，市场范围扩展与农业技术扩散之间，实际上有着非常强大的正反馈机制：市场范围扩展促进农业技术扩散，而农业技术扩散进一步促进市场范围扩展。

（二）关系网络扩展与流通—技术间的共同演化

不仅农产品市场范围扩展与农业技术扩散之间是共同演化的且具有强大的正反馈机制，农产品交易、生资交易与技术之间也是共同演化的。其中，农业生产资料经纪人与农产品经纪人（在有些场合，这两种人实际上由一人兼任）发挥了非常重要的作用，在关系网络中处于"结构洞"的地位，具备网络中心性，从而不仅在农产品交易与农业生产资料交易中发挥着重要作用，而且在农业技术扩散中扮演着极为微妙的角色。以往的研究过于强调官方主导的行政网络及其农业技术推广活动，但在大多数农村基层，官方主导的行政网络在农业技术推广中日渐式微，基于血缘－地缘关系的关系网络及基于农业生产资料交易的商业网络在农业技术扩散的作用日益显著，往往是那些在农村地区拥有广泛"人脉"的农产品经纪人和农业生产资料经纪人在农业技术推广与扩散中发挥了基础性作用。

深度调查还发现几个值得重视且相互联系的有趣现象。第一，那些非常有影响的农业生产资料经纪人往往也是有影响的农产品经纪人。第二，这些经纪人往往与比较精通农业技术的"土专家"结盟（出于种种原因，有的就是因为"关系"好，有的是合伙关系），从而可以在农业生产资料销售、农产品运销与农业技术扩散方面等诸多方面发挥作用。第三，这些经纪人还定期请他们的"客户"（尤其是购买其生产资料、种苗的农民）吃饭聚会，聚会时还要搞抽奖等活动（有些经纪人一年搞两次）。第四，这些经纪人往往到处随礼，他们的关系网络每年都在扩展之中。第五，这些经纪人往往都参与了不止一个与经纪业务有关的微信群（这些微信群往往都是技术交流与农产品销售、农业生产资料销售"三位一体"的），而且一般都是群主。以上五种现象的共同点是，这些农业生产资料尤其是农药农肥的经销商或曰经纪人（不少兼任农产品运销商或曰农产品经纪人）其实非常注意维护"关系"，善于"拉关系"，甚至可以看成是典型的"关系营销"者，是关系网络中的中心节点或"结构洞"，借助关系网络，扩展关系网络，对于农产品交易、农业生资交易与技术扩散均有着其他主体难以替代的作用。

其实，技术转移与扩散的核心问题就在于：如何让创新者透露部分技术秘密？在技术转移和扩散的初期，必须让创新者获得一些"好处"——要么通过经济利益，要么凭亲情和感情。如果没有亲缘关系，最直接的莫过于经济利益。比如通过购买葡萄苗的方式（实际上，即便有亲缘关系，也往往须购买葡萄苗，因此，关系网络和商业网络往往是交织在一起的，即商业网络的关系化和关系网络的商业化）。购买了葡萄苗，就必须告知相关的技术要领，早期是通过口口相传的方式，后来购买其葡萄苗的人多了，而且关系也越来越疏远，干脆就自己编写简要的技术操作要领。TX 村党支部书记朱 ZF 和陈 GZ 合作引入的 4 万株"藤稔"葡萄苗对于 TX 村葡萄种植业的技术演化可谓意义重大。其意义不仅在于加速了葡萄品种的更新换代，迅速扩展了葡萄栽种面积（仅这一次的引种就在 TX 村扩张了 100 余亩优质"藤稔"葡萄，而且在第二年就见到了可观的效益），第二次引种则数量更大（10 万余株）。大规模引进"藤稔"葡萄苗还有一个重大的意义，即使葡萄种植技术进一步公开化。通过编印更加符合本地特色的葡萄种植操作规范，使葡萄技术进一步完善。

四　小结

本章的研究目的，并非推翻已有结论，而是通过比较案例研究，试图从关系网络这一重要视角，重新审视产地市场的农产品流通组织，在一定程度上弥补主流经济学分析框架下由于忽视关系网络因素而造成的某些不足。关系网络对农产品交易的影响，主要通过降低信息搜寻成本、促进信息充分流动分享、促成信任机制建立、抑制机会主义行为等路径，最终得以降低交易成本，促进交易关系稳定，提升交易效率。本章的主要研究结论如下。

第一，在产地市场，农产品流通组织与交易模式是持续演化的，但都表现为产地农户非正式合作基础上的中间商主导。在不同时期，在不同发展阶段，农产品交易模式的演化都突出表现为差异性、多样化与变动性，新交易模式"涌现"与原有交易模式变迁或消亡并存。有些交易模式在某个阶段是"最优"的，也不排除将来会涌现出更好的模式并取代当前的"最优"模式。从两个典型案例村庄的农产品交易演化看，当前两地最流行的交易模式都是"农户+商贩"模式。商贩主要是根植于当地的产地经纪人。这种模式看似非常"落后"，是典型的"两现"（一手交钱的"现金"与一手交货的"现货"）模式，没有采用电子竞价（在N村曾一度流行的电子交易最终被淘汰）。然而，这种看似"落后"的交易模式，其实是高效率的：这种以一家一户的小农为基础，以众多商贩尤其是嵌入本地关系网络的商贩为主导，类似于"充分竞争"的农产品交易模式，却使两地种植业蒸蒸日上，使得农户、商贩、加工企业都广泛获益。虽然两地种植的农作物不同，但交易模式演化表现出相当的趋同性——两地都曾出现过"直销"模式、"农户+本地商贩"模式，关系网络对交易都有不同程度的影响，且两地最终占主流的交易模式都是"农户+商贩"模式。

第二，农产品交易模式不同，产业化发展程度不同，关系网络对农产品流通组织的影响程度与影响路径也有微妙差异。如在"直销"模式中，关系网络的作用微乎其微，这是因为这类交易模式中，交易各方基本上不涉及长期的合作关系，一次性的短期交易不需要通过关系网络。一旦交易双方有将一次性的短期交易转换为长期交易的倾向，关系网络的微妙作用就开始体现。另外，产业化发展程度不同，关系网络对农产品流通组织的影响程度也有所差异。在产业化发展水平不太高的情况下，关系网络的作用就更为重要。

第三，关系网络有利于提升农产品交易绩效。①关系网络可以有效降低农产品交易成本。关系网络也是一个信息流动网络，信息得以在网络中流通、传递并为网络成员所共享，从而为处于网络中的交易者节省信息搜集成本并进一步降低交易成本。②关系网络有利于促进农产品交易关系的稳定。产地的农产品交易，往往基于商贩与农户、商贩与商贩、商贩与经纪人之间的长期合作。陌生人之间很难在短期内建立起信任，而在关系网络中努力秉持公平、互惠原则的个体会赢得较高的声誉，获取网络中更多人的信任（谢思全和陆冰然，2009），因此关系网络有助于商贩间建立信任机制进而促进交易关系的稳定。③关系网络可提高交易效率。在产地农产品流通中，在关系网络中处于有利位置的经纪人，作用类似于金融资产交易中专事交易撮合的做市商。他们可以利用更广泛优质的人脉关系，并通过不断扩展关系网络，帮助买家快速寻找到合适的卖家或帮助卖家迅速找到合适的买家，从而提高交易效率。

第四，关系网络与产地中间商的相互作用，还能促成农产品市场范围扩展与种植技术扩散创新之间的正反馈机制。在技术的跨区扩散和转移过程中，主要借助商业网络和市场机制的力量；而在区域内部的技术扩散过程中，则主要借助各种关系网络的力量。更深入的分析发现，即使是关系网络也在很大程度上依赖于商业网络，即市场机制的普遍性仍然起着重大作用。所谓的合作，不是无条件的，也不是注定的，不是有意建构的，而是自然演化的。在所剖析的 TX 村案例中，村民间在葡萄种植业刚刚起步的阶段，在技术方面，很大程度上是一种非合作的倾向，而在葡萄业发展到一定程度之后又逐渐演化为日益密切的合作倾向——合作倾向发生变化是多种原因决定的，一个就是市场范围扩展与技术演化之间的正反馈机制，另一个就是技术本身的演化也使得技术秘密的保守工作变得更加困难。

需要进一步讨论的重要问题是，关系网络对农产品流通组织的影响是否也是演化的？前文已指出，随着产业化水平的不断提升，在山东 N 村，在多数农产品交易模式下，关系网络的重要性有所弱化。近年来，在 TX 村以及该村所在的公安县，关系网络的重要性似乎也有弱化趋势。从两个案例村庄的发展经验观察，关系网络对农产品流通组织的影响程度应该是演化性的，从而影响渠道、影响机制也必然是演化的。这似乎从侧面佐证了张爽、陆铭和章元（2007）关于随着市场化改革的逐渐深入关系网络的影响力会降低的结论。

第七章 农产品迂回流通中的价格差异与价格波动分析

近年来，很多大城市生鲜农产品价格波动频繁，波动幅度较大，部分品种甚至出现"过山车"行情，市民"买贵"与菜农"卖贱"轮番出现，甚至同时出现。为缓解以上困境，中央政府高度关注并发布了相关政策意见。其中，"减少流通环节""降低流通成本""提高自给水平""保障鲜活农产品市场供应和价格稳定"成为重要的关键说法。为落实国务院的重要精神，各地方政府还通过了相关的政策意见。如北京市就通过了《关于进一步加强本市"菜篮子"系统工程建设保障蔬菜市场供应和价格基本稳定的意见》，先后出台了包括强化"菜篮子"工程建设（包括提高本地自给率）、大力推动"农超对接"、加大价格执法力度、发展多元化区域合作模式、强化零售终端建设、完善绿色通道政策、放松对鲜活农产品运输车辆的管制、增加临时交易场所、控制摊位费调整频率和幅度、减免行政性事业收费等在内的系列措施，在一定程度上降低了生鲜农产品流通成本，提高了生鲜农产品流通效率，缓解了价格波动。

但是，多数大城市生鲜农产品零售价格总体上仍呈上涨态势，某些时期某些品种仍然出现较大波动。生鲜农产品流通体系及其流通成本与分摊状况，不仅影响着流通效率，也直接影响到价格的稳定性，重要性不言而喻。如何通过创新政策倾斜、扶持与激励体系，在降低流通成本的基础上，确保生鲜农产品价格波动幅度有所下降，尤其是零售价格增长速度有所放缓，是关系普通民众安居乐业的重要问题，也是各地相当长时期内都必须高度关注的重大理论与现实问题。试图解决如上问题，仍然需要从理论和实践两个方面进行深入探索。

本章的经验研究，将重点回答如下问题：①流通环节是否真的可以减少？②中间商是否赚取了暴利？如何看待中间商的利润；③如何看待现实中流通组织的多环节、小批量与"迂回"式流通方式，而不是直接对接的"短链"流通占据主导格局。以往的研究严重忽视了"迂回流通"在提高流通效率和流通便利程度等方面的作用，从而在很大程度忽视了中间商所承担的重要功能。本章将以北京市蔬菜流通为例，基于流通功能对上述问题展开深入的经验分析。

一　迂回流通中农产品批零价差：流通功能视角

（一）农产品批零价差的理论分析

1. 蔬菜批发价格的形成

据对蔬菜批发市场的深入调查，北京市蔬菜的批发价格有多种表现形式。蔬菜批发价格的形成与蔬菜经过的流通环节关系密切。从蔬菜流通环节的角度分析，蔬菜可以经过一级批发过程、二级批发过程甚至三级批发过程到达零售终端，因此在批发的过程中形成了一级批发价格、二级批发价格和三级批发价格。另外，蔬菜批发价格的形成与蔬菜批发量相关，批发量大小的不同导致蔬菜的批发价格也不相同。通常情况下，蔬菜的批发量越大，蔬菜的批发价格越低；蔬菜批发量越小，蔬菜的批发价格越高。

由于蔬菜价格的形成同时受需求、市场、质量、天气和时间等多种因素的影响，难以对蔬菜的批发价格进行准确的定位。本节通过对一级蔬菜批发市场和二级蔬菜批发市场的调查，对一级蔬菜批发商和二级蔬菜批发商的深入访谈，得出蔬菜批发价格的基本结构如图7-1所示。

图中 P 和 W 分别代表蔬菜的价格和蔬菜交易量的比重。大批量的一级批发价格（P_1）指的是批发量在5吨以上的蔬菜一级批发价格，此时的对象多是华联、京客隆等大型超市。大型超市都具备专门的采购部门，单次的蔬菜采购量非常大，因为采购部门要完成全市所有超市网点的蔬菜配送和分销任务。中等批量的一级批发价格（P_2）一般指的是批发量在1~5吨的蔬菜一级批发价格，一般二级蔬菜批发商和大型企事业单位、政府等团体机构的单次采购量在1~5吨。小批量的一级批发价格（P_3）指的是批发量在1吨以下的蔬菜一级批发价格，大型农贸市场蔬菜零售商和大型饭店的采购量大约在这个水平。根据一级批发市场的蔬菜流向来看，以 P_1 交易的蔬菜量约占全部交易量的45%，以 P_2 交易的蔬

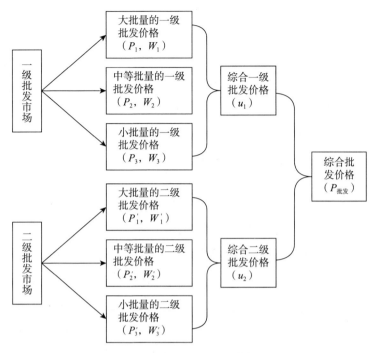

图 7-1　蔬菜的批发价格基本结构

菜量约占 35%，以 P_3 交易的蔬菜量约占 20%。

大批量的二级批发价格（P_1'）指的是批发量在（1 吨以下）0.5 吨以上的蔬菜二级批发价格，此时的对象多是小型超市；中等批量的二级批发价格（P_2'）一般指的是批发量在 0.25~0.5 吨的蔬菜二级批发价格，一般小型农贸市场蔬菜经销商（西郊伟伟市场）和社区菜店的批发量在这个水平；小批量的二级批发价格（P_3'）指的是批发量在 0.25 吨以下的蔬菜二级批发价格，小型饭店、企事业单位等团体机构的单次采购量大约在这个水平。根据二级批发市场的蔬菜主要流向来看，以 P_1' 交易的蔬菜量约占全部交易量的 20%，以 P_2' 交易的蔬菜量约占 30%，以 P_3' 交易的蔬菜量约占 50%。

假设不存在三级批发的情形，蔬菜最多经过二级批发过程便进入消费者的手里，若整个北京市通过一级批发流向零售终端的蔬菜比重为 u_1，通过二级批发流向零售终端的蔬菜比重为 u_2，则整个北京市蔬菜的批发价格（即图 7-1 中的综合批发价格）为：

$$P_{批发} = u_1(W_1 \times P_1 + W_2 \times P_2 + W_3 \times P_3) +$$
$$u_2(W_1' \times P_1' + W_2' \times P_2' + W_3' \times P_3')$$

2. 蔬菜零售价格的形成

蔬菜的零售价格也有多种表现形式，在批零环节中，蔬菜可以经过一级批发过程、二级批发过程甚至三级批发过程到达零售终端，相应的会产生一级零售价格、二级零售价格和三级零售价格。另外，蔬菜的零售价格与零售终端的业态类型有关系，不同零售业态的零售价格不相同。就北京市的蔬菜零售终端而言，除近年来兴起的社区电商提货点外，主要包括农贸市场、社区菜店、超市和早市四种类型（随着近年来城市"管理"力度不断加大，早市基本上消失了）。

零售业态的复杂性和操作上的困难让不同零售终端之间的关系建立比较困难，衡量北京市蔬菜的零售价格可以选择用平均零售价格（在此同样不存在三级批发的情形）。第一大类是指蔬菜只经过一级批发过程产生的零售价格，其中农贸市场的蔬菜零售价格为Z_1，超市的蔬菜零售价格为Z_2，早市的蔬菜零售价格为Z_3，社区菜店的蔬菜零售价格为Z_4。第二大类是指蔬菜经过二级批发过程产生的零售价格，其中农贸市场的蔬菜零售价格为Z_1'，超市的蔬菜零售价格为Z_2'，早市的蔬菜零售价格为Z_3'，社区菜店的蔬菜零售价格为Z_4'。整个北京市的蔬菜零售价格（结构如图7－2所示）为：

$$P_{零售} = 1/8(Z_1 + Z_2 + Z_3 + Z_4 + Z_1' + Z_2' + Z_3' + Z_4')$$

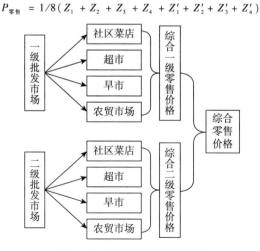

图7－2 蔬菜的零售价格结构

（二）迂回流通中农产品批零价差的经验分析

1. 经验研究设计

（1）研究范围。考虑到调查的难度，为对北京市蔬菜批零价差进行深入细致的研究，有必要把调查限定在一个较小范围内。研究蔬菜的批零价差自然离不开蔬菜的流通渠道，批零价差是在蔬菜的流通过程中产生的，研究批零价差是在研究流通渠道的基础上进行的。然而，北京市的蔬菜流通渠道是比较复杂的，在时间、经费、精力和调查可行性众多约束条件下，只能先选择其中有代表性意义的渠道进行研究，进而将研究范围推广到其他区域。

研究区域主要集中在北京市丰台区、西城区以及海淀区，研究的对象包括一级农产品批发市场、二级农产品批发市场以及与批发市场相关联的零售终端（超市、早市、农贸市场、社区菜店）。

目前，国内有很多关于农产品流通成本和利润的研究，多选择从生产环节到零售终端的全过程进行研究（孙侠和张闯，2008；杨宜苗和肖庆功，2011）。研究的跨度很大，涉及多个环节的调查和分析，数据采集非常困难，尤其是蔬菜生产环节，从产地到销地的环节，不做长期追踪调查很难得到完备的数据，也很难了解其中的细节信息。

调查主要由课题组成员完成，受精力和时间上的限制，只能选择缩小报告的研究范围，放弃了对蔬菜生产环节、蔬菜从产地到销地这两个过程的深入研究，不对这两个过程做细致的探讨，将研究的范围集中在批发到零售这一环节，即蔬菜流通所谓的"最后一公里"。另外，农产品生产过程和产地到销地的过程已经有比较丰富的研究基础，本节没必要继续探讨。

我们研究的蔬菜主要是北京外埠供应的蔬菜，蔬菜的批零价差指的外地蔬菜的批零价差。为什么研究外地蔬菜而不研究本地蔬菜，主要原因是北京市的本地蔬菜产量少，市场上流通的蔬菜绝大部分来自外地，只有少量的蔬菜来自本地。另外，考虑到蔬菜品种的复杂性，不可能对所有蔬菜一一进行统计和分析，为了研究的简洁和准确性，在研究过程中重点选取几类蔬菜是必要和可行的。考虑到蔬菜品种特性（如有耐贮的和不耐贮的、有叶类和非叶类菜等）以及蔬菜价格差异（有零售价格较高和零售价格较低的蔬菜）。但是，最重要的因素在于哪些蔬菜是生活必需农产品，只有属于生活必需农产品的蔬菜，才对市场和民生具有重要影响。因此本节最终选择了大白菜、西红柿、青椒、长茄子、豆角、黄瓜这六个品种的蔬菜进行研究。选择这六种蔬菜进行研究，有一定的必然性：第一，我们的初衷是尽可能研究多个品种的蔬菜，一开始研究的蔬菜品种多达十几个，随着研究的开展，出现了数据上的中断，受季节因素的影响，很多品种的蔬菜只会在一段时期里上市，过了时间便退市了，能够在全年内一直持续供应的蔬菜品种不多，以上六种蔬菜是经过时间筛选出来的；第二，由于研究的对象是批零价差，要考虑批零环节之间的多个流通主体——一级批发商、二级批发商、多种零售商，研究要求不同流通环节都要销售同一种蔬菜，也就是说，如果要选择某种蔬菜进行研究，必须是一级批发商、二级批发商、零售商都销售的品种，以上蔬菜品种正好满足以上要求。

批零价差指的是蔬菜零售价格与农产品批发市场的批发价格之差，零售价格主要指的是超市、农贸市场的价格，超市选择的是华联超市这种具有专门采购部门的超市，即采用自营模式的超市；批发价格指蔬菜在一级批发市场中的一级批发价格以及二级批发市场中的二级批发价格。由于北京市蔬菜的批发市场经由率超过七成，在采集批发价格时，我们聚焦农产品批发市场，忽略了蔬菜配送中心等具有批发性质的中间组织。

研究时间横跨 2011 年一整年，研究数据从 2011 年 1 月 1 日到 2011 年 12 月 31 日，选择这个时间进行研究，主要考虑以下几个因素。第一，研究蔬菜批零价差至少需要观察一年里蔬菜价格的动态变化，选择一年这个时间跨度主要是参考国内外学者的研究。第二，2011 年正是笔者参与研发北京新发地农产品批发价格指数的时期，当时笔者不间断地关注农产品的批发价格变化；也是我们开始重点研究北京市蔬菜流通"最后一公里"问题的时期。其间，我们多次参加北京市商务委员会、北京市农委以及北京市社科规划项目所进行的专项调查和专题座谈会，它们给了我们很多启发，使我们决心重点研究这个问题。第三，一年的时间不算长，相比之下国外学者做的研究时间跨度更大（一些高水平的定量研究可能超过 10 年），本节的研究时间显得有些短，这主要是受精力和能力限制，尤其是受到调查限制。在蔬菜市场里，数据搜集和获取比较困难，而且很多数据的统计都不够精准（我们在调查的过程中也发现了很多统计方面的问题），为追求真实性，我们只采集了 2011 年蔬菜的一手数据，所以仅用这一年的数据进行分析（当然，在其他部分，我们使用了其他年份的调查数据）。本节所使用的数据绝大部分都是一手数据，超市蔬菜价格数据来自二手，引自北京市发展和改革委员会价格监测中心；农贸市场的数据来自蔬菜经营者的账单（台账），我们将蔬菜经营者从一级批发商的进价和蔬菜零售价格抄录了下来，将二级批发价格的台账原件复印了下来。大量一手数据是自己统计的，这些数据更加准确而真实地反映了蔬菜的交易价格和交易量。无论是二手数据还是一手数据，都是我们通过多种渠道，花费了极大精力和时间才获得的，这些数据构成了本节最有说服力的论证材料。

（2）调查设计与访谈安排。本节围绕北京市蔬菜批零环节（所谓蔬菜流通的"最后一公里"）展开研究，并且根据北京市蔬菜的流通现状及居民消费的蔬菜倾向确定了研究的方向。在此基础上，通过对不同品种的蔬菜加价过程、不同流通主体的蔬菜加价过程、不同流通渠道的蔬菜加价过程进行深入研究和解析，对比不同类型的蔬菜批零价差，借此反映北京市 2011 年蔬菜的批零价差水平，同时进一步对"最后一公里"问题展开细致的分析，从各个角度、不同层次来解析北京蔬菜流通"最后一公里"问题。图 7 - 3 是调查设计图，调查工作围绕着设计图展开。

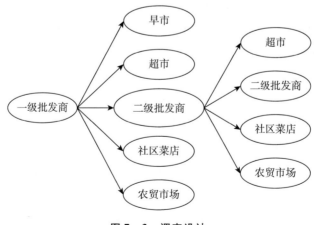

图 7 - 3　调查设计

笔者对蔬菜批零环节上的主要流通主体都展开深度访谈，以全面采集蔬菜各流通环节的价格及费用，从而准确地了解蔬菜的价差构成。限于研究条件的限制，本节遵循便利性原则采用了抽样调查和典型调查相结合的调查方法。其中，对蔬菜一级批发商和蔬菜二级批发商的选取运用了任意和判断抽样技术，对华联超市、丰台北路早市和华润超市的蔬菜零售商的调查属于典型调查。本节涉及的调查工作分三次完成，第一次于 2011 年 2 ~ 4 月进行，跟随导师参与北京市关于农产品流通的座谈会，了解农产品流通的基本情况，对大型批发市场进行走访，采集价格和成本数据等。第二次于 2011 年 6 ~ 8 月进行，主要是对农贸市场、超市、社区菜店、早市进行调查。此时的调查具有比较强的针对性。第三次于 2011 年 12 月 ~ 2012 年 2 月进行，收集 2011 年全年蔬菜的相关数据。

本节涉及的访谈对象、访谈内容与访谈时间分别如下。

访谈对象。访谈的对象主要是北京市蔬菜批零环节中对蔬菜流通非常了解的人员以及蔬菜经营者，包括新发地农产品批发市场的一级蔬菜批发商（包括不同类型的批发商、大中小批发商、不同品种蔬菜的批发商），新发地农产品批发市场蔬菜区的经理及管理人员、市场统计部的工作人员，岳各庄农产品批发市场的二级蔬菜批发商、蔬菜零售商，岳各庄农产品批发市场办公室主任及工作人员，岳各庄农产品批发市场的信息中心主任及数据采集员，西郊伟伟市场的蔬菜商贩、市场经理及市场管理人员，丰台北路早市里的菜贩，华联超市马家堡店蔬菜区的经理与工作人员，岳各庄附近的华润超市蔬菜区的经理，家大宝超市的蔬菜采购员，西城区白堆子农贸市场的菜贩，西二旗农贸市场的办公室主任、数据统计员及蔬菜零售商，丰台区芳群园一区社区菜店的蔬菜零售商，岳各庄第七街区社区菜店的蔬菜零售商。这些人在蔬菜的流通过程中扮演着不同的角色。在 2011 年一整年的调查中，我们反复去了多个地区进行深度访谈，有些地区前后去了十趟上下，在调查的过程中我们同一些重要的被访者建立了非常融洽的关系，包括新发地农产品批发市场的贾助理，华联超市马家堡店的总经理，岳各庄农产品批发市场办公室的杨主任，岳各庄农贸市场的山东菜贩、安徽菜贩，还有一些热心受访者接受访谈，他们给调查带来了极大帮助。同样，也不乏给调查带来困难的访谈对象，尤其是在调查刚刚开始的时候，碰壁是常有的事。

访谈内容。在访谈之前，我们拟好了具体的提纲，将访谈的内容集中在蔬菜的价格、供应来源，蔬菜的加价过程、成本费用，蔬菜的运输途径、经营周期等上，但在访谈的过程中，发现真实情况跟原先设想的有很大的差异，访谈时往往聊得远远超出了提纲的范围。当然，我们认为这样的访谈才是好的访谈，能够获取大量的信息，会比直奔主题完成任务式的访谈方式获取到更多的信息，被访者更多会涉及生活中现实的问题。这种脱离了访谈提纲的访谈，往往能够挖掘到非常有价值的内容。

访谈时间。整个调查的计划中，访谈时间的选择极其重要，能否选择恰当的访谈时间，甚至是访谈能否顺利进行的关键。在对蔬菜批发商和零售商的调查过程中，我们总结了一些心得。一般早晨 9 点以前不适合调查工作的开展，这个时间是北京市蔬菜市场交易活跃的时间，对于蔬菜经营者来说，这段时间是最忙碌也是最宝贵的，如果此时去做访谈效果会非常的差。选择中午或者下午进行调查是比较合适的，此时蔬菜交易的高峰期已经结束，蔬菜零售商多会聚在一起聊天打发时间，此时进行访谈工作会容易很多。

（3）数据来源与样本分析。蔬菜产品的价格数据是本节研究的核心部分，诸多结论也是建立在数据分析的基础上，数据对研究起着支撑的作用。然而本节的研究对象繁多复杂，获取如此多调查对象的数据，且数据时间横跨 2011 年一整年，同时还要保证数据的真实性和完整性，是一件极其困难的工作，这也是我们在研究过程中遇到的最棘手的困难。

下文中的数据绝大部分来自我们自己调查的一手数据，其中，蔬菜的一级批发价格、二级批发价格以及农贸市场的零售价格全部来自蔬菜经营商的台账，即蔬菜经营商的账单，每一份台账上都记载了当天经营商的蔬菜交易价格和交易量，我们认为这是最真实的数据，比其他任何数据都要可靠和有说服力。采集数据的方式经历了三次变化，最开始，数据采集主要通过访谈和在目睹蔬菜交易发生的情形下记录相关数据，但由于调查工作量较大，调查人员数量较少①，只好思考通过其他办法来获取数据。第二次进行数据采集时，我们设法联系到市场的统计部门，

①　对蔬菜市场的调查是非常辛苦的，一共有三位本科生和两位硕士研究生在不同的时期跟随刘达同学一同参加调查，但每一位坚持的时间都不长，最后只剩下刘达一个人独自调查。

庆幸的是市场对每天的数据基本都有记录，我们借助自己与北京市商务委员会、北京新发地农产品批发市场在业务、研究方面的合作便利，获得了比较完整的数据，但我们在做数据分析时发现有些数据存在问题，价格同现实情况有一定的出入，调查发现有些统计员将蔬菜的批发价格和零售价格混在一起统计了，因此我们只能再思考其他办法。第三次采集数据时，我们得到西郊伟伟市场管理人员的帮助，也找到了最宝贵的材料——台账，这个账册大大减轻了数据搜集工作难度，借此获取了岳各庄农产品批发市场二级蔬菜批发商的账单，抄录了下来。

按照总体设计，对蔬菜一级批发商和二级批发商的调查数量均为15个以上。其中，对新发地农产品批发市场的一级批发商（共18个）和岳各庄农产品批发市场的二级批发商（共15个）进行了访谈。30位零售商分别来自华联超市、京客隆超市、华润超市、岳各庄农贸市场、西二旗益民市场、西郊伟伟市场和白堆子农贸市场等，平均访谈时间为10分钟。接受访谈的样本的基本情况如表7-1所示。

表7-1　样本访谈简况

访谈对象	一级批发商	二级批发商	零售商
样本数量	18人	15人	30人
平均访谈时间	20分钟	30分钟	10分钟
最长访问时间	40分钟	8个小时	1个小时
样本分布	新发地农产品批发市场	岳各庄农产品批发市场	华联超市、华润超市、京客隆超市、岳各庄农贸市场、西二旗益民市场、西郊伟伟市场和白堆子农贸市场、第七街区社区菜店、芳群园社区菜店
抽样方法	任意抽样和判断抽样	任意抽样和判断抽样	典型调查和任意抽样
主要数据	蔬菜来源，采购量，采购方式和时间，批发价格及销售渠道	蔬菜来源，采购量，采购方式和时间，批发价格和成本	蔬菜来源，采购量，采购方式和时间，批发价格和零售价格及成本

2. 蔬菜批零价差的基本情况

受时间和精力限制，我们对北京市2011年8月5种重点蔬菜的批零价差进行记录与计算。根据上面批发价格和零售价格的计算公式，得：

蔬菜批零价差 $S = P_{零售} - P_{批发} = 1/7(Z_1 + Z_2 + Z_3 + Z_4 + Z_1' + Z_2' + Z_3') - u_1(W_1 \times P_1 + W_2 \times P_2 + W_3 \times P_3) + u_2(W_1' \times P_1' + W_2' \times P_2' + W_3' \times P_3')$

在此选取的 5 种蔬菜（长茄子、黄瓜、西红柿、大白菜和土豆）的 6 种批发价格如表 7 - 2 所示。

表 7 - 2　5 种蔬菜的 6 种批发价格

单位：元/斤

品种	P_1	P_2	P_3	P_1'	P_2'	P_3'
长茄子	0.41	0.65	0.98	0.75	1.3	1.5
黄瓜	0.93	1.15	1.55	1.3	1.8	2.2
西红柿	0.81	1.3	1.6	1.43	1.8	2.3
大白菜	0.28	0.4	0.6	0.46	0.6	0.8
土豆	0.63	0.9	1	1.1	1.3	1.5

计算得到 5 种蔬菜的综合批发价格分别如表 7 - 3 所示。

表 7 - 3　5 种蔬菜的综合批发价格

单位：元/斤

项目	长茄子	黄瓜	西红柿	大白菜	土豆
$P_{批发}$	0.7444	1.2848	1.3068	0.4432	0.9108

本节选取的 5 种蔬菜（长茄子、黄瓜、西红柿、大白菜和土豆）的 7 种零售价格如表 7 - 4 所示。

表 7 - 4　5 种蔬菜的 7 种零售价格

单位：元/斤

品种	Z_1	Z_2	Z_3	Z_4	Z_1'	Z_2'	Z_3'
长茄子	1.2	3.29	0.9	2.2	1.3	3	2.3
黄瓜	2.3	4.2	1.8	2.5	2.5	3.8	2.6
西红柿	2.2	3.5	1.9	2.8	2.4	2.8	3
大白菜	0.7	1.3	0.55	0.85	0.7	1.49	0.9
土豆	1.5	1.85	0.9	1.6	1.3	1.9	1.7

计算蔬菜的综合零售价格，如表 7 – 5 所示。

表 7 – 5　5 种蔬菜的综合零售价格

单位：元/斤

项目	长茄子	黄瓜	西红柿	大白菜	土豆
$P_{零售}$	1.9571	2.7857	2.6571	0.9271	1.5357

据蔬菜综合批发价格和综合零售价格，计算批零价差及批零差率，如表 7 – 6 所示。

表 7 – 6　蔬菜的批零价差及批零差率

品种	综合批发价格（元/斤）	综合零售价格（元/斤）	批零价差（元/斤）	批零差率
长茄子	0.7444	1.9571	1.2127	1.6291
黄瓜	1.2848	2.7857	1.5009	1.1682
西红柿	1.3068	2.6571	1.3503	1.0333
大白菜	0.4432	0.9271	0.4839	1.0919
土豆	0.9108	1.5357	0.6249	0.6861

根据以上计算结果，可以得知 2011 年 8 月整个北京市蔬菜市场的蔬菜平均批零价差约为 1.034 元/斤，蔬菜平均批零差率（即蔬菜的加价率）达到 1.12；5 种蔬菜中，黄瓜、长茄子和西红柿的批零价差较大，大白菜和土豆的批零价差较小。根据我们的调查，蔬菜的一级批发价格越高蔬菜的加价也越高，由于经营者的资金有限，采购的蔬菜价格越高，采购量越小，为获取更多的利润只能增加加价；由表 7 – 6 中的批零差率可以看出，长茄子的批零差率非常高，达到 1.6 左右，黄瓜、西红柿和大白菜的批零差率都超过了 1，土豆的批零差率较小，约为 0.7。根据批零差率整体来看，2011 年夏天北京市蔬菜市场的批零价差是比较大的，蔬菜的批零差率超过了 1。

3. 农贸市场和超市的蔬菜批零价差比较分析

实证研究的蔬菜价格时间跨度为 2011 年第 1 周到 2011 年第 52 周连续一年的周价格数据，价格以"元/斤"为计量单位。蔬菜批发价格包括蔬菜的一级批发价格、二级蔬菜批发价格，零售价格包括农贸市场的蔬菜零售价格和超市的蔬菜零售价格。蔬菜包括长茄子、西红柿、豆角、大白菜、黄瓜、青椒六个品种。

超市和农贸市场两种零售终端的同种蔬菜的批零价差不相同，即两种类型的零售商对蔬菜的加价幅度不相同。根据调查数据，可以得到2011年两种零售终端中蔬菜的批零价差的对比情况。

由图7-4至图7-9可以看出，与农贸市场相比，超市蔬菜的批零价差波动频繁且幅度更大。超市对蔬菜价格的调整频率高于农贸市场，可能是因为超市一般都有蔬菜采购专员，每天都要采集超市周边其他零售商的菜价，并根据相关信息迅速调整蔬菜价格，从而导致超市蔬菜价格的频繁变化。农贸市场零售商对蔬菜的加价相对来说比较稳定，根据我们的调查，农贸市场零售商对蔬菜的加价幅度同蔬菜的批发价格高低相关，往往是批发价格越高，农贸市场零售商对蔬菜的加价越厉害，批发价格越低，蔬菜的加价幅度越小。这主要是因为批发价格越高，意味着零售商的蔬菜成本也越高，农贸市场零售商的经营规模比较小，投入的资金有限，批发价格越高，可以采购的蔬菜量越少，只能通过增加对蔬菜的加价来获取利润；批发价格降低时，蔬菜零售商的采购量增加，通过销量来获取利润。正常情况下，无论是超市还是农贸市场，蔬菜批发价格越高，蔬菜零售的加价越高。

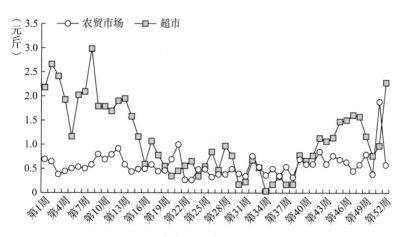

图7-4　2011年长茄子的批零价差变化情况

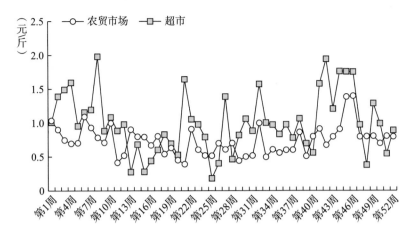

图 7 – 5   **2011 年西红柿的批零价差变化情况**

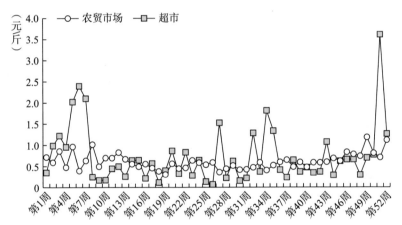

图 7 – 6   **2011 年黄瓜的批零价差变化情况**

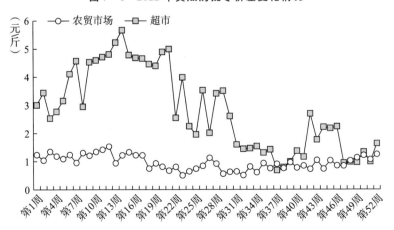

图 7 – 7   **2011 年豆角的批零价差变化情况**

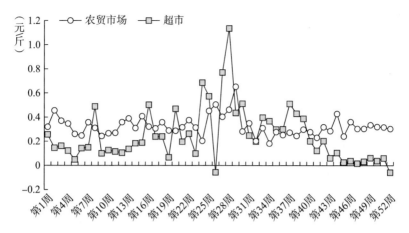

图 7－8　2011 年大白菜的批零价差变化情况

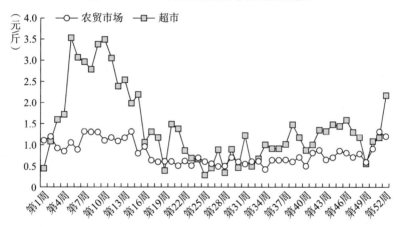

图 7－9　2011 年青椒的批零价差变化情况

　　根据调查结果，北京市超市的一些品种蔬菜的零售价格已经非常接近甚至低于农贸市场的零售价格（部分超市中大白菜的零售价格甚至低于农贸市场的零售价格），但从 2011 年全年平均水平来看，农贸市场中绝大部分品种蔬菜的批零价差要低于超市中蔬菜的批零价差（见表 7－7）。

表 7－7　2011 年北京市农贸市场和超市的蔬菜平均批零价差

单位：元/斤

品种	农贸市场的平均批零价差	超市的平均批零价差
长茄子	0.59	1.12
西红柿	0.73	1.00

续表

品种	农贸市场的平均批零价差	超市的平均批零价差
黄瓜	0.60	0.76
豆角	0.94	2.81
大白菜	0.32	0.24
青椒	0.80	1.42

表 7 - 7 中数据表明，北京的超市对蔬菜的平均加价水平要高于农贸市场（零售商）的平均加价水平，尤其是豆角、青椒等南方菜的加价幅度，超市要远远超过农贸市场。另外，我们研究的超市是直接通过一级蔬菜批发市场采购蔬菜，农贸市场则通过二级蔬菜批发市场采购蔬菜，即农贸市场中蔬菜的采购比超市多经过了至少一道流通环节，对比超市和农贸市场中蔬菜平均批零价差水平可以看出，农贸市场蔬菜零售商和二级蔬菜批发商两者的加价之和尚不及超市零售商的加价幅度，即经过两级流通环节的蔬菜比只经过一级流通环节的蔬菜零售便宜，这也表明流通环节增加并没有导致蔬菜零售价格的上升。

4. 农贸市场和超市的蔬菜批零差率比较分析

蔬菜的批零差率也能在一定程度上说明蔬菜流通状况。我们调查的 6 个品种蔬菜在 2011 年的批零差率变化情况如图 7 - 10 至图 7 - 15 所示。

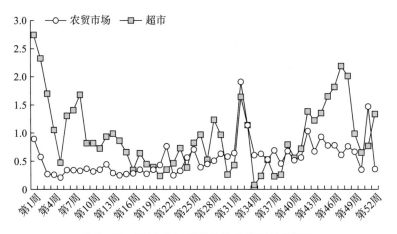

图 7 - 10　2011 年长茄子的批零差率变化情况

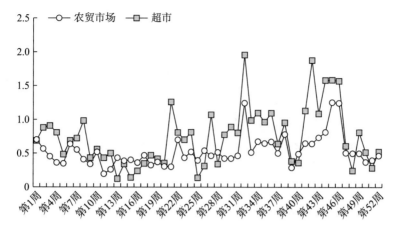

图 7 - 11 2011 年西红柿的批零差率变化情况

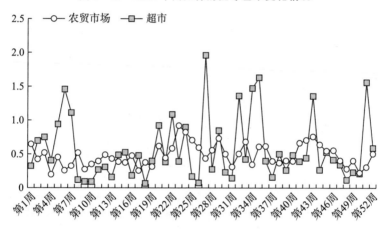

图 7 - 12 2011 年黄瓜的批零差率变化情况

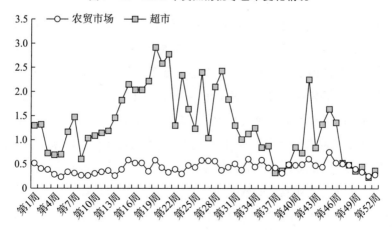

图 7 - 13 2011 年豆角的批零差率变化情况

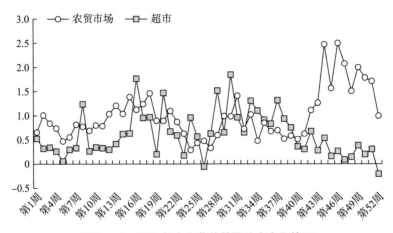

图 7 - 14   2011 年大白菜的批零差率变化情况

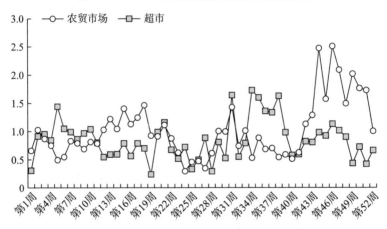

图 7 - 15   2011 年青椒的批零差率变化情况

从上述重要蔬菜品种的批零差率来看，无论是超市还是农贸市场，4个品种的蔬菜都出现了在某一段时期批零差率超过 1 的情形，一些品种的蔬菜在某段时期内批零差率达到了 2 甚至更高水平，批零差率的确较大。

根据以上分析结果可知，从 2011 年北京市主要蔬菜的流通状况看，在现象层面，的确存在蔬菜流通的所谓"最后一公里"问题。但是，在品种之间也存在非常大的差异，大部分品种的蔬菜只是在全年的某个时段出现批零价差过大的情形，一些品种批零价差过大持续的时间比较长，个别品种的蔬菜尤其是损耗率高的蔬菜则出现全年性的批零价差较大的情形。

比较超市和农贸市场这两种重要零售终端的蔬菜批零差率，多数品种在农贸市场的批零差率更低，其中，豆角和黄瓜两个品种的蔬菜在农贸市场中全年的批零差率都小于 1。2011 年全年，对于绝大多数品种的蔬菜，农贸市场批零差率更低（见表 7 - 8）。

表 7 - 8　2011 年北京市农贸市场和超市的蔬菜平均批零差率

品种	农贸市场的平均批零差率	超市的平均批零差率
长茄子	0.56	0.94
西红柿	0.53	0.74
黄瓜	0.48	0.56
豆角	0.43	1.31
大白菜	1.01	0.61
青椒	0.57	0.84

（三）中间商功能、中间商加价与收益分配

1. 二级批发商和农贸市场零售商加价比较

前面的研究结果表明了北京市蔬菜市场的确存在批零价差过大的现象，批零价差过大表明了蔬菜从批发到零售的流通过程中的加价幅度较大。但是，关键问题在于，造成加价幅度较大的原因何在？到底是蔬菜中间商的加价过度还是蔬菜零售商的加价过度呢？为进一步地回答这些问题，我们通过大量的一手数据作为强有力的证据来反映蔬菜二级批发商和农贸市场蔬菜零售商的真实加价水平。图 7 - 16 至图 7 - 21 所示是 6 种蔬菜在二级批发环节和农贸市场零售环节的加价变化。

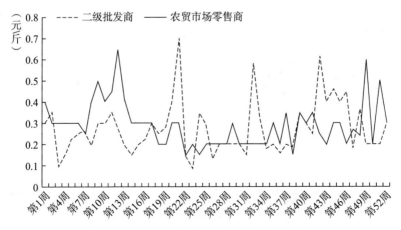

图 7 - 16　2011 年长茄子的加价变化情况

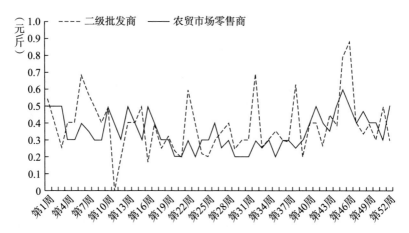

图 7 - 17　2011 年西红柿的加价变化情况

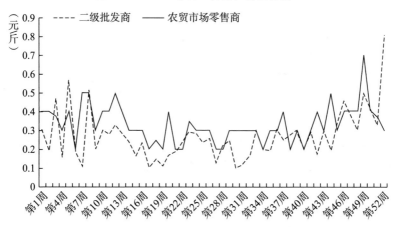

图 7 - 18　2011 年黄瓜的加价变化情况

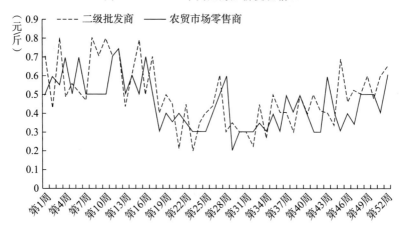

图 7 - 19　2011 年豆角的加价变化情况

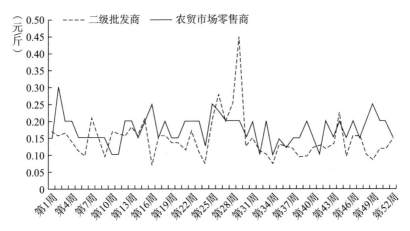

图 7 - 20　2011 年大白菜的加价变化情况

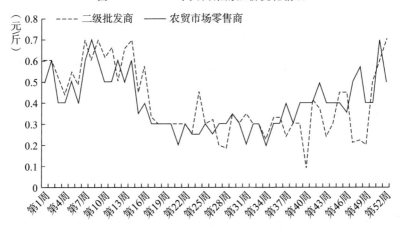

图 7 - 21　2011 年青椒的加价变化情况

由图 7 - 16 至图 7 - 21 可知，在二级批发环节，各主要蔬菜品种的加价幅度都比较大，加价幅度同蔬菜零售商的加价相当；在某些时段，在二级批发环节，部分品种的蔬菜的加价甚至大幅超出零售环节。从全年平均加价幅度看，部分蔬菜品种的二级批发的加价幅度，也超过了农贸市场零售商的加价幅度（见表 7 - 9）。

表 7 - 9　2011 年二级批发商和农贸市场零售商的平均加价

单位：元/斤

品种	二级批发商的平均加价	农贸市场零售商的平均加价
长茄子	0.27	0.29
西红柿	0.38	0.35

续表

品种	二级批发商的平均加价	农贸市场零售商的平均加价
黄瓜	0.27	0.33
豆角	0.49	0.45
大白菜	0.15	0.18
青椒	0.40	0.40

2. 蔬菜二级批发商的加价与收益分析

据本节涉及的调查，蔬菜二级批发商的加价幅度的确不低。需要进一步分析的是，蔬菜二级批发商的真实加价水平是多少。进一步的调查表明，在二级批发环节，之所以有如此高的加价水平，一个非常重要也非常容易被学界忽略的因素，是与蔬菜包装相关的成本。与蔬菜包装相关的成本，对二级批发商加价水平有着极为重要的影响，远超市场租金、批发费用、运输费用等"常规"因素对蔬菜加价水平的影响。在调查过程中，受访二级批发商都反复提醒，在计算蔬菜产品的加价幅度时，必须首先考虑蔬菜包装相关的成本。

蔬菜包装本身虽不起眼，一般也非常简陋，但是，与蔬菜包装相关的成本不仅远超过一般的估计，而且是随着一级批发价格的波动而波动的，是促进蔬菜"加价"的重要因素，也是比较复杂的因素。蔬菜批发领域流行的计价方法虽不"严谨"，却被各地广泛采用多年，从而扭曲了蔬菜真实批发价格。由于绝大多数品种的蔬菜从产地运输到销地都需要进行包装，调查的 6 种蔬菜中，除大白菜外，长茄子、西红柿、青椒、黄瓜和豆角这 5 种蔬菜都经过包装，且大多使用纸箱包装，这也意味着二级批发商采购蔬菜必须连同纸箱一起购买，所有品种的蔬菜也都按整箱称重，箱子的重量也随之计入蔬菜的重量，就意味着把箱子当蔬菜卖。这种计价方式，导致的直接结果，就是蔬菜的真实批发价格被扭曲，扭曲程度由蔬菜的价格和箱子重量共同决定。蔬菜的交易批发价格越高，箱子越重，蔬菜的真实批发价格被扭曲也就越严重。不同品种的蔬菜采用不同规格的包装箱（见表 7 - 10）。

表 7 – 10　蔬菜包装箱的规格

单位：斤

品种	整箱重量	包装箱重量
长茄子	60	4
西红柿	40	4
黄瓜	50	2.5
豆角	25	2.5
青椒	30	3

由表 7 – 10 中数据可知，二级批发商购买一箱 30 斤重的青椒，支付的是 30 斤青椒的价格，而实际情况是二级批发商只够买到了 27 斤的青椒，青椒的实际批发价格因此上升。假设青椒的采购价格是 3 元/斤，则二级批发商需要支付 90 元，但实际上，二级批发商只采购了 27 斤青椒，青椒的实际批发价格为 3.33 元/斤。箱子往往只能当作废品卖掉（被访谈者透露，蔬菜的纸质和塑料包装箱只能当作废品卖掉，不能返还给一级批发商）。箱子废品回收的价格是 0.3 元/斤，卖掉整个箱子可以得到 0.9 元，也意味着箱子的实际价值只有 0.9 元，而箱子实际承担的价值达到 9 元。这 8.1 元的价值只能加载到蔬菜的价格上，二级批发商是不会为此买单的，最终的结果便是由消费者来承担，从而导致蔬菜批零价差进一步拉高。

考虑到上述情形，主要蔬菜品种的真实批发价格如表 7 – 11 所示。

表 7 – 11　蔬菜的交易批发价格和真实批发价格

单位：元/斤

品种	一级批发价格	除去包装箱影响的实际一级批发价格	由包装箱造成的批发差价
长茄子	1.23	1.32	0.09
西红柿	1.50	1.66	0.17
黄瓜	1.40	1.47	0.07
豆角	2.37	2.63	0.26
青椒	1.78	1.97	0.20

表 7 – 11 中蔬菜的价差完全是由一级批发商对蔬菜包装箱不科学的

计价方式造成的，消费者购买豆角（此时豆角的一级批发价格为 2.37 元/斤）时，需要支付 0.35 元去购买实际价值仅有 0.045 元的包装箱。如果豆角的一级批发价格越高，消费者为这 0.045 元的包装箱将支付更多的钱。上述不"科学"的计价方式，直接导致蔬菜二级批发商更大的加价幅度，进一步加剧蔬菜的批零价差，并且消费者最终承担了这种不正常的价差。

我们调查的蔬菜二级批发商，每天蔬菜销售量在 1 吨左右，每天需要从一级批发市场进货一次，二级批发商的租金为 2400 元/月，不考虑人工成本时的运输费用为 50 元/天（包括雇车费用和一级批发市场的进门费）。不同类型的成本分别造成的蔬菜加价如表 7-12 所示。

表 7-12   不同成本造成的加价

单位：元/斤

品种	运输成本 造成的加价	市场租金 造成的加价	包装箱 造成的加价	二级批发商的 加价	二级批发商的 实际加价
长茄子	0.03	0.04	0.09	0.27	0.12
西红柿	0.03	0.04	0.17	0.38	0.15
黄瓜	0.03	0.04	0.07	0.27	0.13
豆角	0.03	0.04	0.26	0.49	0.16
青椒	0.03	0.04	0.20	0.40	0.14

表 7-12 中数据表明包装箱的成本导致蔬菜的加价最严重，影响最大也最明显，运输成本和市场租金对蔬菜的加价影响是比较小的。假设不考虑损耗费用和二级批发商每天使用的包装袋费用，虽然不同蔬菜品种的获利情况不一致，但总体看来每斤蔬菜的平均获利水平大约为 0.15元，一个二级批发市场摊位每天纯利润约为 300 元，年利润在 10 万元左右（没有考虑经营者自身的人力成本）。但值得注意的是，一个二级批发市场的摊位至少由两个人经营，单个经营者的年利润在 5 万元左右。2011 年北京市人均可支配收入为 3.29 万元，比照上面的数字，可以知道二级批发商的"利润"仍在合理范围（如果再考虑到每年投入经营的资金回报）。

3. 农贸市场蔬菜零售商的加价与收益分析

据调查数据，农贸市场蔬菜零售商每天的蔬菜销量大约为 700 斤，月租金为 900 元，每天的交通费用约为 20 元。农贸市场零售商的加价情况见表 7 – 13。

表 7 – 13　农贸市场蔬菜零售商的加价

品种	运输费用 造成的加价	市场租金 造成的加价	农贸市场 零售商的加价	实际加价
长茄子	0.03	0.04	0.29	0.22
西红柿	0.03	0.04	0.35	0.28
黄瓜	0.03	0.04	0.33	0.26
豆角	0.03	0.04	0.45	0.38
青椒	0.03	0.04	0.40	0.33

据表 7 – 13 中数据不难看出，市场租金和运输费用对蔬菜加价的影响较小，市场租金折合每斤蔬菜加价约 0.04 元。从这个角度，就我们的调查而言，所谓市场租金太高造成蔬菜加价幅度过大的观点，缺乏足够的说服力。刨去主要成本的影响，就农贸市场的零售商而言，各种蔬菜品种的平均真实加价约为 0.3 元/斤，大致为二级蔬菜批发商真实加价水平的 2 倍左右。在农贸市场，每个蔬菜摊位每天的平均纯收益约为 220 元，全年约为 8 万元。由于农贸市场蔬菜经营一般需要两个人，意味着每个人的年平均收入约为 4 万元，大致相当于北京市人均可支配收入水平，对于生活缺乏保障且需要垫付一定数额经营资金的经营者而言，这个水平似乎并不算高。

表 7 – 13 中分析的蔬菜零售商，都是从二级蔬菜批发商处采购蔬菜。我们还调查了从一级蔬菜批发商处直接进货的农贸市场零售商。即便是在一级批发市场，也有数量不菲的从事二级批发、三级批发的批发商，还有为数不少的批零兼营的商贩。① 因此，不能以蔬菜零售商的进货地点来判定他究竟从一级批发商还是从二级批发商处进货。

这两种农贸市场里的蔬菜零售商有比较大的区别，第一种农贸市场的蔬菜零售商可称为大蔬菜零售商，第二种农贸市场的蔬菜零售商称为

---

① 比如在新发地农产品批发市场能够发现这种情形——在不同时间段，同一商人可以从事不同业务，凌晨从事一级批发，上午从事二级批发，下午可能还搞点零售业务。

小蔬菜零售商。大蔬菜零售商的经营规模比小蔬菜零售商大得多，销售的对象也不相同，前者的蔬菜主要销往机关单位、食堂、饭店等采购量比较大的团体组织，后者的蔬菜主要销给城市居民，以零散买卖居多。

整体上来看，农贸市场蔬菜零售商加价高于批发商的原因在于，批发商利润率不高但销量大，零售商的销量相对小很多，故而只能通过提高蔬菜的加价幅度来获取正常的利润水平。

二 农产品批发价格波动分析：流通过程视角

下文所使用的批发价格数据中，北京蔬菜批发价格数据，均来自北京新发地农产品批发市场每日公布的主要蔬菜品种的批发价格数据。在进行城市间的比较时，采用了全国城市农贸中心联合会信息部每月提供的"国内大型农产品批发市场部分农产品价格走势图"，其中北京的蔬菜批发价格数据来自北京新发地农产品批发市场，上海的蔬菜批发价格数据来自上海农产品中心批发市场，广州的蔬菜批发价格数据来自广州江南果菜批发市场。基本困扰是数据不全和数据量过大。下文采取的办法是，凡是有数据的日期都录入，但采集的是每月1日、5日、10日、15日、20日、25日、30日的批发价格数据。

（一）蔬菜批发价格波动的总体特征

蔬菜批发价格的波动，主要为季节性波动，季节性波动规律非常明显。绝大多数蔬菜的批发价格在冬季到达高峰，而在春节前后达到最高峰。全国各大城市蔬菜批发价格的波动规律是比较一致的。另外，在暴风雨雪等极端天气条件下，各大城市蔬菜批发价格往往会出现较大幅度的上涨。一项运用HP滤波法对中国2004～2013年蔬菜价格波动的研究发现，蔬菜价格季节波动趋势非常明显：每年1月、2月、3月、4月、12月的季节因子较高，即蔬菜价格相对较高；每年的5月、6月、7月、8月、9月、10月、11月的季节因子较低，即蔬菜价格相对较低（郭力野，2014）。赵安平、王大山和肖金科等（2014）基于北京市2002～2012年的蔬菜价格数据，采用时间序列分解和HP滤波技术，将蔬菜价格分解为季节性波动、随机性波动、周期性波动和长期趋势4个部分，结果发现，季节性波动特征显著，它对蔬菜价格变化的平均贡献率为

62.3%。根据我们所掌握的新发地农产品批发市场 2011～2014 年的数据，情况比较类似，即季节性因素构成了蔬菜价格尤其是蔬菜批发价格波动的基本原因。

（二）蔬菜批发价格波动的分品种特征

第一，青椒。从 2011～2014 年北京青椒批发价格走势图来看，青椒的批发价格更多地受季节性因素影响（见图 7－22）。从每年的 11 月前后开始青椒的批发价格波动上扬，原因一方面来自青椒等蔬菜进入"反季节"，另一方面来自春节即将来临。从这 4 年青椒批发价格走势图可以看到，一般在每年 4 月以后批发价格就开始出现明显的下降趋势，但进入 6 月大批青椒进入市场，批发价格也进入一段趋于相对稳定的低价状态，直至 9～10 月的时候，青椒批发价格开始出现明显的上升趋势，北京的青椒批发价格形成了一个相对稳定的季节性的价格波动周期。从这 4 年北京青椒批发价格走势图看，总体批发价格相对趋于稳定，没有较明显的价格波动。

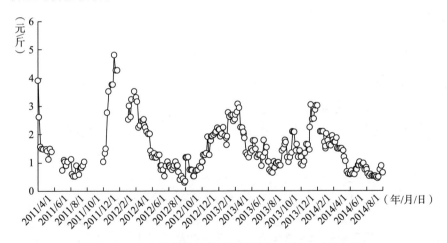

图 7－22　北京青椒批发价格波动情况（2011～2014 年）

数据来源：根据全国城市农贸中心联合会"国内大型农产品批发市场部分农产品价格走势图"（2011～2014 年）整理。

第二，西红柿。基于 2011～2014 年 4～10 月北京西红柿批发价格的走势分析（见图 7－23 和图 7－24），发现西红柿的批发价格一般由 4～5 月高点开始有明显的下降过程，在 6～8 月批发价格相对稳定，且相对其他月份较低，进入 9 月，西红柿批发价格开始出现走高的迹象。从价格

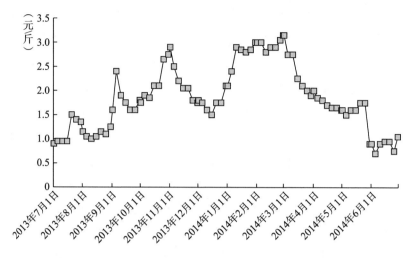

图 7 – 23　北京新发地农产品批发市场西红柿批发价格变动情况
（2013 年 7 月 ~ 2014 年 6 月）

数据来源：根据北京新发地农产品批发市场每日提供的批发价格数据整理。

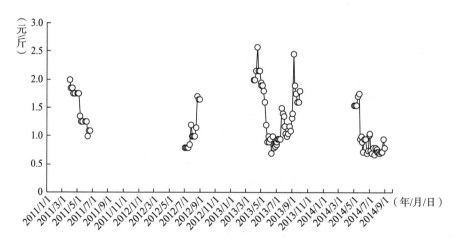

图 7 – 24　北京西红柿批发价格波动情况（2011 ~ 2014 年）

数据来源：根据全国城市农贸中心联合会"国内大型农产品批发市场部分农产品
价格走势图"（2011 ~ 2014 年）整理。

走势图可以看出，这 4 年每年的 4 ~ 10 月北京西红柿的批发价格波动基
本相同。从北京、上海和广州三大城市的西红柿批发价格走势来看，西
红柿总体批发价格还是相对较稳定的。

第三，黄瓜。对于黄瓜这种叶菜类蔬菜，同大棚菜一样，也是更多地呈现季节性和周期性特征。从图 7 - 25 可以看出，11 月开始，黄瓜批发价格由之前的相对平稳突然就走高，在春节的时候批发价格达到最高点，然后就开始一路下滑，持续到 6 月初，并进入一个相对稳定的时期，因为露天黄瓜陆续大量进入蔬菜市场，这段相对稳定的低价格时间段一般会有 3 ~ 4 个月，进而形成一个价格周期。2011 ~ 2014 年的批发价格数据显示，这种周期一直存在，并且黄瓜的批发价格总体上也一直没有多大的上涨或者下降，即相对稳定。上海与北京的黄瓜批发价格走势不尽相同，却表现出相同的价格波动周期。

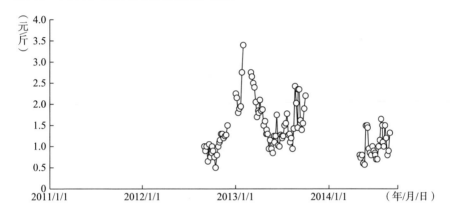

图 7 - 25　北京黄瓜批发价格波动情况（2011 ~ 2014 年）

数据来源：根据全国城市农贸中心联合会"国内大型农产品批发市场部分农产品价格走势图"（2011 ~ 2014 年）整理。

第四，土豆。相对来说，土豆属于较耐储存的蔬菜，储存期一般在一年左右。一般来说，产地集中的耐储存蔬菜价格波动较明显，季节性波动明显。而土豆属于产地不集中的蔬菜，所以产地比较分散。从北京土豆批发价格走势（见图 7 - 26）中，我们可以看出它不呈现波动周期，而且季节性波动也不明显。相比广州和上海，北京土豆批发价格明显更为稳定。

第五，大白菜。通过对 2011 ~ 2014 年不同时间段北京的大白菜批发价格的分析，能看出大白菜批发价格相对稳定，变动幅度较小（见图 7 - 27）。上海、广州的大白菜批发价格走势和北京相似度很高，且价格波动幅度不大。但是，广州的大白菜批发价格明显高于北京和上海。

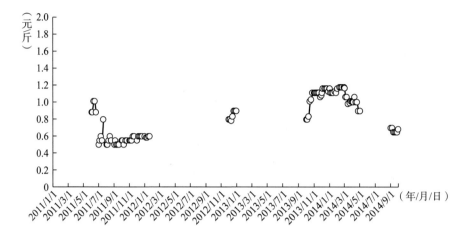

图 7 - 26　北京土豆批发价格波动情况（2011～2014 年）

数据来源：根据全国城市农贸中心联合会"国内大型农产品批发市场部分农产品价格走势图"（2011～2014 年）整理。

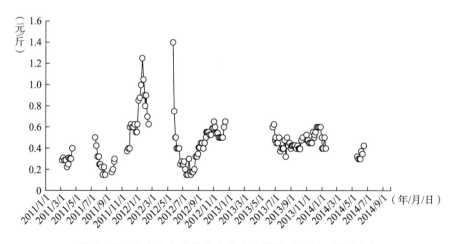

图 7 - 27　北京大白菜批发价格波动情况（2011～2014 年）

数据来源：根据全国城市农贸中心联合会"国内大型农产品批发市场部分农产品价格走势图"（2011～2014 年）整理。

　　第六，其他蔬菜品种。其他蔬菜品种的批发价格也呈现非常类似的变化规律（见图 7 - 28 至图 7 - 30），即季节性特点非常突出，而且波动趋势非常相似。

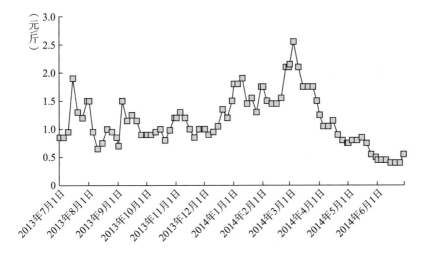

图 7 - 28　北京新发地农产品批发市场长茄子批发价格变动情况
（2013 年 7 月 ~ 2014 年 6 月）

数据来源：根据北京新发地农产品批发市场每日提供的批发价格数据整理。

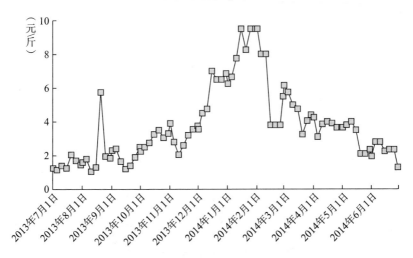

图 7 - 29　北京新发地农产品批发市场豆角批发价格变动情况
（2013 年 7 月 ~ 2014 年 6 月）

数据来源：根据北京新发地农产品批发市场每日提供的批发价格数据整理。

（三）蔬菜批发价格波动的城际比较

我们发现，对于大多数普通蔬菜品种而言，北京蔬菜批发价整体低于上海、广州等其他大都市（见图 7 - 31 至图 7 - 35）。而且，北京蔬菜批发价格的波动率也低于其他大都市。土豆是最为典型的。不过，其中

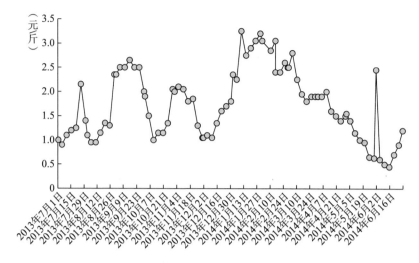

图 7 – 30　北京新发地农产品批发市场尖椒批发价格变动情况
（2013 年 7 月 ~ 2014 年 6 月）

数据来源：根据北京新发地农产品批发市场每日提供的批发价格数据整理。

的主要原因在于华北、西北、东北为土豆的主要产区，因而，北京背靠土豆主产区的优势，导致其土豆批发价格不仅超级稳定，而且是所有大城市中最低的。另外，上海、广州青椒批发价格高于北京（见图 7 – 31），也主要还是因为北方是青椒主产区。

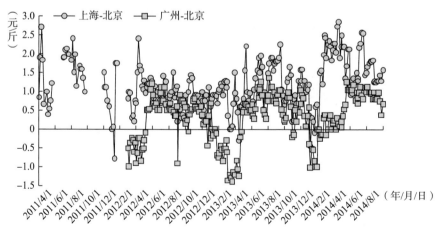

图 7 – 31　上海、广州与北京的青椒批发价格差距及其变动
（2011 ~ 2014 年）

数据来源：根据全国城市农贸中心联合会"国内大型农产品批发市场部分农产品价格走势图"（2011 ~ 2014 年）整理。

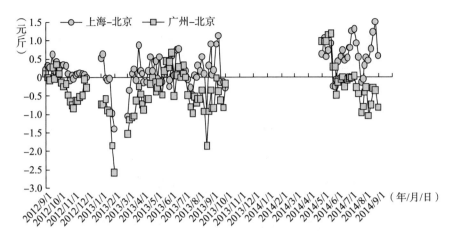

图 7 - 32　上海、广州与北京的黄瓜批发价格差距及其变动
（2012～2014 年）

数据来源：根据全国城市农贸中心联合会"国内大型农产品批发市场部分农产品价格走势图"（2012～2014 年）整理。

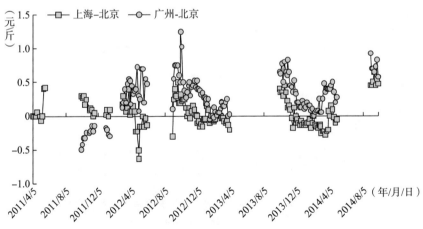

图 7 - 33　上海、广州与北京的大白菜批发价格差距及其变动
（2011～2014 年）

数据来源：根据全国城市农贸中心联合会"国内大型农产品批发市场部分农产品价格走势图"（2011～2014 年）整理。

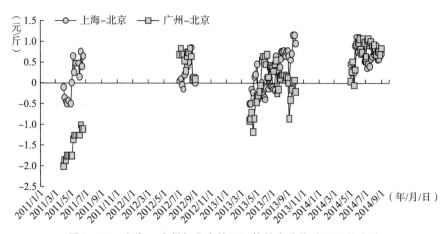

图 7-34   上海、广州与北京的西红柿批发价格差距及其变动

(2011～2014 年)

数据来源：根据全国城市农贸中心联合会"国内大型农产品批发市场部分农产品价格走势图"(2011～2014 年) 整理。

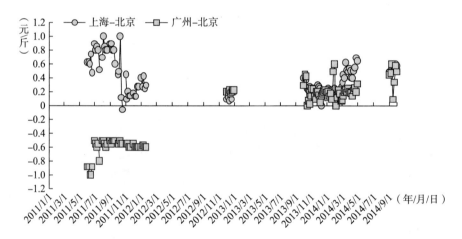

图 7-35   上海、广州与北京的土豆批发价格差距及其变动

(2011～2014 年)

数据来源：根据全国城市农贸中心联合会"国内大型农产品批发市场部分农产品价格走势图"(2011～2014 年) 整理。

(四) 从流通成本看蔬菜批发价格波动

上文已分析，与全国其他地区的情况比较类似，影响北京蔬菜批发价格波动的主要因素是季节性因素。之所以如此，在于生产成本、流通成本差异及其对供求关系的共同影响，其中流通成本发挥着重要作用。

每年的 12 月、1 月、2 月，包括北京在内的华北地区蔬菜以设施菜为主，以南方菜为辅，蔬菜大棚、温室前期投入成本较高，推高了设施菜生产成本，加之南菜北运运输费用较高，共同推高了冬季蔬菜价格。而在 6 月、7 月、8 月，各地蔬菜生产均以露地菜为主，气候条件有利于作物生长，各地蔬菜自给率大幅度提高，生产成本和运输费用均大幅降低，从而价格迅速下降；9 月、10 月、11 月东北、华北、华中等地相继进入秋菜收获季，供应明显增加，价格顺势下降（郭力野，2014）。另外，我们还发现，广州大白菜、土豆的批发价均持续明显高出北京，而且多年来都是如此。这在很大程度上反映出包括运输成本在内的流通成本对蔬菜批发价格的重要影响，因为大白菜、土豆的主产区在北方。

三　农产品零售价格差异与波动：流通过程视角

（一）农产品零售价格差异：基于实地观测数据

1. 调查区域与网点

不同的销售终端针对的消费人群不同，在销售时间、食品安全保障、供应品种、蔬菜质量等方面也存在一定差异，由于进货渠道、销售环境、成本的不同，销售价格也不同。蔬菜交易早市这类市场的特点主要体现在蔬菜价格优惠和品种丰富上。早市实行统一管理、独立经营，既保证市场的整体性，又给经营者自主经营的空间，很多卖家以经营单一品种为生，选择薄利多销的方式销售蔬菜。早市的不足之处是交易时间的局限性、产品质量难以保障和流通环节过多。超市通常采用配送体制，蔬菜的进货来源、品质均有保障，蔬菜精致，品牌形象增加产品附加值，价格明码标价。超市以关注商品的价格和质量、注重购买方便、重视感性消费的群体为主要销售对象。社区菜店为民便民惠民，店铺在社区附近，面积大多在 50 平方米左右，品种丰富，销售群体以附近社区居民为主。蔬菜摊贩规模非常小，特别是一些"游商游贩"，流动性较强，经营品种少，蔬菜定价的随意性也更大一些，加上缺斤少两等现象更易发生，因而不在研究范围内。为此，笔者主要以北京市东城区、朝阳区、丰台区的蔬菜交易早市、社区菜店和超市等蔬菜零售终端的蔬菜价格为研究对象，借此反映北京不同零售终端 2013 年 4 月至 2013 年 5 月中旬蔬菜价差水平，从各个角度、不同层次来解析蔬菜价差的现状和产生原因。

具体调查地点如下：东城区选取隆福寺早市、美廉美超市（百荣世贸商城店）、永辉超市（恒基店）、崇远万家（社区菜店）和新发地社区便民菜店（永铁苑店）；朝阳区选取国奥村周边地区的南沙滩便民早市、华润万家（奥运村店）、旭日超市和林翠菜市场（社区菜店）；丰台区选取三环新城周边地区的乐购超市、超市发、樊家村早市、夏家胡同早市和新村市场（农贸市场）等。另外，为了进行更深入的比对，笔者还多次调查过北京市西城区和海淀区的部分著名早市，如玉渊潭早市、官园早市、月坛菜市场。

2. 数据分析与讨论

从表7－14、表7－15和表7－16不难看出，不同区位、不同业态的同种蔬菜的价格都不相同。从区位对比来看，丰台区的蔬菜平均价格要高于朝阳区和东城区，从业态对比来看，早市以及大型连锁超市的蔬菜平均价格要低于超市及便利店，但是不同超市所卖同种蔬菜的品质不同，所以也会存在价格的差异。

第一，早市、超市及社区菜店蔬菜价格比较及分析。调查发现，从均价来看，早市蔬菜价格低于其他零售终端，社区菜店价格居中，超市价格普遍相对较高（不过，专业生鲜超市的蔬菜零售价格低于其他超市）。早市蔬菜价格低于其他零售终端，因为早市是典型的低成本市场，走的是以量取胜、薄利多销的路线，甚至是集小型批发和零售于一体的特殊性市场。一般来说，早市没有租金费或有少量摊位管理费，在对隆福寺早市摊贩的访谈中，我们了解到隆福寺早市每个摊位费为每月仅500元，这就大大降低了蔬菜交易的成本（在有些早市，摊位费甚至低至每天5元）。且早市摊位经营者多为夫妻或家族成员，减少了雇用销售者的成本。我们发现有些早市摊贩只销售单一品种蔬菜。崇远万家、新发地社区便民菜店（永铁苑店）蔬菜价格低于超市蔬菜价格。当然，以上所概括的蔬菜零售终端的价格差异趋势并非绝对的，因为每种类型的零售终端每天都有自己不同的特价产品。因此，蔬菜价格也会出现一些不规律的上下波动。

表 7－14　北京市朝阳区不同零售终端零售价格变动

单位：元/斤

品种	4月1日				4月3日				4月7日			
	南沙滩便民早市	旭日超市	华润万家	林萃菜市场	南沙滩便民早市	旭日超市	华润万家	林萃菜市场	南沙滩便民早市	旭日超市	华润万家	林萃菜市场
大白菜	1.1	1.5	1.39	1.2	1.3	1.8	1.79	1.7	1.4	1.8	1.79	1.7
土豆	1.7	3.2	3.29	3	1.6	3.2	3.29	3	1.7	3.2	3.29	3
黄瓜	2.3	3.5	3.69	3.5	2.5	3.7	3.89	3.5	2.5	3.7	3.89	3.5
芹菜	1.2	2	1.8	1.6	1.5	2.4	2.09	2	1.5	2.4	2.09	2
西红柿	2.4	3.6	3.59	3.2	2.4	3.6	3.59	3.2	2.6	3.8	3.69	3.5

品种	4月17日				4月21日				4月29日			
	南沙滩便民早市	旭日超市	华润万家	林萃菜市场	南沙滩便民早市	旭日超市	华润万家	林萃菜市场	南沙滩便民早市	旭日超市	华润万家	林萃菜市场
大白菜	1.6	2	1.99	2	1.5	2	1.99	2.2	1.6	2.1	1.99	2
土豆	1.7	3.2	3.29	3	1.8	3.2	3.29	3	1.7	3.2	3.29	3
黄瓜	2.2	3.7	3.89	3.5	2	3.5	3.59	3.3	1.9	3.5	3.59	3.3
芹菜	1.4	2.4	2.09	2	1.3	2.4	2.09	2	1.6	2.6	2.39	2.3
西红柿	3	4.2	3.99	3.7	2.8	4	3.79	3.5	2.5	3.7	3.49	3

品种	5月5日				5月6日				5月8日			
	南沙滩便民早市	旭日超市	华润万家	林萃菜市场	南沙滩便民早市	旭日超市	华润万家	林萃菜市场	南沙滩便民早市	旭日超市	华润万家	林萃菜市场
大白菜	1.8	2.2	1.99	2	1.9	2.3	2.09	2	1.6	2.1	1.99	2
土豆	1.7	3.3	3.29	3	1.7	3.5	3.29	3	1.7	3.5	3.29	3
黄瓜	1.9	3.3	3.39	3.5	2	3.4	3.59	3.5	1.8	3.2	3.29	3
芹菜	1.8	2.9	2.69	2.5	1.8	2.9	2.69	2.5	1.7	2.9	2.69	2.5
西红柿	2.4	3.7	3.49	3	2.3	3.5	3.29	3	2.5	3.5	3.29	3

表7-15　北京市丰台区不同零售终端零售价格变动

单位：元/斤

品种	4月17日						4月22日						5月1日					
	乐购超市	超市发	农贸市场	樊家村早市	夏家胡同早市	便民菜点	乐购超市	超市发	农贸市场	樊家村早市	夏家胡同早市	便民菜点	乐购超市	超市发	农贸市场	樊家村早市	夏家胡同早市	便民菜点
黄瓜	4.98	4.8	4.0-4.5	4.0-4.5	4	5	3.58	4	3.5-4.0	3.5-4.0	3.8	4	1.98	2.5	2.0-2.5	2.0-2.5	2	2.5
西红柿	3.98	5	4.5	4.5	4.0-4.5	5	3.58	4.8	4.0-4.5	4.0-4.5	3.5-4.5	4	2.98	4	4.0-4.5	4.0-4.5	3.5	4
圆白菜	0.98	1.8	2	2	1.8	2.5	1.58	1.8	1.8	1.8	1.5	2	1.08	2	2	2	1.5	2
土豆	1.18	3.8	3.5	3.5	3.5	3.5	1.58	3.5	3.5	3.5	3.5	3.5	1.28	3	3	3	3	3

品种	5月5日						5月8日					
	乐购超市	超市发	农贸市场	樊家村早市	夏家胡同早市	便民菜点	乐购超市	超市发	农贸市场	樊家村早市	夏家胡同早市	便民菜点
黄瓜	1.58	2.5	1.5-2.5	1.5-2.5	1.5-2.0	1.5-2.5	1.58	2	1.3-1.8	1.3-1.8	1.5	2
西红柿	2.58	3.5	3.0-3.5	3.0-3.5	2.5-3.5	3.0-4.0	2.58	3.5	2.8-3.5	2.8		2.8-3.5
圆白菜	1.58	1.8	1.5	1.5	1	1.5	1.28	1.5	1.3	1.3	1	1.5
土豆	1.88	2.5	2	2	1.8-2.5	2	1.08	2	1.8	1.5	1.5-2.3	2

表 7-16 北京市东城区不同零售终端零售价格变动

单位：元/斤

品种	4月1日				4月3日				4月7日			
	隆福寺早市	美廉美超市	永辉超市(恒基店)	新发地社区便民菜店	隆福寺早市	美廉美超市	永辉超市(恒基店)	新发地社区便民菜店	隆福寺早市	美廉美超市	永辉超市(恒基店)	新发地社区便民菜店
土豆	1.2	2.19	2.69	2	1.1	2.09	2.59	1.9	1.2	2.19	2.69	2.5
豇豆	4.1	7.29	5.09	5.5	4.4	7.59	5.29	5.1	5.1	7.99	5.69	5.5
胡萝卜	0.9	1.59	1.49	1.3	1	1.59	1.39	1.3	1.1	1.69	1.39	1.2
茄子	2	3.79	2.79	2.5	2	3.79	2.79	2.6	2	3.79	2.69	2.5
西红柿	2.2	2	2	2	2.2	2.89	2.79	2.8	2.4	3.09	2.99	2.5

品种	4月17日				4月21日				4月29日			
	隆福寺早市	美廉美超市	永辉超市(恒基店)	新发地社区便民菜店	隆福寺早市	美廉美超市	永辉超市(恒基店)	新发地社区便民菜店	隆福寺早市	美廉美超市	永辉超市(恒基店)	新发地社区便民菜店
土豆	1.2	2.39	2.79	2.1	1.5	2.59	2.99	2.3	1.4	2.39	2.89	2.5
豇豆	7	9.59	8.29	8.3	—	8.49	5.79	7.5	4.6	8.29	5.69	7.5
胡萝卜	1	1.69	1.39	1.3	1.3	1.89	1.59	1.5	1.5	1.89	1.49	1.6
茄子	2.7	3.89	2.89	3.6	—	4.19	3.99	4	2.8	3.99	2.99	3.5
西红柿	2.8	3.29	3.19	3	2.6	2.89	2.79	2.6	2.2	2.39	2.69	2.6

品种	5月5日				5月6日				5月8日			
	隆福寺早市	美廉美超市	永辉超市(恒基店)	新发地社区便民菜店	隆福寺早市	美廉美超市	永辉超市(恒基店)	新发地社区便民菜店	隆福寺早市	美廉美超市	永辉超市(恒基店)	新发地社区便民菜店
土豆	1.4	2.49	2.89	2.5	1.4	2.49	2.79	2.5	1.4	2.59	2.99	2.5
豇豆	4.1	8.59	5.99	7.5	4.1	8.29	5.69	7.5	—	8.29	5.69	7.5
胡萝卜	1.2	1.49	1.69	1.5	1.2	0.98	1.49	1.5	1.2	0.98	1.49	1.5
茄子	1.9	4.19	3.29	3.5	1.9	3.99	2.99	3.5	—	3.89	2.79	3.3
西红柿	2.1	2.69	2.89	2.5	2	2.39	2.69	2.5	2.1	2.39	2.69	2.1

第二，作为生鲜超市的永辉超市与普通超市美廉美超市之间的蔬菜价格比较及分析。不同模式的超市之间没有绝对的价格高低，只有相对的价格高低。调查发现，永辉超市大多数品种蔬菜价格低于美廉美超市，且存在同种蔬菜的价格差异较大的现象，调查表明不同的超市之间有着不同的优势。永辉超市作为国内生鲜超市的领军企业，蔬菜采用区域直采和全国性联采的方式进货，有着传统与专业化的团队为之服务。一是永辉超市享受了政府的补贴和交叉优惠，以低价蔬菜来吸引更多的顾客到超市购物消费，以带动超市整体消费量。二是不同超市间的进货渠道不同，导致同样品种的商品零售价格差距较大。如永辉超市采取生产基地直接送货的采购方式，大大降低了流通环节中的成本增加。美廉美超市由于之前并没有将蔬菜作为自己发展的重点部分，所以大部分门店蔬菜品种有限，并且价格较高。另外，通过后续调查，我们发现近年来，受邻近超市低价销售品种齐全的蔬菜，以吸引更多顾客的影响，海淀区的美廉美超市已经开始扩展自己的蔬菜区域，并且丰富了蔬菜品种，同时加大了蔬菜打折力度。二者的竞争更加强烈，有利于消费者低成本购买蔬菜。

第三，个别超市的某一种蔬菜价格极低，或极高。外资超市在中国大多以大型超市的业态存在，品种齐全，价格低廉。但是由于租金以及人工费用、物业费用的影响，蔬菜价格高于早市是基本常态。但是，在我们的调查中发现丰台乐购超市的土豆价格曾经出现极低的情况，相比早市低了30%。这种现象不具有普遍性，只局限在土豆一种产品上。这一现象令我们非常感兴趣，因此进行了进一步调查和访谈，最后我们认为，这是超市的一种交叉补贴策略，即通过降低某一种商品的价格，吸引顾客前来购买，而顾客在购买低价商品的同时还会连带购买其他所需的商品。这样超市就达到通过降低一种产品价格从而增加总收入的目的。另外一种现象就是，有些小型内资超市整体面积狭小，蔬菜品种稀少，但是蔬菜价格极高，并且蔬菜并不新鲜。海淀实验小学阜成路校区附近的超市发就属于这一类。这个超市只有一层，经营商品种类比较单一，蔬菜销售区域不到5平方米。这一现象的出现与超市本身经营范围小、销量小有关，另一个可能的原因是附近的小学所带来的刚性需求（预付卡业务导致的刚性需求）。

3. 从流通成本看零售价格差异

上文已经分析，不同蔬菜零售终端出现较大的零售价格差异，主要源于不同的流通成本结构，那些低成本的零售终端（如早市）一般能够以较低的价格销售蔬菜。近年来，超市等高成本的零售终端也大幅降低了蔬菜价格，除了部分超市获得了大量政策性补贴外，更重要的原因在于部分生鲜超市通过低价招徕消费者的交叉补贴经营策略引发了超市之间的竞争，使得蔬菜零售环节的竞争性程度有所提高，从而在一定程度上有利于减缓蔬菜零售价格上涨的步伐。

（二）农产品零售价格波动：基于实地观测数据

1. 调查区域与调查方法

为进一步深入分析北京蔬菜零售价格的波动，我们选择对北京市丰台区马家堡嘉园一里、嘉园二里、嘉园三里小区周边的蔬菜零售终端进行实地走访与深度访谈，最终选取了家家福超市菜店、嘉园二里菜市场、嘉园路社区菜店和草桥早市等四个最具代表性的零售终端，进行长期追踪调查。

从 2014 年 2 月底至 8 月底，我们每周都对上述四个零售终端的 8 种蔬菜的零售价格进行三次价格采集。在开始调查的三个月后，采集价格的频率降低为每周两次或每周一次（赵庆泉，2015）。数据完整度方面，由于嘉园路社区菜店在调查开始一周后才被纳入调查范围，所以缺失了之前一周的调查数据。而家家福超市菜店的老板不配合我们的调查工作，从 7 月开始始终说价格都是一样的，没有任何变化。我们在采取多种措施（包括加强沟通、购买他家蔬菜、赠送礼品等）都未奏效的情况下，不得不放弃了对这家社区菜店最后一个月的数据调查。

在数据调查过程中，调查者与蔬菜零售商的关系越来越熟，从而得以进一步通过深度交流以获取他们经营蔬菜的第一手资料。在调查结束以后，调查者又对这几个零售商做了一次问卷调查，通过实际调查数据，可以比较清晰地对他们各自的成本和盈利情况进行估算，对他们经营中的各项成本进行分摊核算，使得最终对零售环节的加价幅度进行客观分析成为可能。

2. 主要调查点基本情况

调查主要追踪了四个零售终端。

第一，草桥早市。草桥早市位于丰台区草桥南面，周边社区多，靠近公园，交通便捷。草桥专门设立了一个便民集贸市场，有大型钢结构交易大厅，一个大厅卖日用百货和五金等小商品，另一个大厅卖蔬菜、水果和鱼、肉、米、面等食品，还配有仓库。两个大厅之间的过道和位于北侧的小广场，则是我们调查点——草桥露天早市。经营蔬菜、水果的流动摊贩（约 30 家）每天一大早过来出摊，到中午 12 点前后收摊。交易大厅内经营蔬菜、水果的商户数量与流动摊贩数量相当，但大厅全天开放，一直经营到晚上 6 点前后。

第二，嘉园路社区菜店。该菜店位于南三环和南四环之间的嘉园路与嘉禾路路口位置，区位条件很好。店面长约 10 米，宽约 3 米，整体呈现细长型布局。菜店位于路边的一个门面房里，外面有一块广场区域，在买菜的人比较多时，店主会把部分菜摆在门口，顾客自己在店里选菜，然后在门口或店外称菜付钱。

第三，嘉园二里菜市场。该菜市场位于嘉园二里小区东南角，有一个小门与外部连通。市场是一个以经营蔬菜、水果和少量肉、蛋为主的生鲜便民市场。市场全天经营，人流高峰时段为上午 10～12 点和下午 3～5 点。

第四，家家福超市菜店。家家福超市位于嘉园一里小区门口，主要服务小区内的上班族。该菜店和家家福超市位于同一个钢结构大厅内部，其中超市占了大部分面积，在超市外围靠近出口的地方，划出一块经营生鲜的区域，该菜店就在这块区域的中间，用柜子围起来，占地约 10 平方米（赵庆泉，2015）。

3. 蔬菜零售价格波动趋势

在上述四个零售终端，8 种蔬菜的零售价格，大致呈现如下波动趋势。

第一，蔬菜零售价格的走势（见图 7 - 36 至图 7 - 43），与批发价格的走势，整体上高度一致。蔬菜零售商一般都在头一天下午或当天凌晨进货，蔬菜批发价格的变动，很快就会体现到蔬菜零售价格中。批发价格或进价，是零售商蔬菜经营成本中占比最大的部分，蔬菜零售价格的高低主要取决于批发价格。

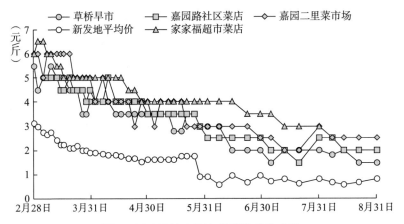

图 7-36 2011 年西红柿零售价格走势

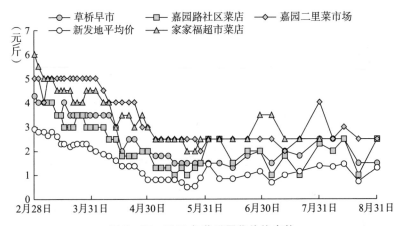

图 7-37 2011 年黄瓜零售价格走势

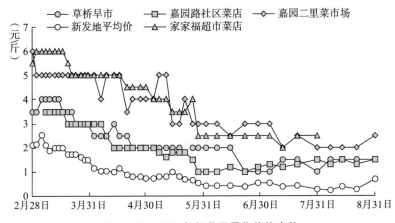

图 7-38 2011 年长茄子零售价格走势

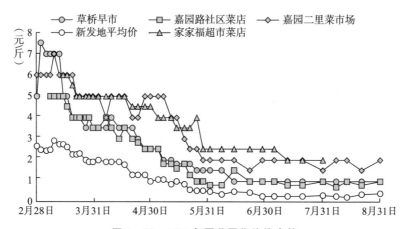

图 7 - 39   2011 年圆茄零售价格走势

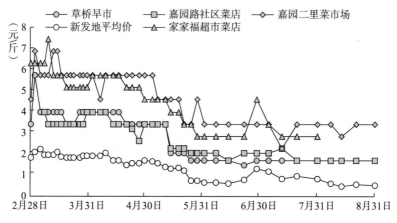

图 7 - 40   2011 年青椒零售价格走势

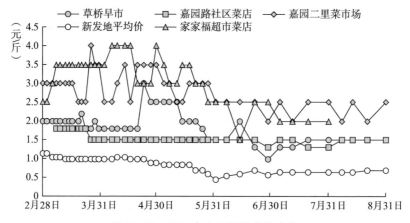

图 7 - 41   2011 年土豆零售价格走势

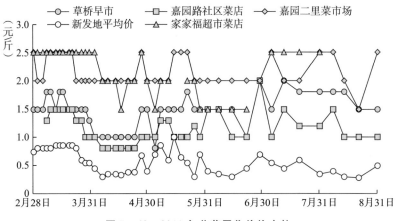

图 7-42　2011 年芹菜零售价格走势

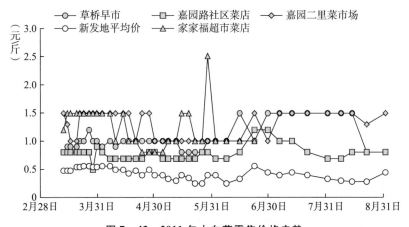

图 7-43　2011 年大白菜零售价格走势

第二，调查期多数蔬菜零售价格呈现先下降而后趋于平稳的走势，且批零价差有收窄趋势。随着天气逐渐转暖，露地栽培的蔬菜开始陆续上市。随着供给量的迅速增长，蔬菜价格开始逐步下降。6月、7月、8月是蔬菜集中上市的季节，货源充足，购销两旺，价格总体平稳。另外，蔬菜价格越高，批零价差越大。随着蔬菜价格总体下降并趋于平稳，6～8月的批零价差相比3～6月明显收窄。

第三，受区位和经营策略影响，零售终端之间零售价格差异明显。一般而言，社区菜店零售价格最高，集贸市场或菜市场其次，早市价格最低。从调查数据看，家家福超市菜店地处小区门口，服务人群多是上班族，销量较小，价格最高；嘉园二里菜市场是小型集贸市场，主要服务周边小区，品类较社区菜店齐全，价格较家家福超市菜店略低；草桥早市辐射范围较广，蔬菜品类齐全，价格较低。嘉园路社区菜店似乎是一个有趣的特例。该菜店位于两条主路的交叉口，区位条件优越，虽然店面仅30平方米左右，但由于菜价便宜，品种齐全，即使周边有草桥早市和永辉超市等强劲的竞争对手，店里人流还是非常多，很多老人不去早市也来该店里买菜。

第四，零售价格较高、零售量较小的零售终端对蔬菜批发价格变化不敏感。调查显示，家家福超市菜店服务群体为高收入的上班族，他们一般会在下班时集中买菜，其特点是单次购买量少、不太关心蔬菜单价但注重买菜便利性和蔬菜质量。因而家家福超市菜店零售价格较高，且比较稳定，批发价格的短期小幅变动对家家福菜店零售价几乎没有影响（赵庆泉，2015）。

四　小结

第一，关于所谓的"最后一公里"。通过对农产品批发市场和零售市场长时间的追踪调查和深入分析不难发现，就北京市蔬菜流通而言，所谓的"最后一公里"之所以会产生，客观上源于小零售对接大批发的困难。北京市全年80%的蔬菜需要从外地供应，本地产出的蔬菜远不能满足整个城市的需求，大部分的外地蔬菜都是通过销地批发市场进入北京市蔬菜市场，批发市场将小生产和小零售结合起来。然而，由于蔬菜的特性，需要在较短的时间内从销地批发市场分销至零售终端，一级蔬菜批发市场甚至二级蔬菜批发市场都难以完成蔬菜的分销，客观情况甚至导致北京市的部分地区存在三级蔬菜批发的情况。目前，批发市场在北京市蔬菜流通的过程中扮演着极其重要的角色，虽然北京市政府在大力推进"农超对接"等减少流通环节的政策，但目前来说农产品批发市场是难以取代的，"农超对接"中的超市仍然需要从北京市的销地批发市场采购蔬菜（京客隆超市是"农超对接"的典型超市之一，我们在调查中发现京客隆超市依然需要大量从新发地农产品批发市场采购），全市"农超对接"的超市蔬菜供应量还远远不能满足北京市场的蔬菜消费需求。实际上，"农超对接"减少的流通费用非常有限，因为大部分的费用并不是流通环节造成的，这也意味着减少流通环节并不是解决"最后一公里"问题的根本所在。从本章的数据和研究结果来看，蔬菜零售环节的大幅度加价是所谓"最后一公里"问题的主要原因之一，其中，超市对蔬菜的加价是过高的，我们在调查的过程中发现高额的人力成本、摊位租金以及增值税三项因素导致了超市大幅度的加价。农贸市场的加价主要原因在于高额的生活成本。同时，蔬菜的价格与蔬菜的批发量和质量关系密切，我们认为"最后一公里"问题的核心在于解决零售环节的加价，一级批发过程和二级批发过程的加价是比较小的。

　　第二，关于二级批发商的功能。在讨论北京市蔬菜"最后一公里"问题产生的原因时，很多人认为蔬菜的流通环节太多和中间商加价太高是主要因素。通过大量的调查和分析发现，在北京市蔬菜流通的"最后一公里"中，蔬菜二级批发商具有非常重要的作用，诸多看不见的隐性因素决定着二级蔬菜批发商的存在价值和意义，它们对北京市蔬菜的流通起着积极的促进作用。①蔬菜在二级批发这一环节的真实加价幅度并不大，除去蔬菜包装箱的影响，二级批发环节的大部分蔬菜加价幅度在0.15元/斤左右，相比于蔬菜的销地批发价格，这个价格基础上的加价幅度不高，若对比超市等零售终端的加价，二级批发商的加价幅度并不算太大。②仅一级批发商无法独立完成北京市蔬菜分销至零售终端的过程。一级蔬菜批发商的基本特点是批发量非常大，以北京新发地农产品批发市场为例，单品种批发量一般都超过10吨，冬瓜、西红柿等蔬菜品种的批发量甚至达40~60吨。多数蔬菜的品质和新鲜度只能维持较短的时间，时间越长，蔬菜损耗越大，一级批发商的损失也越大。通过二级批发商的分销行动，将数额如此巨大的蔬菜流通至农贸市场、社区菜店、超市等蔬菜日销量小得多的零售终端，显然更高效，也更经济。单次采购量在2~3吨的二级蔬菜批发商，正是助力一级批发商快速高效分销蔬菜至零售终端的主力军。③从空间的角度，也需要二级批发商的存在。大城市巨大的地域面积，决定了一级批发市场难以覆盖整座城市，多数零售商与一级批发市场之间的距离较远。在调查过程中发现，很多农贸市场和社区菜店的商贩通过人力三轮车在附近的二级批发市场采购蔬菜，出于成本等角度的考虑，他们不愿意购买机动车辆，也不愿意租车。即使有些零售终端的菜贩拥有运输车辆，他们也不愿意从一级批发商那里采购。基本原因在于，这些零售终端距离一级批发市场太远，考虑到为此增加的人工、油费和进门费等各项费用，直接到一级批发市场进货并不比从二级批发商那里采购便宜，更没有从二级批发市场采购蔬菜方便、快捷。④从时间的角度，也非常需要二级批发商。二级蔬菜批发商大大节约了零售商采购的时间成本，尽管二级批发商蔬菜价格较一级批发商高一些，但二级批发商经营的蔬菜品种比一级批发商丰富，零售终端选择从二级批发商处进货，一方面是因为挑菜需要花费太多的时间，另一方面挑选蔬菜的过程麻烦，一级批发市场占地面积大，不同品种的蔬菜一级批发商之间距离较远，零售商需要采购的蔬菜品种繁多，需要花费非常多的精力挑菜。根据我们的调查，二级蔬菜批发商从新发地一级批发市场采购蔬菜，每次需要花去至少 4 个小时的时间，正常时间在 5 个小时左右。

第三，从环节"过多论"到"无关论"。包括二级批发商在内的诸多中间商，在表面上似乎通过"层层加价"提高了零售价格，但是，所有市场中运行的中间商，实际上都在时间节约、空间转换和增值服务提供方面发挥了重要作用，承担了诸多重要功能，发挥了大规模集散产品、分散劳动量、分担风险、加快流通速度等重要经济功能。换言之，大量所谓"中间环节"的存在，乃是在大范围内集、散、运、储、售农产品的客观需要。从某种程度上说，农产品购销价差的持续扩大，在很大程度上源于运销商提供的服务越来越多、越来越好（威尔科克斯，1987）。减少中间环节并不难，但被减少的中间环节原来的功能和任务必须有人去承担，从而并不会因此而减少流通成本。与"流通环节过多"这一直观的结论相比，反直觉且貌似反常识的"流通环节无关"，其实有更坚实的理论基础和广泛的经验证据。① 如果诉诸规模经济、产业组织及交易成本经济学等基本理论，不难发现，当前中国农产品流通效率与环节多少、渠道长短基本无关。当前流通渠道长短与流通环节多少，在很大程度上是由各国、各城市的不同经济背景决定的，当然也包括制度背景，但更主要的仍然是规模经济、竞争格局以及交易成本等方面。如果要降

---

① 贺名仑（1984）曾指出，"日本的生鲜食品的经营就是一个例子。它就有大批发商、中批发商、小批发商、零售商，虽然环节多，由于设备齐全，经营得法，速度很快，效率很高，经济效益也是很好的"。

低交易成本，就必须回到基本点。当前的流通环节基本合理，不一定有减少的必要。应更多地信任市场的力量。较多的流通环节，虽然看似增加了交易成本，实际可能节约了交易成本，而且分散了价格波动风险。

第四，关于农产品价格波动与价格差异。较好的区位优势和较高的流通效率是北京蔬菜批发价格整体低于其他城市的重要原因，流通成本的刚性导致北京蔬菜零售价格的波动性弱于批发价格的波动性。蔬菜流通的中间环节的真实加价幅度并不大。零售终端的加价幅度看似较大，主要反映出刚性上涨的零售环节成本的影响，零售业者的实际获利水平并不高，其人均获利水平稍高于北京市私营企业人均工资水平，高出的部分很大程度上反映出对蔬菜从业者辛苦程度的某种"痛苦补偿"，基本是合理的。流通成本尤其是零售环节流通成本的刚性上涨是蔬菜零售价格高居不下的基本原因。因而，减少流通环节不一定能降低流通成本，从而不一定能降低农产品零售价格。从这个角度而言，"进一步减少流通环节"的政策导向值得商榷。相比之下，应该重点设法降低零售环节的成本。但是，考虑到人工成本、租金、损耗构成了主要的流通成本，所以，今后进一步降低流通成本将面临重大挑战。北京市近年来的经验也表明，设法提升零售环节的竞争性程度，是有效缓解蔬菜零售价格上涨问题的重要政策措施。

第五，应关注农产品价格统计数据扭曲。在很多大型农产品批发市场，既公布最低价，也公布最高价，还公布平均价，看似合理，实则更为混乱，既没有体现品种和产地，也没有体现出批量差异。无论是根据哪个价格去估算批零价差都是不准确的。若根据部分大型农产品批发市场公布的农产品批发价格计算，大多数农产品尤其是蔬菜和水果的批零价差，会产生非常大的弹性区间。某些媒体记者和学者不明就里，可能会显著夸大批零价差的程度。仅仅根据一级市场大批量批发价格去估算批零价差就很容易引发误导。因为一级批发价格，是批量非常大的情况下的批发价格。而绝大多数零售商根本无法获得一级批发价格。即便是从新发地农产品批发市场进货，进货价格也是二级批发价格，远高于新发地农产品批发市场公布的价格。因此，有必要全面改进农产品批发市场的批发价格统计体系，充分体现品种、产地和批量差异，尤其应该体现出不同批量的价格差异。

第八章 中国农产品流通组织
演进的历史审视

1949 年以前，中国绝大多数地区农产品流通处于自由购销状态。在"统制经济"和战时经济时期，对农产品购销虽有一定程度的管制，但总体而言，农产品流通的自由度是比较大的。中华人民共和国中央人民政府成立后，受当时特殊的国内外政治经济形势影响，农产品流通自由度总体上处于下降态势，绝大多数农产品流通迅速转向全面的统购统销，直至改革开放后，才逐渐打破统购统销体制，但受各种因素影响，粮食等部分农产品流通体制的市场化改革进展得比较缓慢。

一 统一计划内的自由购销阶段

1949 年 3 月，中共七届二中全会确立了"四面八方"的经济建设方针，即"公私兼顾、劳资两利、城乡互助、内外交流"（曹应旺，2019）。1949 年 9 月 29 日通过的起临时宪法作用的《中国人民政治协商会议共同纲领》第二十六条，在确认上述方针的基础上，进一步明确："保护一切合法的公私贸易……在国家统一的经济计划内实行国内贸易的自由。"（中共中央党史研究室，2011）国民经济恢复时期，是农产品流通以自由购销为主的时期。在这一时期，农产品流通总体上延续了之前的自由购销体制，但是，这种自由购销，具有非常突出的时代特点：一是"国家统一的计划内"的自由；二是国家已开始在所有制方面向国有商业和合作社商业明显倾斜；三是在采购环节也逐步加大了对购销市场的干预力度。

（一）国家统一计划内实行贸易自由

所谓国内贸易的自由，是指在国家统一的计划内实行购销自由。贯彻上述政策的重要前提是，国营商业部门必须掌握足够的货源，对私营工业实行了加工订货和统购包销办法。与此同时，国家还加强对农产品的管理和收购，把粮食、棉花以及若干种出口物资、主要农副土特产品掌握在自己手中，实行灵活调剂。贯彻上述政策，使各地贸易部门得以掌握大批主要物资，为打击投机资本和平抑市场物价奠定了坚实的基础。在当时的特殊情境下，唯有国营贸易部门掌握重要物资，才能真正实现各种经济之间的自由贸易（万典武，1998，第 55～56 页）。

国家掌握粮食这种关键农产品的重要手段之一，就是采取储备粮的农业征实。1950 年国家财政收入中，粮食收入占 41.4%。1950～1952 年，正因为国家手中掌握了大量的储备粮源，才得以向市场大量抛售粮食（占市场交易量的 30%～40%）以稳定市场粮价——相比 1950 年，1952 年粮价仅上涨 2.8%（徐柏园，2000）。

国家也加强了对原棉市场的控制。1951 年，国家在全国棉农中开展了购棉储棉运动。为使上市的原棉为国家所掌握，防止棉价波动，国家逐步加强了对棉花市场的管理。9 月，中共中央向全国批转了中共华东局关于"棉花由国营的花纱布公司委托合作社统一收购，私营纱厂一律参加联购，不得向市场自购"的规定，并指示："凡有合作社且能够担负起收购棉花任务者，应一律仿照办理。"从此，棉花收购业务逐步由供销合作社统一办理（《当代中国》丛书编辑部，1987，第 47 页）。

除粮食、棉花等极少数重要农产品外，多数农产品仍是典型的自由流通，国家统一计划与政府干预的影响非常有限，基本是"货币与商品直接自由交换"且"公私兼顾"的经济。即便是在抗美援朝时期，城乡居民的生活也并没有受到很大影响，民众生活并没有感受到太大不便，符合"新民主主义"经济政策的基本特征（万典武、李书友和徐振宇等，2014）。城乡之间、内外贸之间、生产资料与生活资料并未相互割裂，行政管理体系基本统一，尚未对粮、棉、油等重要农副产品实施统购统销，也没有对生猪实施派购或统一收购，市场机制在资源配置中发挥着较大作用。

总之，在这一时期，国家对粮食和棉花等大宗农产品的干预较多，包括动用粮食储备调控市场和全面垄断原棉的收购。不过，对于油料、肉类、水产品、蔬菜、烤烟、药材等其他农产品，则主要通过市场调节。市场上农产品种类丰富，且价格低廉，尤以海产品、水产品最为明显（徐柏园，2000）。

（二）在"公私兼顾"中强化国营商业和合作社商业的作用

从 1949 年至 1952 年，国家总体上认真执行"公私兼顾"政策，市场繁荣，物价稳定。虽然生活水平较低，但总体上比较方便。[①] 当时在商业领域，尤其是在与城乡居民生活密切相关的零售业和饮食服务业领域，私人企业占主导地位。1950 年至 1952 年，商业企业商品零售额中，国营商业的占比分别为 8.3%、14.1% 和 19.1%。在这一时期，除外贸领域建立起自上而下的科层体系外，由于东北、华北、西北、华东、中南、西南等"大区"仍作为独立的一级政权机关，商业、粮食、物资、供销等系统集中统一的科层化组织体系尚未健全。私营企业在商贸流通业尤其是零售领域仍扮演着重要角色。无论是普通日用工业品，还是农副产品，抑或是后来被称为"物资"的诸多重要生产资料，都还没有形成全面双向垄断的产业组织结构。流通与其他领域之间的交易费用不高，整个社会的分工仍维持在正常水平，商业机构与网点数量仍在增长，就业人数也在增加，市场自然也比较繁荣。

但是，农产品流通体系逐步发生了一些微妙的变化，其中一个非常重要的方面，即国家虽然强调"公私兼顾"，但同时在投资、货源、批发价、利率、税收等方面采取各种措施促进和扶持国营商业和合作社商业发展，国营商业和合作社商业开始在农产品流通中发挥越来越重要的作用。与此同时，私营商业普遍陷入经营困境，一个非常重要的原因，与国营商业和合作社商业在批发和零售领域"前进过快"有关（一个重要背景是国家为打击商业投机而"四路出击"），国营商业和合作社商业的经营占比增长过快——以华北地区为例，1950 年初，粮、棉、布、煤、盐和煤油平均占 80% 左右。另外，为限制私营商业获得过高利润缩小了批零差价和地区差价。代销手续费也较低（商业部商业经济研究所，1984，第 13 页）。

[①] 据曾担任商业部商业经济研究所副所长的万典武先生对笔者本人口述，当年下夜班后在胡同口就可以买到羊杂碎汤、面条、馄饨等各种小吃。之后随着商业的公私合营和社会主义改造，这些东西在晚上就没有卖的了，要吃的话必须单独找厨师做。当时居民到市场上可以买到鲜鱼、鲜肉、鲜菜等各种农副食品。虽然市场的商品种类没有现在这样丰富，但购买仍然是非常方便的，民众的幸福感是比较强的（万典武、李书友和徐振宇等，2014）。

为发挥私营商业的积极作用，并避免其大批倒闭歇业而导致失业率上升，国家于 1950 年 6 月及时对商业进行调整，在不允许投机的前提下，国营商业在经营范围、市场管理、价格等方面给私营商业以出路，包括调整农副产品的公私经营范围，即除粮食、经济作物、重要土产品和部分出口物资由国营商业收购外，其余农副产品鼓励合作社商业和私营商业收购。同时调整批零差价和地区差价，使零售商人和贩运商人有适当的利益可图；调整农副产品收购价格，以既能保护农民的正当利益，又能照顾销路和运销利润为原则。此外，在商品运销、税收政策和税收手续等方面，对私商也给予适当照顾。此次调整以后，私营商业得到恢复和发展。1951 年同 1950 年比较，全国私营商业户数、从业人员数、商品销售额均出现显著增加（商业部商业经济研究所，1984，第 13～14 页）。

随着 1951 年 12 月和 1952 年 1 月分别开始的"三反"① 和"五反"② 运动的展开，部分私营企业主对党和国家的政策拿不准，加上批零差价、地区差价缩小过多（虽然在 1950 年 6 月以后已经有过一定幅度的调整），经营消极现象比较普遍，私营商业营业额迅速下降。国营商业和合作社商业则迅速发展，无论是批发，还是零售，私营商业的经营占比都显著下降。③ 私营商业营业额下降过猛，导致社会失业人员显著增加，影响城乡物资交流，对生产和人民生活不利。为解决公私关系的紧张情况，活跃城乡经济，避免店员过多失业，中共中央于 1952 年 11 月再次发布调整商业的指示，旨在保持私营商业的营业额不下降。与农产品流通组织密切相关的规定如下。①调整公营经营范围，国营商业和合作社商业减少部分业务，在城市减少次要商品经营，在农村将次要土产让给私商经营的同时，把粮食和主要经济作物也让出 20%～30% 给私商经营。②扩大批零差价，同时调整地区差价和季节差价，以便私商能够经营零

---

① 针对国家机关部队和国营企事业单位存在的贪污、浪费和官僚主义行为进行反贪污、反浪费和反官僚主义运动的简称。

② 针对当时工商业界存在的通过行贿、偷税漏税、偷工减料、盗窃国家财产、盗窃国家经济情报等"五毒"手段牟取非法利润的行为进行的反对行贿、反对偷税漏税、反对盗骗国家财产、反对偷工减料、反对盗窃国家经济情报的斗争的简称。

③ 公私批发之比，1951 年底为 34.6∶65.4，1952 年底为 63.7∶36.3；公私零售之比，1951 年底为 24.5∶75.5，1952 年底为 42.8∶57.2（商业部商业经济研究所，1984，第 14 页）。

售业务、贩运业务，活跃地区之间的物资交流。③取消对私商各种不必要的限制。上述调整商业的措施实施后，市场上的公私关系有所缓和，私商情绪有所安定，调动了城乡个体商业的经营积极性（商业部商业经济研究所，1984，第15~16页）。

（三）采购环节引入联购与联营

在这一时期，在农产品采购环节，自由采购是占主流的采购方式。但是，为帮助工厂克服生产方面的困难，帮助农民解决春季生产资金困难和生活方面的困难，促进农业合作化，也曾实行过公私联购、联营等形式。

1. 公私联购

农产品采购实行公私联购，分别始于上海的联购棉花和天津的联购小麦。在公私联购棉花、小麦的基础上，1950年9月以后，一些地区还曾组织公私营商业联购麻类、羊毛、烟叶、土产等农产品。

1949年，为维持和恢复纺织工业生产，上海公私纱厂在人民政府的支持下，于8月筹组了联合购棉处，各厂自愿参加，政府贸易机构也出资参加。9月，中财委召开的全国棉花会议对国棉联购做了肯定。上海的公私纱厂与棉商首先组织起来，开始对棉花进行联购：一是委托国营的花纱布公司代购，支付一定的手续费；二是与产地收购机构实行联购。1950年，国家又多次重申联购棉花的主张，公私联合购棉发展到各个纺织工业城市。

1949年夏季，为帮助私营面粉厂解决原料供应困难，天津市公营粮食公司与全市24家面粉厂组织了面粉购销委员会联购小麦。1950年，全国除东北外，共有面粉厂597家，其中私营497家。其业务一部分是为中国粮食公司加工，另一部分是自营。这一年，全国小麦大丰收，不少私营厂因缺乏自行采购小麦的力量而陷于困难。为合理调整公私、工商之间的关系，中央贸易部于6月初发出关于采购小麦的指示，要求国营贸易机关克服采购上的统制思想，要求各大中城市在商业局的领导下，由国营粮食公司、面粉厂、粮食贩卖业同业公会、粮食加工业同业公会参加，组织小麦联购委员会。7~8月，全国粮食加工会议对公私联购小麦进一步加以肯定。从此之后，公私联购小麦在全国大、中城市陆续开展（《当代中国》丛书编辑部，1987，第46~48页）。

2. 联营

1950 年 12 月，政务院通过的《私营企业暂行条例》规定：联营组织经核准后亦受法律保护，国营经济事业得对联营组织给予协助。据此，1951 年春，中央贸易部对联营加以提倡，在很多地区土产联营有所发展。联营的形式，有工商联营、商商联营、公私联营、私私联营等。商业方面的联营形式，主要有联购联销、联购分销、分购联销、联购联运等。1952 年以后，由于国营商业和供销合作社已经壮大，对私营商业的社会主义改造完成，除有些公私联营发展为公私合营外，其他联购、联营方式逐步停止（《当代中国》丛书编辑部，1987，第 49 页）。

（四）采购环节引入预购与赊购

在国民经济恢复时期，为增加纺织工业原料，政府号召农民多种棉花。一些地区的农民对种植棉花存有顾虑。一是部分地区因受水灾，吃粮有困难，农民愿种粮而不愿种棉；二是有些农民担心棉花种多了会卖不出去，或卖不到好价钱，买不到粮食吃。为解除农民的上述顾虑，1949 年底和 1950 年初，东北、华北各省部分地区的国营花纱布公司和供销合作社与农民订立预购合同（《当代中国》丛书编辑部，1987，第 49 页）。国营商业部门按照合同规定对棉花实行预购，并供应棉农一定数量的粮食、煤炭等。1952 年，仅棉花预购合同就订了 90 多万份（商业部商业经济研究所，1984，第 63～64 页）。主要做法是，国家在农业生产季节以前与农民签订预购合同，预付一部分定金，秋收以后，农民把这些产品按合同规定卖给国家。主要分为三种形式：一是信用预购，即合同只规定花纱布公司或供销合作社保证按棉粮比价收购棉花，供应粮食和工业品，农民则保证棉花的播种面积和产量；二是贷实预购，也叫赊销预购或实物预购，即用财政部门的公粮或国营商业的粮食、种子、肥料、布匹或供销合作社的物资，在与棉农签订合同后预借给棉农，收购棉花时再由棉农折价偿还；三是贷款预购，也叫定金预购，即由国营商业或供销合作社在与农民签订合同后预借给农民一部分钱（不计利息），收购棉花时再由农民偿还（《当代中国》丛书编辑部，1987，第 49～50 页）。

1950 年，农业大丰收，农民现金收入大增，为避免因大量投放货币而引起物价波动，河北省和山西部分县市的供销合作社采取向农民赊购棉花的办法。赊购的形式也有三种：一是赊购还钱，即确定期限，届时将货款偿付农民；二是存实易货，即届时供销社偿付农民需要的商品；三是存实代征，即供销社将收购的农副产品作为公粮代交给财政（《当代中国》丛书编辑部，1987，第50页）。

国家总结了各地预购和赊购的经验并向全国推广。1951年春，在全国开始对主要经济作物进行预购或赊购。当时为恢复和发展棉、烟、麻、甘蔗、茶叶、甜菜、猪鬃等经济作物和出口物资的生产，一方面提高了这些产品与粮食的比价，一方面在播种前与农民签订预购或赊购合同，有的还预付占订购总值10%～20%的粮食或者煤炭、食盐、肥料，作为定金（商业部商业经济研究所，1984，第63～64页；《当代中国》丛书编辑部，1987，第50页）。1952年以后，农副产品预购工作主要由国家委托供销合作社进行。预购重点是棉花，预购定金主要发放给贫苦农民（《当代中国》丛书编辑部，1987，第50页）。

总之，从发展趋势看，在农产品流通领域，私营商业的生存空间日益狭窄，粮食、棉花等重点农产品和部分经济作物，都开始通过各种方式受到政府干预。但是，就总体上而言，仍然是在国家统一的经济计划内实行国内贸易的自由，私营商业仍然发挥着非常重要的基础性作用。

二　从自由购销到统购统销

自1953年起，随着计划经济体制的植入，为保证"有计划的经济建设"顺利进行，完成私营工商业的社会主义改造，把分散的小农经济纳入国家计划轨道，对粮、棉、油等重要农产品，国家先后实行统购统销，对生猪等其他农副产品实行统一收购和派购（《当代中国》丛书编辑部，1987，第46页）。

（一）粮、棉、油统购统销体制的建立

随着国民经济的迅速恢复和大规模经济建设的展开，城市和工矿区人口迅速增加，居民购买力和生活水平显著提高，对粮、棉、油等重要农产品的需求持续快速增长；同时，农民对上述农产品的消费也在持续增长。

但是，当时以个体的、分散的小农经济为主的农产品生产水平和商

品率都严重偏低。就粮食而言，土地改革后，产量虽有显著增加，但因农民生活改善，自留粮数量也有所提高，而且有余粮也不急于出卖，以至于粮食商品率不升反降。就油料作物而言，相对于粮食，农民不太重视油料，油料作物产量明显低于战前，商业部门误认为库存的"油多"而收购太少且价格偏低，挫伤了农民增产积极性，加上受自然灾害影响，油料减产较多。就棉花而言，其生产并不稳定，棉花产量在1952年比1950年增长88%的基础上，于1953年下降9.9%（商业部商业经济研究所，1984，第53页）。

总之，无论是粮食，还是油料作物和棉花，总体供求关系都比较紧张。加上部分私商乘机囤积，扰乱市场，很多农民也待价而沽，国家难以完成上述重要农产品的收购任务，粮、棉、油供需紧张的局面进一步加剧。从1952年下半年开始，国家直接掌握的粮食急剧减少，上海、广州等城市食油供应紧张状况日益突出，且有扩张态势。缓解上述困境的根本途径，是大力发展农产品生产并提高农产品的商品率，唯有农产品产量和商品率提高了，才能使上述几种主要农产品的购销建立在坚实稳定的基础上。但是，在当时农业生产力水平很低的情况下，要使上述几种主要农产品产量在短时间内大幅提高不太可能，只好从生产之外的环节想办法。

陈云同志领导的中财委，在充分考虑国家与农民的关系、国家与消费者、国家与私商、中央与地方、地方与地方这几对关系的基础上，提出了八种预案，分别是又征又配、只配不征、只征不配、原封不动、"临渴掘井"（先自由购买，到实在没有办法的时候，再到主要产粮区去征购）、动员认购、合同预购、各行其是（各地采取不同的办法）。经过反复比较，权衡利弊得失，最后才下定决心采用第一种方案（又征又配），即一方面在农村实行征购（即"计划收购"），另一方面在城市实行配给（即"计划供应"），简称"统购统销"，旨在解决全国粮食供需之间的矛盾，同时将投机商人排除在粮食市场之外。上述决策得到了党中央其他领导同志的赞同。1953年10月，中共中央做出《关于实行粮食的计划收购与计划供应的决议》。11月，政务院正式颁布《关于实行粮食的计划收购和计划供应的命令》和《粮食市场管理暂行办法》，其基本要点如下。①在农村向余粮户实行粮食计划收购（即统购）；②对城市人民和农村缺粮户实行粮食计划供应（即统销）；③由国家严格控制粮食市场，对私营粮食工商业进行严格管制，严禁私商自由经营粮食；④在中央统一管理下，由中央与地方分工负责粮食管理。

在粮食统购统销制度实施的同时，对油料和食用植物油脂也实行了统购统销。中央确定花生、芝麻、大豆、棉籽、菜籽、胡麻籽、芥菜籽等七种食用油料在全国范围内进行统购。统购办法为严格管理市场，禁止私商采购，动员农民将油料出售给国家。食油的统销办法为对城市、工矿区、铁路沿线的车站和重要码头，实行与粮食计划供应办法大体相同的食油定量供应制度。在实行定量供应的地方，取消食油和油料的自由市场；在农村和集镇实行统购的地区，不准私商收购油料。只有在统购任务完成以后，还可保留在国家管理之下的初级市场，允许农民之间互通有无。国家对农村缺油户酌量进行供应（商业部商业经济研究所，1984，第 55 页）。1955 年以后，国家改进了油料和食油统购统销政策，主要改进是，为鼓励农民生产油料的积极性，国家对油料统购执行"多产多得，增产多留"政策，有效提高了农民生产和交售油料的积极性，避免了在农村大量收购又大量销售的情况。

在对粮食和油料实行统购统销后不久，政务院于 1954 年 9 月又发布了《关于实行棉花计划收购的命令》，决定从当年秋季新棉上市时起，除缴纳农业税和必要的自用部分外，棉农按国家规定的收购价格将所产棉花全部卖给国家；棉农留作自用部分需要出售时，可由供销合作社继续收购；私营棉花商贩一律不得经营籽棉、皮棉的收购和贩运业务。

（二）生猪等农副品派购和统一收购

在粮食等重要农产品实行统购统销制度以后，很多地区的猪肉供应出现紧张局面。为解决上述问题，开始对生猪等重要农副产品实行派购制度。所谓派购，就是向农村集体或农户分派一定交售任务的收购政策。[①] 1953 年以前生猪为自由收购。一方面，城乡肉食消费需求快速增长，另一方面，生猪生产因粮食统购统销以后受饲料粮限制等原因难以快速发展，私商又乘机扰乱市场，影响国家收购。1954 年上半年出现猪

---

① 由于产品不同，派购方式也不同，有的是分配一定的指标，有的是规定一定的比例。同一商品，在不同时间不同地区派购的方法和比例也不尽相同。

肉供应紧张情况。1954 年初，华北地区为了保证京、津肉食供应，首先采取每村摊派两头猪的办法，东北地区部分省份也提出摊派猪的问题。4月，政务院财政经济委员会正式提出，在交通方便、农民养猪较多的地区，可以采取派购办法。到 1955 年底，政务院确定全国 26 个省份实行生猪派养派购①（商业部商业经济研究所，1984，第 60 页）。到了 1956年下半年，农村集市贸易开放以后，国家规定生猪由国营食品公司或委托供销合作社统一收购，不少地区停止了对生猪的派购而实行预购的办法（商业部商业经济研究所，1984，第 160 页）。

除生猪外，对某些有关工业生产和基本建设所必需的重要原料、材料和包装物料，人民生活和出口需要的重要农产品，国家也曾实行派购或统一收购。所谓统一收购，是指对若干重要工业原料和重要出口物资，由国家委托国合商业统一收购。② 1956 年 10 月，国务院规定对一批重要农产品实行统一收购。1957 年 8 月，国务院又进一步规定了一大批应由国家统一收购的农产品（"物资"）。③ 这些物资都由国家委托国合商业统一收购。不是国家委托的商店和商贩，一律不准收购。农民自己留用部分，必须卖给国家委托的收购商店（禁止在自由市场上出售）。只有那些不属于计划收购和统一收购的农产品④，才可以进入国家领导的自由市场销售。但是，如果上述未纳入计划收购和统一收购的某些农产品在

---

① 具体办法如下。派购地区都实行派养，以保证派购任务的完成；派购计划指标，根据国家出口和国内需要确定；各省份（当时为各省、市、自治区）根据国家分配数字和本地的消费情况确定本地的派购计划指标，逐级分配到户或农业社的生产小组；食品公司同养猪单位签订派购合同，养猪单位按照合同载明的派购数量、规格、质量、交货时间、地点和收购牌价等，把生猪卖给国家。为了鼓励农民积极饲养和出售生猪，规定在农民完成派购任务后，可以自行处理其剩余生猪，增养不增购，并在派购地区实行优先供应派购户一定数量猪肉、猪油的办法。

② 基本办法是国家规定收购比例，国家收购数量完成以后，其余部分允许在市场上出售。

③ 其中包括烤烟、黄洋麻、苎麻、大麻、甘蔗、家蚕茧（包括土丝）、茶叶、生猪、羊毛（包括羊绒）、牛皮及其他重要皮张、土糖、土纸、桐油、楠竹、棕片、生漆、核桃仁、杏仁、黑瓜子、白瓜子、栗子、集中产区的重要木材、38 种重要中药材［大黄、甘草、当归、川芎、白芍、茯苓、麦冬、生地、黄连、黄芪、贝母、枸杞、泽泻、白术、银花、党参、附子、枣仁、山药、园参（疑为元参）、牛黄、麝香、鹿茸、全虫、枳壳、槟榔、黄肉、红花、药菊、牛膝、白芷、三七、郁金、使君子、云木香、元胡、玄参、北沙参］，供应出口的苹果和柑橘，若干水产区供应出口和大城市的水产品等。

④ 如鸡、鸭、鹅、鲜蛋、调味品、分散产区的水产品、非集中产区的干果和鲜果、不属于统一收购的中药材等。

当地供应紧张时，省人民委员会可以命令规定其为当地统一收购的农产品（徐柏园，2000）。

到了"大跃进"时期，农副产品派购范围进一步扩大。1958 年 10 月以后，全国实现农村人民公社化，大家都在公共食堂吃饭，私人养猪基本停止，全国生猪存栏数大量减少，市场肉食供应日趋紧张。为促进生猪生产发展，改进市场供应和完成出口任务，各地根据 1959 年 5 月中共中央关于农业问题五条紧急指示的精神，除了在生产方面贯彻"公养私养并举"的方针（十月以后又改为"公养私养并举、以集体养猪为主"的方针），拨给社员自留地或饲料地，安排养猪劳力，改饲养方法外，一些地区还恢复了对生猪的派购办法，同时对家禽、鲜蛋、菜牛、菜羊等也开始实行派购。广东省根据"多养多吃、少养少吃、不养不吃，特殊户适当照顾"的原则，采取"统一经营、统一收购、统一屠宰、统一供应"的办法，于 1959 年 9 月在全省推行。11 月，财贸部、商业部在广东召开现场会，总结交流了派购经验。此后，生猪派购①工作很快在全国大部分省份铺开。对于家禽，各地基本上是按农户派购；对于鲜蛋，有的按农户派购，有的按人口派购，有的按产蛋母禽派购；菜牛、菜羊，一般按自然淘汰率派购。在商品供应和财政双重困难时期，为保持物价稳定，并掌握货源，不得不恢复和扩大派购，但也存在派购比例过大，有些地方实行"硬派"，强迫命令，收购过头等问题。

在整个计划经济时期，农副产品的派购范围和数量均有波动，但总体上看是持续扩大的。在"大跃进"之后的国民经济调整时期，很多农副产品的派购任务或者有阶段性地明显下降，或者退出了派购范围。如

---

① 生猪派购办法，从全国来讲，主要有两大类。一类是"一把刀"办法，即国家对生猪全部收购，给饲养单位一定数量的肉票或填写证明（一般是交售 1 头猪给 8～15 斤肉票），凭票证供应肉（油），如广东、福建、河南、青海、山西、吉林、上海等省份属于这一类。另一类是收购一部分，留给农村一部分，留下部分可以自宰自食，如河北、黑龙江、山东、湖南、湖北、广西、四川、云南、贵州、甘肃等省份属于这一类。在后一类中派购具体方式也不一样，有的按人派购，如四川省以生产队为单位，每 10 人派购 1 头；有的按猪派购，如云南省派购一半，留一半；还有的既按人又按猪派购，如黑龙江省规定三口以下之家养一头派半头，四五口之家养两头派一头等。派购对象，有的对所有养猪单位都派，有的则只派农户，对机关团体等则不派。有的地区，对生猪派养户，每头还给 30 斤、50 斤或 60 斤的饲料粮（商业部商业经济研究所，1984，第 160 页）。

生猪1961年派购任务减少到700万头（实际收购870万头，而1958年曾收购4673万头）（商业部商业经济研究所，1984，第216页）。在某些特殊时期，甚至还出现过由于收购指标过低，部分农民卖猪还要"走后门"的情形。① 1961年1月，中共中央提出要适当缩小派购范围："第二类物资的商品品种应当少一点，第三类物资的商品品种应当多一点。"② 但由于农业持续歉收，许多重要农产品供不应求，加之集市贸易价格上涨，农民不大愿意把自己多余的产品按牌价卖给国家。1961年6月制定的"商业四十条"中提出"先留后购"，使有些应该收购的农副产品没有及时收购上来。为保证满足各方面必不可少的需要和市场供应，国家不得不使用经济手段和行政手段相结合的方法，重新扩大对重要农副产品的派购范围。1962年底，国家又对派购范围进行调整。派购物资由原来的55种（细目有222种之多）减为34种。家禽、杂竹、蜂蜜、草席、葵扇、木柴、土纸、荆柳桑条等小宗产品全部退出了派购范围。非主要产区的晒烟、甜菜、水产品、耕畜、菜牛，小城镇和非集中产区的蔬菜，内销的干鲜果、干菜以及不与粮食争地的35种重要中药材，也退出了派购范围。对于猪和蛋，仍实行派购：猪或实行比例派购（如派五留五或派四留六），或实行包干派购（即根据当年的肥猪产量，大体按照派五留五或派四留六的比例确定包干任务）；蛋的派购主要在有上调出口任务的地区实行（一般每只产蛋的家禽，每年派购一斤半左右的蛋）。菜牛、菜羊，在牧区，只对集体饲养的进行派购，分别按年初存养量派购5%

---

① 自从1961年中共中央将养猪方针改为"公养和私养并举，以私养为主"，并提高生猪收购价格，实行粮食和工业品奖售办法以后，生猪产量逐年回升，但由于收购指标过低，有的农民卖猪还要"走后门"。1964年初，生猪又一度出现购销调拨指标偏低，不少地区猪肉库存过大、无处存放的情况（商业部商业经济研究所，1984，第225页）。

② 1958年4月，中共中央、国务院《关于物价管理权限和有关商业管理体制的几项规定》中，首次明确地将国家计划收购的农产品称为第一类，国家统一收购的农产品称为第二类，其他农产品称为第三类。1961年1月，中共中央《关于目前农产品收购工作中几个政策问题的规定》中又制定了"农产品收购分类表"，第一类为统购统销的物资，品种有：粮食、棉花、食油；第二类为通过合同进行派购的物资，品种有：烤烟、麻类、甘蔗、茶叶、生猪、牛、羊、鸡蛋、鸭蛋、蔬菜、松脂、毛竹、棕片、皮张、羊毛、蚕茧、桐油、生漆、土糖、土纸、出口水果、出口和供应城市工矿区的重要水产品、重要中药材、重要木材；第三类为自由购销的物资，凡不属于第一类、第二类的商品都属于这一类。废铜、废锡、废铅、废钢也作为第三类物资，不规定派购任务，适当提高收购价格，由国家统一收购（商业部商业经济研究所，1984，第217页）。

左右和 7%～8%，对牧民自养部分不派购；在农业区，对牛不实行派购，对羊只在集中产区酌情派购。禽类，一般不实行派购。蔬菜，只在大、中城市郊区和工矿区的生产基地实行派购（商业部商业经济研究所，1984，第 218 页）。

（三）农副产品预购范围不断扩大

1953 年及以前，农副产品预购办法曾广泛应用于棉花收购。1954 年，农副产品预购的品种进一步扩大到粮食、花生、茶叶、麻类、蚕茧、土丝与羊毛，并根据预购总值预付一定比例的现款作为定金。不久对生猪也实行预购。以后各年预购品种有增有减，先后实行过预购的品种有粮食、油料、棉花、烟叶、麻类、柑橘、土纸、甘蔗、甜菜、生猪、蔬菜、土糖、茶叶、蚕茧、活塘鱼等（商业部商业经济研究所，1984，第 64 页）。

为鼓励棉农按照国家计划生产和出售棉花，1955 年，国务院决定在预购棉花预付定金的同时，凡棉农预售一担皮棉，国家给予相应的奖励。[①] 从 1954 年到 1957 年 9 月，国家预付给棉农的无息定金就有 7.4 亿多元，计划供应以外的棉布 9.2 亿多尺，优先供应的饼肥达 46 亿斤以上。

为促进农业的社会主义改造和农业生产的发展，农副产品的预购对象，以农业生产合作社、常年和临时互助组为主，其次为贫农和中农，对富农只进行"信用"预购，不预付定金。对于未组织起来的个体农民，一般根据双方自愿原则插入邻近社组，也有另编小组进行预购的。同时，预付的定金，贯彻重点合理使用和差别发放的原则，组织起来的农民比单干户多些，贫苦或受灾户又比富裕户多些。供销合作社还根据农民的需要，把生产和生活资料及时供应给预购户。农业合作化以后，国家预购农副产品的对象，就主要是农业生产合作社了（商业部商业经济研究所，1984，第 65 页）。

（四）稳步提高农副产品收购价格

在推行农副产品统购统销、派购、统一收购、预购等制度的同时，国家稳步提高了农副产品的收购价格。同 1952 年相比，1957 年各类农副

---

① 国家规定，在粮食、棉布统销的定额以外，增加供应 10 斤粮食、10 尺棉布和 50～100 斤饼肥，并在数量上保证棉农所需的燃炭供应。

产品收购价格提高幅度分别为：粮食 17%，经济作物 13.2%，畜产品 39.3%，其他农副产品 38.1%。另外，国家还通过取消季节差价的办法变相提高了农副产品收购价格。平均而言，同 1952 年相比，1957 年农副产品收购价格提高了 22.4%，而工业品价格则基本稳定在原来的水平上。这样，工农产品比价逐年缩小，1957 年比 1952 年缩小了 17%。

但是，有些农副产品由于比价或差价不合理影响生产和收购。1958 年 5~6 月国务院召开的全国市场物价会议提出：为进一步使全国各地的物价水平逐步趋于合理，第二个五年计划期间，在继续稳定物价的基础上，工农业产品价格调整的重点，应该放在边远山区和贫瘠地区，并实行主要农产品的最低限价（保护价）和主要工业品的最高限价。1958 年和 1959 年，为鼓励农民扩大种植面积，提高增产的积极性，本着边远、贫瘠地区多提，一般地区少提或不提的精神，对某些地区、某些农副产品的收购价格有计划地进行了一些调整。1959 年和 1960 年农业连年遭受严重灾害，一些主要农副产品的产量大幅减少。为促进农业生产尽快恢复和发展，从 1960 年起，除了继续对一些差价、比价不合理的农副产品进行调整外，开始在全国范围内大幅度提高农副产品收购价格：1960 年，先是在四川、湖南等 7 个省份提高了粮食、油菜籽、生猪的收购价格，在内蒙古、甘肃等部分省份提高了个别粮种的收购价格；从 12 月起，全国统一提高了部分农产品的收购价格。[①] 这年，农民因农副产品提价增加的收入全年大约 7 亿元（商业部商业经济研究所，1984，第162 页）。

1962 年同 1957 年相比，农副产品的收购价格平均提高 32.3%，其中粮食提高 36.1%，经济作物提高 14.7%，畜产品提高 31.6%，其他农副产品提高 40.9%。提高收购价格的农副产品，如粮食以及猪、禽、蛋等，生产恢复很快。1962 年，这些商品的集市贸易价格有较大幅度的下

---

① 其中，花生、大豆、芝麻、油菜籽、茶油、桐油六种油料的收购价格，平均提高 14.3%；部分地区烤烟、毛茶、黄麻、麻、菜牛、菜羊、鲜蛋等提价幅度也比较大，如烤烟提价 20%，边销毛茶提价 17%。蜂蜜、生漆等十几种土特产品，以及小果品、小土产、手工编织品等的收购价格，一般提高 30%~40%（商业部商业经济研究所，1984，第 162 页）。

降，两种价格间的差距逐步缩小。但一些未调整价格的产品，如棉花，播种面积和产量到 1962 年时还在继续减少，1963 年提高收购价格（如棉价提高 10%）后，生产才得到恢复和发展（商业部商业经济研究所，1984，第 223 页）。

在国民经济调整时期，还开始对完成统购、派购任务以后的某些二类农副产品，实行了加价奖励收购和议价购销的办法。在加价奖励收购方面，国家实行农副产品超购加价奖励政策。1959 年 2 月，国务院发布《关于当前超额完成油品、油料统购任务的奖励办法》，规定：凡人民公社超额交售油品、油料 5% 以内的，按超交总值（按当地国家收购牌价计算）的 5% 给予奖励；超额交售 5% ~ 10% 的，按超交总值的 8% 给予奖励；超额交售 10% 以上的，按超交总值的 10% 给予奖励。1960 年 11 月，经中共中央批准，对基本核算单位向国家出售粮食，超过一定数量的部分，除付给价款外，再给予适当奖励（鉴于 1961 年全面提高了农副产品收购价格，于 1962 年 3 月取消了加价奖励办法，有些地区对于其他农副产品实行加价奖励和价格补贴的办法也停止实行）。有些地区对派购生猪的超额部分也实行了加价奖励办法。[①] 1965 年，为鼓励主要粮产区农民增产粮食，对统购粮食恢复加价奖励。[②] 在收购价格还没有条件提高到基本合理的情况下，加价奖励是对超额交售的价格补偿，也是逐渐向合理收购价格的过渡。

在议价购销方面，1962 年 5 月，中共中央指示供销合作社开展自营业务，以打击投机，活跃市场，对完成向国家交售任务以后的农副产品，由供销合作社以略低于集市的价格进行议价收购，运到大、中城市议价销售。这实质上也是对农民在价格方面的补偿。1962 年 9 月，中共八届十中全会决定，当国家对粮食的需要超过征购定额的时候，可以由供销合作社用协商议价的办法进行采购。1963 年 10 月以后，议购议销的商

---

① 例如，四川省规定，对交售超过派购任务的生猪，每斤加价 5 分；黑龙江省规定，对交售超过派购任务的生猪，按超额交售部分的总值计算奖励 15%。
② 以生产队为单位，每人平均全年向国家提供的公粮和商品粮，超过 100 斤部分的商品粮（公粮不奖励），按统购价给予 12% 的奖励。公粮、统购粮和超产超购粮，都按原粮计算。

品逐步归主管部门经营，粮油归粮食部门、猪归商业部门统一进行议购议销。1964年市场全面好转后，代替私商的任务基本上完成，除了为调节不同消费者的要求，将粮油议价购销延续下来以外，其他农副产品的议购议销都已停止（商业部商业经济研究所，1984，第224页）。

（五）通过补充政策巩固统购统销

为贯彻并巩固统购统销制度，特别是粮食统购统销政策，国家采取了农村粮食定产、定购、定销的"三定"政策等具体措施和办法。

农业合作化以前，面对为数众多的个体农户，很难估实其粮食产量、弄清楚其粮食余缺和余粮数量，也难以制定一套契合实际情况的、全国统一的粮食统购制度和办法。结果是，农民在春耕前不知道国家究竟向他们征购多少粮食，害怕生产得越多就被征购得越多。同时，由于对农民的粮食底子了解得不够清楚，有的该购的没有购足，有的又购了过头粮，有的该销的没有销够，不该销的反而销了。1954年，在农业受灾减产的情况下，国家又多购了70亿斤粮食，这样一减一增，农民留粮减少，造成1955年春季许多地方几乎"人人谈粮食，户户谈统销"，都抓紧买粮，大家都喊"缺粮"，从而造成1955年上半年全国城乡人为的粮食供应紧张情况。为解决上述问题，一方面开展了以统购统销为中心的社会主义教育运动，另一方面在总结经验教训的基础上采取了新措施。1955年4月，中央开始在城乡各地整顿统销工作，粮食销量迅速恢复正常；1955年8月，国务院发布《农村粮食统购统销暂行办法》，确定了农村粮食定产、定购、定销的"三定"政策。[①] 与农村实行粮食"三定"政策几乎同步，国务院发布《市镇粮食定量供应暂行办法》，健全了市

---

① 在定产方面，应按粮田的单位面积常年产量来评定。产量评定后，自1955年至1956年生产年度起，在正常年景下三年不变，新垦荒地自开始收获之年起，三年不计产量。在定购方面，农业社和农户按照一定的标准留下口粮、种子粮、饲料粮后有余粮的，国家收购其余粮的一部分（一般不超过80%～90%）。如果因灾减产，要相应减少统购数量或增加统销数量。在定销方面，对农村缺粮户按照规定的用粮标准分别核定粮食供应量，根据"何时缺粮、何时供应"的原则，评定各户开始供应的时间和分月供应计划，由国家粮食机关统一发给粮食供应证，"凭证、按月定点、定量"供应。为了鼓励按照国家计划种植经济作物的缺粮户的生产积极性，暂行办法还规定，这些农户的口粮、饲料用粮标准应不低于当地余粮户的用粮标准。

镇粮食供应制度。[①]

全国农业合作化以后，为了在新形势下搞好粮食统购统销，中共中央和国务院于 1956 年 10 月到 1957 年 10 月先后发布多个重要文件，规定改为以农业社为单位，统一计算和核定统购统销数量，继续贯彻"三定"政策，保证国家正常的粮食收入，严格控制粮食销售（商业部商业经济研究所，1984，第 58 页）。

在一些比较特殊的时期，统购统销政策也曾发生过重大调整。比如，在国民经济调整时期，鉴于之前的几年在农副产品收购方面从国家需要考虑得多，未能充分考虑现实可能性，以至于发生收购过头和强迫命令等错误，严重挫伤了农民的生产积极性，中共中央于 1961 年 1 月 15 日发布《关于目前农产品收购工作中几个政策问题的规定》，强调收购工作要统筹兼顾、全面安排，保证各方面必不可少的需要，明确国家农产品收购任务的确定，必须给农民留下必要的自用量，增产多则适当多留。根据上述精神，国家在进口一定数量粮食的情况下，减少了粮食征购任务。1961 年，农业自然灾害比上年更严重，夏季收成大大不如上年，秋季收成稍好，但还有不少重要地区出现严重灾荒。这年，国家减少征购177 亿斤贸易粮。1962 年，形势有所好转，粮食总产量比上年增加一百多亿斤，国家又减少征购粮食 42 亿斤。1961 年和 1962 年共计减少征购219 亿斤贸易粮。

（六）农村集市贸易的开放与关闭

在新中国成立初期，农村集市贸易曾有较大发展。"一五计划"时期，为适应社会主义改造的需要，集市贸易管理越来越严，上市商品越来越少，有的集市基本停止（《当代中国》丛书编辑部，1987，第 95～96 页）。在整个计划经济时期，农村集市贸易经过了几开几关。正反两方面的事实表明，集市贸易关不了，也取代不了。即便在农村长期"大割资本主义尾巴"，将长途贩运土产山货列为"投机倒把罪"的背景下，也未能消灭农村集市。关了明的，出现暗的；关了集中的，出现分散的，

---

① 其主要内容是：对非农业人口一律实行居民口粮分等定量的供应制度，按照居民的劳动差别、年龄大小和不同地区的粮食消费习惯，分等分类定量供应，使粮食供应契合实际需要，合情合理，消除了供应量偏高、重复供应等现象；对于工商行业用粮，实行"按户定量"的供应制度；牲畜饲料用粮，实行"分类定量"的供应制度。

反而使流通处于混乱状态（商业部商业经济研究所，1984，第 305 页）。

在社会主义改造高潮中，由于有些工作没有及时跟上去，部分小工业品和手工业品品种减少，品质下降，部分农副产品减产，城乡物资交流也受到影响。为改变城乡商品流通"大通小塞"的状况，从 1956 年下半年起，先后在不同范围内放宽了对农村集市贸易的管理，农副产品自由市场开始扩大。同时，国营商业对某些工业产品试行选购；手工业生产合作社生产的产品，国务院规定当地产当地销的可自销；对于当地国营商业不经营的商品，允许外地商人进行采购。这是"计划经济范围内的自由市场"，是国家市场的补充，是大计划下的"小自由"，对于促进工农业生产发展、活跃城乡物资交流、满足人民生活的多种需要，起到了积极作用。但是，也出现一些新问题，如一些农民在统购任务尚未完成前就把农产品拿到市场出售；一些工厂不愿意接受国合商业订货，甚至已签订的合同也不履行，等待高价自己销售（商业部商业经济研究所，1984，第 153 页）。

有鉴于上述新情况，国家对农村自由市场的管理很快又开始严格起来。1956 年 10 月 24 日，国务院发布有关农村市场管理问题的指示，提出："凡属供不应求的物资，除少数品种外，一般的都不应开放自由市场"，"农村市场中可以放宽管理的商品，只应该是小土产一类"，并要求各地要经过试验，取得经验后再稳步前进。但即便是小土产市场的开放，也出现部分私商乘机深入农村套购、贩卖统购物资的现象，影响国家收购计划的完成。1957 年 8 月，国务院发布规定，再次重申国家统购和统一收购政策，凡属国家规定计划收购的农产品，如粮食、油料、棉花，一律全部由国家计划收购。国家计划收购任务完成以后，农民留用的部分，如果要出卖也必须卖给国家（商业部商业经济研究所，1984，第 59 页）。1958 年初，农村劳动力紧张，到自由市场买卖商品的人大量减少，供销合作社为方便农民买卖商品，下伸网点，在很多农业生产合作社建立了供销部，加上工商行政部门加强对市场的管理，商业部门搞"大购大销"等，国家领导下的自由市场日趋冷落。到了农村人民公社化高潮时期，农民不再拥有自留地，社员家庭副业、手工业、小商小贩，要么停业，要么转产，要么过渡到国营商业，自由市场也就基本关闭了（商业部商业经济研究所，1984，第 154 页）。

1959 年 5 ~ 6 月，面对当时特殊的紧张局势，中共中央连续发出指示，强调恢复自留地和家庭副业。很快，部分地区开始恢复农村集市。1959 年 9 月 23 日，中共中央、国务院重申"农村集市贸易是社会主义统一市场的一个组成部分"。但受当时特殊的政治氛围的影响，农村集市并未真正恢复，有的地方开了一下，又马上关闭。全国多数地区物资匮乏，没有可供交换之物，农村集市"有集无市"。直到 1960 年 11 月，中共中央《关于农村人民公社当前政策问题的紧急指示信》发出后，农村集市贸易才全面恢复。[①] 同时，为限制农村集市贸易的消极作用，中央陆续制定了一系列具体政策：国家不进行统购、派购的农副产品，可以在集市上进行交易；国家统购、派购的农副产品在完成交售任务以后，是否允许集体经济单位和农民在集市上出售，各地可以根据具体情况、分别不同品种来决定，但严格禁止私商插手经营属于国家统购派购的农产品；公社、大队、生产队和社员，都不许转手买卖，反对弃农经商；让供销合作社积极参加集市贸易，开展自营业务，通过购销活动吞吐商品，平抑物价；在当地党委统一领导下，由有关部门组织集市贸易管理委员会，加强对农村集市贸易的领导。集市贸易价格是买卖双方协商议定的，基本上是受市场供求变化和价值规律调节的。[②] 总体来看，由于对农村集市贸易的管理贯彻了"活而不乱、管而不死"的原则，其发展是逐步趋向正常的，对于促进农副业生产的发展，安排农民生活，活跃农村经济，起了积极作用，说明中央恢复集市贸易的政策是正确的（商业部商业经济研究所，1984，第 210 ~ 212 页）。在国民经济调整时期，农村集市贸易有了短暂的发展，但由于国家政治气氛的变化，开始强调对集市贸易和私商的严格管理，各地开展代替私商的运动，重新把私商纳入合作社经营范围内，农村集市的商贩大幅度减少，农村集市贸易再次萧条。

在"文化大革命"时期，农村集市贸易几经起伏。"文化大革命"

---

① 到 1961 年底，全国开放农村集市 41000 多个，相当于人民公社化以前的 99%。

② 在三年经济困难时期，市场供求矛盾突出，集市贸易价格上涨幅度很大，1961 年的集市价格平均比国家牌价高 2.2 倍，有的商品要高出十几倍。随着生产的发展，供应状况好转，集市价格逐步下降，1962 年价格平均比牌价高 1.7 倍，1963 年高近 1.3 倍，1964 年高 36%，1965 年高 40%（商业部商业经济研究所，1984，第 212 页）。

开始后，大批判的矛头直指"自由市场""自由贸易"，农村集市被污名化为"产生资本主义的土壤"。许多地方在没收社员自留地、禁止经营家庭副业的同时，强行关闭了农村集市。以后，随着"政治气候"的变化，一些集市时开时关。上市商品主要是家禽、蔬菜、秧苗、柴草之类，少数地区也有一些粮油上市。由于"左"倾思想作祟，一直试图取消集市，但客观上又一直无法取消。因物资紧张，国营商业供应不足，许多机关、部队、企业也到农村集市直接采购。尽管1974年11月国务院、中央军委发出《关于严禁机关、团体、部队、企业、事业单位自行到农村采购农副产品的通知》，但一直未能完全禁止（《当代中国》丛书编辑部，1987，第98页）。1975年，批判和限制所谓"资产阶级法权"，开展"农业学大寨"运动，给农村集市贸易带来很大破坏。辽宁省革委会于1975年炮制了彰武县哈尔套公社办"社会主义大集"的所谓"哈尔套经验"，以办"社会主义大集"为名，强行摊派农副产品的交售任务，逼着一些社队农民到外地高价买回东西，再到大集上去交售。这种强迫命令、弄虚作假的办法，经1976年5月9日《人民日报》头版头条发表后，在全国造成极坏的影响。许多地区采取统一集期、减少集日的办法，不少地方强行关闭集市，甚至出动干部、民兵在交通路口进行堵拦（《当代中国》丛书编辑部，1987，第98页）。山西省运城、临汾地区1976年夏季开展"取代"（取消自由市场，代替集市贸易）活动，组织干部、民兵到集市上撵人，不是没收东西就是扣押赶集群众，影响农民的交换与家庭副业生产。如有的社员家庭原有喂养母猪的习惯，群众之间互相调剂仔猪，可以自给有余；关闭集市后，挫伤了农民喂养母猪的积极性，仔猪也不能自给，严重影响养猪业的发展。安徽省萧县搞了所谓"商业革命"典型，派出人民武装部、公安局民兵指挥部的武装人员联合"围剿"集市，在20天内就把全县集市强行关闭。为"斩草除根"，彻底推行"商业革命"，县里还公然下令禁止群众养鸡、养羊，并且公然派人到社员自留地里去拔菜、摘瓜、砍树，直至将自留地没收。该县由于社员家庭副业遭到严重破坏，县城居民连菜都吃不上（商业部商业经济研究所，1984，第304~305页）。总体而言，"文化大革命"期间，我国农村集市遭到破坏，1976年底，全国还有农村集市29227个，比1965年减少近8000个。甚至到了1978年上半年，对集市贸易仍控制得比较紧，个别地方还在推广"昔阳经验"，对农村集市进行"围剿""扫荡"，集市贸易恢复缓慢。

总之，从1953年开始，粮食等重要农产品统购统销制度的实施，最终使粮食收购量上升、销售激增的趋势缓和下来。国家通过农业税征实和统购制度，掌握了商品粮的绝大部分，保证了城市、工矿区、军队以及缺粮农民的需要，并得以补充国库和供应出口。棉花、食油的统购统销，以及主要农副产品的派购和统一收购，又进一步缩小了自由市场的范围。上述统购统销、派购、统一收购等计划性措施，在农业生产率长期偏低的前提下，缓和了农产品供需矛盾，通过低价收购农产品积累建设资金，有力地支持"一五"计划正常进行，制止抢购囤积粮食和哄抬粮价现象，确保市场物价稳定，对社会主义改造起到了促进作用，但同时也逐步暴露出诸多弊端，尤其表现为：阻碍了农村商品经济的发展，强化了农村经济的封闭性，不利于农业合理布局和产业结构调整；农产品价格僵化，难以反映市场需求变化，不利于质量提高，并造成产需持续失衡，甚至出现"越少越统、越统越少"的恶性循环。

三　市场化取向的改革阶段

中国市场化取向的改革，首先就是从农业与农村领域开始的，尤其是从农产品流通领域开始的。改革开放初期，为减轻农民负担，增加农民收入，加快农业现代化步伐，国家在大幅度提高农副产品收购价格的同时，扩大了加价收购和奖售的范围，恢复并发展了议购议销。1983年起，国家又在农业连年丰收的基础上，对农副产品统购派购制度逐步进行了一系列改革，并于1985年正式决定取消农产品统购派购制度。但是，由于种种原因，粮食等大宗农产品流通体制改革相对滞后，并出现多次"反复"。

（一）大幅度提高农副产品收购价格

1979年至1984年，国家几次大幅度提高农副产品收购价格。在这一时期，农副产品收购价格的提高主要包括两方面：一是统派购牌价本身的提高，二是粮食、油脂油料等农副产品超购加价。综合测算，1984年农副产品收购价格总指数为 1978 年的 153.6%（万典武，1998，第 181 页）。[1] 农副产品收购价格大幅提高，与农村家庭联产承包责任制相配合，主要农产品产量持续快速增长，许多农产品长期供不应求的局面一去不复返，并为进一步改革农产品统购派购制度奠定了坚实的物质基础。

1979 年，国家提高包括粮食在内的 18 种主要农副产品的收购价格，平均提价幅度高达 24.8%；1980 年，国家提高了棉花、羊皮、黄红麻、木材、生漆等重要农副产品的收购价格，全国农副产品收购价格总指数比上年提高 7.1%；1981 年，国家提高大豆、烟叶、蔬菜等的收购价格，全国农副产品收购价格总指数又比上年提高 5.9%（万典武，1998，第 181 页）。[2]

国家在收购生产者的农副产品时，对完成统购派购任务基数以上的产品，除按统购、派购牌价支付一部分价款外，另外给予一定的加价，谓之加价收购。粮、油加价收购办法源于 1965 年，加价幅度各地分别为 30% ~ 50%，1971 年统一为 30%。从 1979 年起，不仅提高了加价幅度，而且扩大了加价范围。从 1983 年起，加价方法由基数法变为比例法。具体如下。

（1）统购产品的加价收购。1979 年，国家将全国粮食征购基数调减 55 亿斤；超基数收购的粮食、食油（包括油料），由原来加价 30% 改为 50%。1980 ~ 1982 年，国家又陆续调减了一些省份的粮食征购基数。1982 年，全国粮食征购基数比 1978 年减少 148.6 亿斤。为促进棉花增产，对棉花收购也定了基数。从 1979 年起，超基数收购部分加价 30%。对于没有交售任务的集体企业、学校和社员自留地种植的棉花，以及按政策规定留给社员的棉花，如向国家交售，全额加价 30%。此外，对北方棉区，以及江苏、安徽淮河以北，湖北与河南、陕西接壤的部分地区棉区收购的棉花另给 5% 的价外补贴。

---

[1] 另据统计，1982 年全国农产品收购价格总水平比 1978 年提高了 41.6%，明显高于同期农村工业品零售价格总水平上升 3.6% 的幅度（徐柏园，2000）。

[2] 收购价格提高后，销售价格曾在一段时间内维持不动，由国家给经营部门财政补贴。但很快提高了猪肉、牛肉、羊肉、家禽、鲜蛋、蔬菜、水产、牛奶 8 种主要副食品的销售价格。同时对职工发给适当的副食品补贴，使其生活水平不致下降。8 种副食品提价后，粮食、食油、棉花、食糖等生活必需品的销售价格仍不变，经营这些商品造成的亏损主要由国家财政补贴（徐柏园，2000）。

（2）派购产品的加价收购。国家放宽集市贸易管理，允许完成统购派购任务后的一类、二类农副产品上市。由于市价高于国家牌价很多，不少社、队在未完成派购任务前就把产品销售了，或留作社队工业原料。为完成国家下达的收购任务，国合商业不得不对烤烟、茶叶、蚕茧、毛竹、生漆、黑木耳、黄花菜、苹果、柑橘、红枣、八角、山羊板皮、羊绒、羽毛、黄连等许多二类产品采取临时加价、价外补贴或平价议价相结合的收购措施，使加价收购范围扩大。中共中央、国务院于 1980 年 4 月发出通知，要求收购农产品的加价收购和价外补贴，除国务院规定的以外，各地区、各部门不得自行增加品种和提高幅度。此后，各地加价收购商品减少。根据 1982 年中央一号文件精神，当年 7 月，全国共有 15 个省份对 80 余种农副产品定了基数，其中多数产品定了收购基数，少数定了调拨基数，有的定了两种基数。超基数收购部分，有的平价，有的加价，有的议价，有的奖售。1983 年以后，因农业连年丰收，农民急于出售，定基数的派购产品减少，加价收购也随之减少。

（3）加价收购改基数法为比例法。在粮食、油料、棉花生产迅速发展的情况下，由于原定收购基数比较低，加价收购占国家收购总量的比重越来越大，国家财政用于加价收购的补贴也越来越多。1979～1982 年，国家对粮、油、棉加价收购补贴共 232.3 亿元，其中仅 1982 年一年即达 189.85 亿元。同时，新产区与老产区、重点产区与非重点产区之间，因基数畸轻畸重，收益苦乐不均。从 1983 年起逐步把超基数加价收购变为统购任务以内按比例计价收购。如 1983 年夏，国家收购油菜籽实行"倒四、六"比例计价即 60% 加价、40% 牌价。由于油菜籽的生产发展很快，到 1984 年时，收购统购任务内的仍为"倒四、六"比例计价，统购任务外的不再加价。加价由基数法改为比例法，从形式上看，仍然有牌价加价之分，但从实质上看，等于提高收购牌价后，取消了加价，是向合理价格的一种过渡（《当代中国》丛书编辑部，1987，第 128 页）。

（二）缩小农副产品统购派购的范围

伴随着家庭联产承包责任制的推行和农副产品收购价格的显著提高，农副产品商品生产快速发展，市场供应明显改善，国家逐步缩小了农副产品统购派购的范围。最先是缩小了统购范围。从 1979 年起，对于水稻地区口粮在 400 斤以下的、杂粮地区口粮在 300 斤以下的，一律免除粮食征购任务。从 1983 年起，国家撤销了原来实行的不利于农村粮食流通的各项规定①，在一定程度上突破了统购统销的约束。1984 年 9 月中央又规定，贫困地区农、林、牧、副、土特产品，都不再实行统购派购，粮食统购范围进一步缩小。

与此同时，统购派购的农副产品品种也逐步减少。放开最早的，是供应最紧张的水产品。② 1981 年 7 月，国家列出全国统一派购的二类商品 128 种，比 1978 年减少 16 种。自 1982 年起，农产品产销出现明显的结构性矛盾，一方面部分大宗农产品丰收后出现"卖难"问题；另一方面部分重要的农副产品出现供应紧张局面（如水产品，因资源严重破坏，单产下降，成本提高，生产者严重亏损，特别是牌价与市价差距大，同其他副食品比价也不甚合理，因而出现派购难、上调难、市场平价供应更难的状况；如中药材，由于长期重采购、轻生产，有些资源也遭到了破坏）。为进一步搞活流通，根据 1983 年中央一号文件关于"进一步减少农副产品统购派购范围"的规定③，国家进一步分品种缩小了农副产品统购派购范围。1983 年国家统购派购的商品减少为 60 多种，并将非主产区的小杂粮、小油料由统购改为议购；1984 年，全国统购派购的产品进一步减少。到年底时，统购派购的农副产品品种，由过去最多时的 180 多种减到 38 种（徐柏园，2000），主要为粮食（稻谷、小麦、玉米）、油脂油料（花生、菜籽、棉籽）、棉花（内棉、棉短绒）、生猪、边销茶、蔬菜等重要品种（《当代中国》丛书编辑部，1987，第 133 页）。

（三）全面改革农副产品统购派购制度

伴随着农副产品收购价格的显著提升，对农副产品统购派购制度的

---

① 如粮食议购议销只由粮食部门统一经营、省际调剂议价粮需由省粮食厅（局）批准等规定。

② 1978 年前全部派购，1979 年改为派购 60%。1981 年对非集中产区淡水鱼全部放开，海水鱼派购品种减少 21 种（徐柏园，2000）。

③ 中共中央在 1983 年 1 月发布的《当前农村经济政策的若干问题》中规定：对重要农副产品实行统购派购是完全必要的，但品种不宜过多。对关系国计民生的少数重要农产品，继续实行统购派购；对农民完成统购派购任务后的产品（包括粮食，不包括棉花）和非统购派购产品，应当允许多渠道经营。

初步改革，以及家庭联产承包责任制的广泛推行，农副产品产量持续稳步提升，粮食、食油、棉花连年丰收，主要农副产品供应状况全面好转。[①] 从收购量看，1984 年同 1978 年相比，粮食、食油、棉花分别增长 1.3 倍、1.9 倍、1.8 倍。1985 年粮、棉减产后，收购量相应下降，但仍比 1978 年分别增长 1.12 倍、1.1 倍。食油继续增产，收购量达 4098 万吨，比 1978 年增长 2.7 倍。收购量在短期内如此大的增幅，商业部门人员、网点、设施都很不适应。虽然从 1983 年起对完成统购任务以后的粮食、油料允许多渠道经营，但由于国家加价收购幅度较大，农民还是愿意卖给国家。结果是，国家收不进、存不下、销不出，粮食、油料、棉花，还有一些其他重要农产品，在市场上已相对过剩，局部地区甚至出现"卖难"现象。但是，由于在价格上未能反映出来，农民还是继续增产，国家只好继续收购，财政上也只得继续补贴。与此同时，有些市场急需的农副产品却发展不快。种种迹象表明，农副产品统购派购制度在加大财政补贴压力的同时，更影响到农村商品经济发展、产业结构合理化与经济效益提高。

为促进农村商品经济发展和产业结构合理化，进一步搞活农村经济，1985 年 1 月，中共中央、国务院发布《关于进一步活跃农村经济的十项政策》，提出全面改革农副产品统购派购制度。文件指出："除个别品种外，国家不再向农民下达农产品统购派购任务"，"取消统派购以后，农产品……实行多渠道直线流通"，"任何单位都不得再向农民下达指令性生产计划"。至此，对已实行了 30 多年的统购派购制度进行了根本性改革。

这一年，对定购合同之内的粮、油、棉继续实行比例计价收购，定购合同之外的实行自由价格收购。其具体比例：小麦、稻谷、玉米为"倒三、七"；棉花，南方棉区仍为"正四、六"，北方棉区改为"倒三、

---

① 粮食产量在 1979 年创历史最好水平后，又在 1982 年、1983 年和 1984 年，年年创最好水平，1984 年达到 4 亿吨，比 1978 年增加 1 亿吨，增长 25%。1985 年，由于粮食播种面积比上年减少 40 多万公顷，加上自然灾害和部分地区放松粮食生产，粮食产量有所下降，但仍达到 37898 万吨，比 1978 年增长 24.3%。油料产量，新中国成立以来的多数年份在 400 万吨左右，最高年份只有 500 多万吨，但是到 1985 年时达到了 1578 万吨。棉花产量，1965 年至 1979 年一直徘徊在 200 万吨左右，1982 年超过 300 万吨，1985 年达到 415 万多吨（《当代中国》丛书编辑部，1987，第 133~134 页）。

七"；棉籽为"正四、六"；油菜籽、花生，主产区芝麻、葵花籽、胡麻籽等为"倒四、六"。粮食实行合同定购后，除糖奖粮暂时保留外，其他农产品奖售粮一律取消。所有水产品一律不派购，价格放开；生猪、禽蛋和蔬菜逐步取消派购，到 1985 年 5 月时，除极少数大城市保留派购个别大宗蔬菜品种外，其他全面放开。

（四）放开集市贸易并发展议购议销

从 1978 年下半年开始，不少省份实际上都放宽了对农村集市贸易的管理，农村集市贸易全面恢复。辽宁、吉林、山西、河北、山东、湖南、湖北等省过去强行关闭的集市陆续恢复。中共十一届三中全会公报强调，集市贸易是社会主义经济的必要补充。1979 年 4 月，国务院批转国家工商行政管理总局有关报告，决定放宽对农村集市贸易的管理。① 1980 年和 1981 年，国务院根据形势发展变化，对农村集市贸易的有些政策继续进行了调整和补充。② 从 1978 年到 1982 年，农村集市的商品成交额全面增长，其中工业品类增长 14 倍多，干鲜果品类、肉食禽蛋类、水产品类

---

① 报告的内容主要有六点。第一，社、队和社员的农副产品，除棉花不准上市外，在完成国家征购、统一收购和派购任务，以及保证履行合同的条件下都可以上市。除粮、棉、油、烤烟外，其他农副产品在完成国家收购任务后，当地商业部门不收购的，经工商行政管理部门批准，可以到外地销售。第二，社员的竹木，非集中产区社、队集体的竹木，可以上市。社、队集体和社员的竹木制品都可以上市。第三，社、队"四坊"（磨坊、油坊、粉坊、豆腐坊）经工商行政管理部门批准，可以到集市购买原料、加工成品出售。第四，生产队、大队经供销合作社同意、工商行政管理局批准，可以在集期和偏远地点为行人加工主食或出卖熟食，自有原料不足的可以在集市上购买。第五，社、队企业的工业品，国家没有收购任务或完成国家收购任务后的产品，可以在集市出售或到外地销售。第六，机关、团体、部队、企业、事业单位经工商行政管理局批准，可以到农村集市收购三类农副产品（商业部商业经济研究所，1984，第 374~375 页）。

② 主要有以下几点。第一，社员在不影响集体生产、不剥削他人的前提下，持生产大队证明，可以从事鲜活商品和三类农副产品的贩卖活动。社、队集体可以组织本社、队以及社员的产品进城出售，但不准搞转手贩卖活动。第二，农村集镇饮食业网点不足的地方或新工矿区，经有关部门批准，准许社、队或个人经营饮食业。饮食业经批准可以到集市购买原料。第三，国营农场的三类农副产品，在履行商业收购合同的条件下，可以上市出售。第四，国营工业产品，允许自销并持有证明的，可以在集市或外地销售。社员个人自有的奖售工业品，持有生产大队证明的，也可以在集市上出售。第五，集体商业和有证商贩可以按核准的经营范围，到农村收购农副产品。第六，经工商行政管理部门批准，生产大队可以到外地购买或贩运大牲畜，但不准搞外地买、外地卖的交易活动；生产队和社员可以到集市购买或出售大牲畜（商业部商业经济研究所，1984，第 375~376 页）。

增长 1 倍半到 2 倍，棉烟麻类、其他商品类、油脂油料类增长 1 倍到 1.4 倍，日用杂品类、蔬菜类、粮食类增长 30% ~ 90%。从农村集市价格水平看，粮食、食用植物油价格稳中有降，其中大米每斤平均价格由 1978 年的 0.41 元降到 1982 年的 0.39 元，小麦由 0.34 元降为 0.27 元，玉米由 0.25 元降为 0.18 元，食用植物油由 2.08 元降为 1.65 元；鸡蛋、白菜、仔猪价格略有上升，其中鸡蛋每斤平均价格由 1978 年的 1.27 元上升到 1982 年的 1.53 元，仔猪由 0.91 元上升到 1.10 元（商业部商业经济研究所，1984，第 379 页）。

集市贸易的恢复与发展，与议购议销的发展相辅相成。为搞活经济，平抑物价，从 1979 年开始，国家逐步恢复了粮、油等农副产品的议价收购，允许国营商业按照国家规定在市场上议购议销。当时对议购议销问题全国还没有明确的规定，各地做法不尽一致。大体上有三种情况。一种是比较普遍地对农村饮食业所需的原料，如粮、油、肉、糖、蛋、鱼等，开展议购议销；一种是主要对三类土产、果品开展议购议销；一种是在一个县或一个地区内全面开展议购议销。为统一思想认识，1979 年 8 月召开的全国供销社主任会议，对议购议销问题进行了讨论。会议认为，社会主义商业可以利用这一形式。三类农副产品可以议购议销，完成国家计划收购任务后，除国家另有规定者外，一类、二类农副产品经各省相关部门批准，也可以议购议销；议购议销价格一般应低于当地当时集市贸易价格。同年12 月，国务院批转这次会议的报告后，全国范围内议购议销业务普遍恢复。

随着农业生产的发展，特别是粮食、棉花、食油的大量增产，农民出售农副产品的"卖难"问题越来越突出。要把流通搞活，就必须进一步打破城乡分割、地区封锁、独家经营的格局。根据 1983 年中央一号文件精神，越来越多的农副产品最终实现了多渠道经营格局。

（五）多渠道开放式流通体系初步形成

在对农产品流通体制进行改革的过程中，长期以来渠道单一、价格僵化、封闭的农产品流通体系，开始向着多渠道、市场化和开放式的流通体系转变。

首先，农副产品流通的多渠道初步形成。从收购环节看，农民出售的农副产品总额中，国家按计划牌价统购派购的比重，从 1978 年的84.7% 下降到 1984 年的 39.4%；国合商业经营的农产品的市场份额，从

1978 年的 82% 下降到 1984 年的 73%。除粮食、食油、棉花、棉短绒、生猪等 9 个品种继续实行计划管理外，多数品种都已相继放开。到 1989 年时，在社会农副产品收购总额中，国合商业收购额的占比已下降至 44.2%（徐柏园，2000）。[①]

其次，更加合理灵活的市场化价格形成机制初步建立。1978 年至 1984 年，农副产品的收购价格虽然有大幅度提高，但很多重要农副产品仍然以政府定价为主。1985 年统购派购制度取消以后，除少数重要农产品如棉花由国家定价，部分品种如粮、油、猪等价格实行"双轨制"外，国家放开了绝大多数品种的购销价格。到 1989 年时，在社会农副产品收购总额中，国家直接定价的只占 30% 左右，国家指导价也只占 20% 左右；到 1997 年时，上述占比分别降至 20% 和 10%。

最后，农民长途贩运得以合法化。我国农村经济发展或起飞的重要启动点，就是商业与贸易，包括农产品远程贸易。而远程贸易是与"长途贩运"密切联系在一起的。"长途贩运""无证商贩"之类脱离计划经济秩序的商业，其本身未必都是投机倒把，但在计划经济时期都被视作产生"投机倒把"行为的温床（张学兵，2011）。因而，往往也是政府重点打击的对象。所谓"投机倒把"最早只是污名化的，后来逐渐变为政治罪名，在 1979 年《中华人民共和国刑法》颁布后，"长途贩运"成为正式罪名（第一次在法律意义上明确了"长途贩运"的"投机倒把罪"性质）。从计划经济时期的政策规定和法律条款看，长途贩运、投机倒把是与资本主义联系在一起的。即便是在改革开放之后，各地总体上仍倾向于对长途贩运"从严"管理，设置关卡，禁止农民长途贩运统购统销物资。当时虽有一些理论工作者为农民长途贩运行为鼓与呼，从理论上论证其合法性[②]，但"长途贩运"还是被作为重要的"投机倒把"

---

① 当然，在主要农产品的收购中，国合商业仍占有很高的比重，棉花除棉农有少量自留外，全部由供销社收购，粮食占 82.7%，食油占 65%（徐柏园，2000）。

② 经济学家薛暮桥在 1979 年出版的《中国社会主义经济问题研究》中问道："让山货土产烂在山上是'社会主义'，把它们运出来满足城市人民需要倒是'资本主义'，哪有这样的道理？"不久以后，党中央机关报也公开为长途贩运"鸣冤叫屈"，影响巨大。代表性文章是 1980 年 6 月 20 日《人民日报》发表的孙连成的文章《长途贩运是投机倒把吗？》，明确指出："长途贩运是靠自己的劳动谋取收入的活动，不能说是投机倒把。"该文反响很大，有十几家省报转载（雷颐，2016）。

行为予以重点打击（雷颐，2016）。1982 年 1 月 1 日，中央关于农村政策的"一号文件"对农民买卖农副产品的口子有所放松。1982 年 8 月 10 日，中央主要领导批示指出，农民长途贩运不是搞投机倒把的"二道贩子"，而是解决农村流通困难的"二郎神"（黄道霞，1999）。上述批示，对 1983 年中央一号文件起草，对放宽个体和私营经济，对活跃农村商品经济，都起了重要作用。1983 年中央一号文件正式允许"农民个人或合伙进行长途贩运"。1983 年 1 月 12 日，《人民日报》刊登福建仙游县农民合股组织长途贩运的消息，并发表短评称，农民长途贩运对国家、集体、社员都有利。① 从此以后，农民长途贩运正式成为中央文件明确"允许"的对象。一些农民甚至把《人民日报》对长途贩运的报道②贴在扁担上，外面缠上塑料布，被围追堵截时指给对方看，以表明其合法性（石岩，2018）。长途贩运似乎由此"正名"，从此似乎就要彻底退出"投机倒把"范围了。但是，在 1983 年下半年开始的"清除精神污染"运动中，投机倒把连带长途贩运，又成为整肃对象。国家领导人后来决定停止在农村搞"清除精神污染"运动，对长途贩运的管制又有所放松。1984 年 10 月，中共十二届三中全会通过的《中共中央关于经济体制改革的决定》，明确提出"公有制基础上的有计划的商品经济"，成为市场化方向上进一步改革的纲领性文件之一，经济政策进一步放宽，并于次年正式决定取消统购统销，从此，商品流通更加畅快，长途贩运发展迅猛（雷颐，2016）。

继实行家庭联产承包责任制基本获得生产经营自主权后，农民又取得其产品的自由交换权，这成为推动农村商品经济发展的根本动力，极大地提升了农副产品的生产潜力。在产量增加的同时，品种日益丰富，质量稳步提高，长期困扰我国经济发展的农产品短缺压力大为减轻，甚至出现结构性过剩和日益增长的库存压力，同时也大大增加了政府的财政负担。面对上述情形，1985 年，改粮食统购为合同定购，取消加价办法，变相降低了粮、棉收购价格。1984 年至 1988 年，粮食实际收购价格下降 1%；国家合同定购的棉花价格也持续下降，1985 年和 1986 年分别

---

① 参见《农民长途贩运一举三得》，《人民日报》1983 年 1 月 12 日。
② 如《农民长途贩运一举三得》《打破单一渠道　加快商品流通　长途贩运丰富了城市农副产品市场》等影响广泛的文章。

同比下降 3.3% 和 0.5%。国家统一定价，且定价明显低于市场价格，使粮、棉等重要农产品产量陷入徘徊。与粮、棉等国家统一定价的农产品产量徘徊形成对照的是，其他很多重要农副产品产量都有很大增长，农产品供求关系发生微妙变化（徐柏园，2000）。

四　小结

第一，整体经济体制决定着农产品流通组织的演进方向。从 1949 年以来，中国的经济体制经历了从新民主主义经济向社会主义计划经济的过渡，再到社会主义计划经济不断巩固的过程，然后是市场化取向改革阶段。至今中国市场化取向的改革仍未完全结束。在不同的经济体制下，农产品流通组织有着本质的差异。实际上，农产品流通组织是整个经济体制的重要组成部分，农产品流通组织的主体、目标、运行规则，都主要是由经济体制决定的。正是有了市场化取向的经济体制改革，中国农产品流通组织才能向市场化、多元化的方向迈进。十八届三中全会强调，要使市场在资源配置中起决定性作用和更好发挥政府作用，为中国未来农产品流通组织演进和流通体系建设指明了方向。

第二，农产品流通体制改革与流通体系建设，应坚持市场化与多元化方向。对绝大多数农副产品实施统购派购，单一化的国合商业组织垄断农副产品购销，并严格管制集市贸易甚至关闭集市贸易，对于特殊时期巩固计划经济体制，发挥了重要作用。但是，即便是在计划经济时期，集市贸易和自由市场（大计划下的"小自由"）的存在，对于活跃城乡物资交流、满足人民生活的多种需要、改变城乡商品流通"大通小塞"的状态，也具有非常重要的意义。对城乡集市贸易和自由市场管控比较严格或完全关闭的时期，往往也是计划经济运行最困难的时期，如"大跃进"时期和"文化大革命"时期（在这一时期，批判矛头直指"自由市场""自由贸易"，农村集市被污名化为"产生资本主义的土壤"）。放宽对农村集市贸易的管理，成为改革开放重要的启动点之一，中共十一届三中全会公报强调，集市贸易是社会主义经济的必要补充。同时，统购派购制度逐步改革并最终取消，农副产品流通的多渠道初步形成，多种所有制形式加入流通体系中，多种类型的价格形成机制并存并逐步过渡为主要由市场决定的价格形成机制，成为农产品流通组织效率持续提升的重要基础。

第三，农产品流通环节可适当减少但并非越少越好。计划经济时期实行多年的"一、二、三、零"批发零售流通体制，加上层层行政干预，经营环节确实偏多，曾出现吃"过水面"、吃"环节饭"的问题。从这个意义上说，就是要"少环节"，要减少经营环节（贺名仑，1984）。因此，在1978年开始的市场化取向改革过程中，"三多一少"成为当时流通体制改革的重要方向，而"一少"（即少环节）尤其被强调。但是，中国流通体制改革初期就已经有一批商业经济学者认识到，片面强调"三多一少"的改革倾向并不科学。贺名仑（1984）指出，经营环节不是越少越好，而是要符合各种商品自身流通规律的要求，少了也并不一定好。有些商品如果环节过少，可能就流通不动了。因此不能够一概否定多级批发环节。大城市到中等城市，中等城市到小城市，总会因商品不同而有不同的流通渠道环节。万典武（1987）也指出中国不同地区不同部门的差异很大，发展的水平也不同，由此现实中的环节也是各不一样，需要不同的环节来完成产品流通。林文益（1987）指出，"三多"并非中国社会主义现阶段所特有的[①]，"一少"并不是科学的，一切必要的流通环节都不可少，所要减少的是不必要的中间环节。因此，孤立地讲"少环节"容易造成误会，而且对流通体制改革进程造成负面影响。[②]

第四，思想观念对农产品流通组织演进的影响不容忽视。思想观念对于现实世界的影响往往超出常人之想象。绝大多数经济学家都忽视了决策中思想观念和信仰的作用（诺斯，2004）。《就业、利息与货币通论》中也有一段被频繁引用的论述，"经济学家以及政治哲学家之思想，

---

① 多种经济成分许多国家都有，多条流通渠道，只要是发达的商品经济就都是这样；多种经营方式，资本主义国家都有（林文益，1987）。

② 在"少环节"政策倾向引导下，计划经济时期所有流通环节和渠道（如之前的三级批发站和零售网点）逐步被取消，与此同时，许多企业都设立了诸多流通营销组织，将流通功能纳入企业中，纷纷进行产销一体化的改革，众多生产企业，建立自己的销售公司、专门店、销售专柜，20世纪90年代中国工业品自销比例达到70%以上（王晓东，2013，第139~140页）。最终，流通中间环节变少，原有的中间环节资源被废弃。许多企业追求"大而全"发展流通产业（王晓东，2013）。

有其力量之大，往往出乎常人意料。事实上统治世界者，就只是这些思想而已"（凯恩斯，1983，第 330 页）。实际上，诺斯与凯恩斯的以上基本观点，至少可追溯到英国著名思想家大卫·休谟（David Hume）、约翰·穆勒（J. M. Mill）和意大利著名思想家马志尼（G. Mazzini）。[①] 以我国改革开放以来粮食流通体制改革为例，多数改革文件基本指向市场化，但是，相关政策要么根本就没有执行，要么偏离初衷走向逆市场化方向。除了被广泛讨论的各种体制性的制约外，一个非常重要却被严重忽视的原因，就在于观念的摇摆与局限，包括对市场的不信任（徐振宇、李朝鲜和李陈华，2016）。

---

①　在休谟看来，尽管人们在很大程度上受到利益的支配，但是即使是利益本身，以及所有的人类事务，也完全是由意见支配的（哈耶克，2000，第 107 页）。穆勒指出："有人总是蔑视思辨哲学；的确，从表面上来看，思辨哲学似乎是一距我们日常生活和即时利益极其遥远的东西，但是它实际上却是这个地球上对人们影响最大的东西，而且从长时段来讲，除了它自身必须服从的影响以外，它实际上超过了任何其他种类的影响力。"（哈耶克，1997，第 138 页）马志尼也说"观念支配着世界及其事件"（哈耶克，2000，第 112 页）。

第九章　境外农产品流通组织
演进的经验借鉴

长期以来，中国农产品流通体系被认为存在中间环节过多、收益分配不公（常被总结为"两头叫，中间笑"）、交易方式落后、组织化程度低等诸多"问题"，相关的政策建议是，强化对"农超对接"等"短链"流通的支持，强化对拍卖等"先进"交易方式的支持，强化电子统一结算，强化对合作社、龙头企业的支持。上述结论和政策建议，在很大程度上源于国内学界对农产品流通"境外经验"的解读、总结、比较与借鉴。在一些学者看来，境外鲜活农产品流通体系有很多值得借鉴的"经验"，主要体现为：中间环节较少，批发不再重要，农民从农产品流通中获益更多，交易方式先进（对手交易所占比重较小，拍卖交易采用率较高），订单农业和农民合作组织提高了农户的组织化程度。虽然以上观点缺乏充分的事实支撑，也非学界"共识"，却被广泛接受且影响深远，并在政策层面得到不同程度的体现。因而，有专门商榷之必要。本章试图重新审视境外农产品流通组织演进的经验，希望更全面客观地总结提炼境外经验并进行境内外比较。

一　境外农产品流通组织的共性经验

虽然不同国家（地区）农产品流通模式不尽相同，但总体而言，无论是人多地少的东亚地区，还是土地丰裕的前大不列颠殖民地，抑或是处于两者之间的欧洲，但凡成熟的市场经济国家（地区），其农产品流通与批发市场发展基本上反映了现代农业和农产品流通的基本规律，并在提高农产品流通效率、降低农产品流通成本、稳定农产品市场和农民收入等方面起到了重要作用。研究境外农产品流通组织的成功经验，从中找出一些带有共性和普遍性的规律，并结合中国国情、农情予以消化、吸收，对于不断完善中国农产品流通体系，促进农产品批发市场健康发展，具有重要的现实意义。

（一）以法规为基础的法治化营商环境

通过明确严格的法律和规划，将政府对农产品流通体系尤其是批发市场的种种优惠政策正式确定下来，建构一个良好的法治化的营商环境，而且可以在较长时期内保持不变，是境外地区尤其是很多发达国家和地区的基本做法。

日本和韩国是通过法律严格管理农产品流通尤其是农产品批发市场的典型国家。在日本，不仅有著名的《批发市场法》（早期是《中央批发市场法》），还有《食品流通结构改善促进法》《农产品价格稳定法》《关于畜产品的价格稳定等的法律》《主要粮食的供需及有关价格稳定的法律》等多项法律（丁关良，2001）。其中《批发市场法》对中央与地方批发市场建设计划、中央与地方批发市场的设立及条件审查、交易规则及对批发业者的监督等都有明确的规定。与日本类似，韩国于1951年就颁布了《中央批发市场法》①，其内容与日本的《批发市场法》类似。中国台湾地区也出台有农产品市场交易、农产品批发市场管理等方面的规定。在欧盟，农产品流通为各种法律所严格规范，其中尤其强调产品在规格、包装、运输方式和卫生等方面符合欧盟统一标准。意大利为规范农产品批发市场的发展，出台了一系列法规。在法国，批发市场被规划为国家市场网络，目标是降低成本，使市场交易更加透明。日本和韩国高度重视农产品批发市场规划。日本批发市场发展规划的基本依据是，能满足10年内对批发市场的需要。此外，还要根据批发市场所交易货物的特点，尽量做到流通的合理化和高效率。批发市场发展的基本方针以及中央批发市场的发展规划都需经农林水产大臣批准，同时还要接受食品流通审议会的审议；地方批发市场发展规划的制定要遵循批发市场发展的基本方针，由都道府县知事审批。都道府县在制定都道府县批发市场建设规划后，必须迅速向农林水产大臣提交，同时公布其内容。从实际执行看，起步阶段的规划从1971年开始，每次的规划期限均为10年，但实际上差不多每隔5年就要修改一次（方志权和顾海英，2004，第108～109页）。韩国政府也大致从20世纪70年代初开始为完善农产品流

①　后改为《农水产品批发市场法》《农水产品流通及价格安定法》。

通体系，在对全国农产品批发市场进行调查的基础上制定了完善农产品流通体系的全国性整体规划。有国家公益市场网络的国家如法国、意大利，当然也高度重视农产品批发市场的规划，英国、美国、德国等没有国家公益市场网络，由地方政府根据当地资源、建设和发展需要来统一制定规划。

（二）高度一体化的涉农行政管理体系

绝大多数国家和地区建设了高度一体化的农产品流通方面的行政管理体系。在日本，农林水产省全面负责对农业生产、加工、流通、进出口以及生产资料供应等产供销各层面实行一体化的行政管理，其中农产品批发市场由食品流通局管理和监督。美国农业部的职能几乎涵盖与农业相关各层面和从田间到餐桌的所有环节，其中专设农产品运销局（或译为"农产品营销服务局"，Agricultural Marketing Service）负责农产品营销服务与行政管理，搜集发布重要经济信息，颁布全国通用的农产品等级标准，提供商品检验、分等、分级和证明，负责督导绿色有机食品的标准与农场认定，维持公平竞争和高效率的营商环境。德国"联邦粮食、农业和林业部"市场政策司负责制定和实施农产品市场政策、市场结构和市场竞争政策、营销政策、政府补贴政策等（张红宇，2003）。

（三）政府对农产品流通的全面扶持政策

农产品批发市场或者农产品批发商不仅是农产品流转的一个重要"环节"，在很多国家和地区也被视为农民的"代言人"（王志刚、杨胤轩和周永刚，2013）。实际上，在一些国家和地区，农产品批发市场的投资主体往往就是农民及其合作组织。这样，为农产品批发市场的建立提供土地、财政、金融等方面的政策支持，也就顺理成章了。绝大多数国家和地区一般通过立法将农产品流通尤其是农产品批发市场列为公益性事业，并给予强有力的全方位政策扶持。

1. 投资资金支持

在很多国家和地区，政府投入在农产品批发市场总投资中的占比较高。在日本，政府对中央级和地方级批发市场均有无偿资金投入：对于新建市场，国家在房屋、仓库、场地、道路等主体设施建设费上出资2/5；在冷暖房、电气、通信等关键设施投资上出资1/3；在加工设施、管理事业等附属设施上出资 1/4；对于改建市场，上述项目分别出资 1/3、1/4 和 1/5（方志权和焦必方，2002）。在韩国，一般情况下由政府无偿投入 30% 的批发市场建设资金，其余部分由地方政府出资（陈炳辉和安玉发，2006）。在中国台湾地区，政府通过安排农业预算支持乡镇农会和基层产销班建立农产品流通场所，具备收购、分级、包装、储藏保鲜、统一运销等功能，政府机构一般占投资的 40% 左右，并由农会等农民团体完成剩余投资并负责经营（闫华红，2007）。巴黎伦吉斯果菜批发市场是法国最大的公益性市场，初始投资 10 亿法郎，法国中央政府投资 56.85%，巴黎所在省、巴黎市政府、巴黎银行投资 28.5%（丁建吾和赫静，2007）。各国（地区）政策还有一个共同取向，即凡市场可以解决的领域，都交给市场，从而实现了公益性与市场化运作的并行不悖。

2. 税收优惠措施

各国（地区）政府普遍给予农产品流通各环节大量的税收优惠，部分国家和地区甚至直接免税。在美国多数州，不仅对初级农产品免征货物税，对所有的农产品加工食品也都免征货物税。欧盟主要国家对农产品流通的税收政策，与美国实质上是类似的。虽然农产品同工业制成品都要缴纳增值税，但在实际操作中，欧盟各国均对农产品采取优惠政策，即通过免税或实行特别税率等措施，使农户基本上不用承担纳税责任。在中国台湾地区，相关规定明确对农产品交易实行免税政策，批发市场的土地及房屋减半征收房屋税、地价税。在日本，对农产品批发市场的建设，政府不仅在贷款利率、贷款期限方面给予优惠，在税收方面也有优惠（农业部赴日本鲜活农产品批发市场考察团，1998）。在韩国，无论是作为公共批发市场的中央批发市场（共 10 家），还是农协经营的地方批发市场（共 36 家），抑或是企业经营的民营批发市场（共 3 家），都不用缴税。

3. 土地方面的优惠

在一些国家和地区，农产品批发市场的建设还享受土地等方面的优惠。荷兰农产品拍卖市场能不断完善发展，政府除在税收方面给予优惠外，还在土地方面给予优惠政策支持。中国台湾地区农产品交易相关规定明确，农产品批发市场所需公有土地，政府应优先出租或依现值出售；所需私有土地，由政府协助洽购或依法申请征收，并将之视为农业用地，享受优惠政策。

（四）专业化农户主导的"合作运销"体系

无论是美国和西欧，还是日本、韩国、中国台湾地区等东亚国家或地区，其农业发展无一例外都依赖符合国情区情的高效率农业组织，尤其是专业化农户主导的"合作运销"或"共同运销"。出于农场规模、文化、城市特征、消费习惯等多个原因，东亚地区的"共同运销"经验对于中国大陆而言似乎更有借鉴价值。

在日本，农户的"合作运销"主要体现为日本强大的农业协同组合体系及其所拥有的大量农产品集货所。1961 年日本政府公布的《农业基本法》和《农业协同组合合并助成法》确定了农业协同组合（简称"农协"）在农村经济中的领导地位，它实际上充当着农民利益的代表、农户经营代理人和政府职能代理人等三重角色。农协在农产品流通中的地位非常重要。从产地看，在不同的发货者发送给批发市场的货物中，1998 年农协系统的蔬菜发货量占总量的 59.8%，水果的发货量占总量的 61.6%（冈部守和章政等，2004，第 59~60 页）。另外，农协的合作运销能维持良性运转，得益于农协系统内部利润率较高的信用合作与合作保险对合作运销业务的交叉补贴，从而得以维系农协的公益性地位。韩国农协也具有与日本农协类似的特征。在中国台湾地区合作运销（在中国台湾地区也称"共同运销"）体系中，除了本地特色的产销班外，还有农会、农业合作社和合作农场。农会区别于一般的农业合作组织，具有经济、教育、社会、政治等多重功能，2005 年，参加农会的人数占中国台湾地区农业总人口的 60% 左右；农业合作社一般以单一种类农产品产销的专业性业务为经营内容；合作农场可以兼营运销业务。至于颇具中国台湾特色的产销班，则是农民根据发展需要、自然结合或由农政部门辅导建立的、不具有法人地位的基层农民组织（赵一夫，2008，第126 页）。

（五）与功能相匹配的完善的基础设施

与功能相匹配且日益完善的基础设施，也是各国（地区）农产品批发市场发展的共性经验。法国巴黎的伦吉斯市场，不仅拥有世界上最大的冷链系统，还配有 24 小时清运中心及焚化厂、供暖设施、运输机构、银行信用保险机构、饭店等，还驻有海关、邮局等机构现场提供服务。荷兰的拍卖市场中，除拍卖大厅外，还设有临时贮藏室、冷库、包装、运输、检疫、海关、银行、进出口代办处、宾馆等一系列设施，对花卉保鲜、包装、检疫、海关、运输、结算等环节提供一体化服务，使得花卉产品在拍卖后的 24 小时之内就能运抵 80 多个国家和地区的花店，在降低交易成本和风险的同时也提高了效率（徐振宇，2015）。

二　农产品流通组织演进境外经验的比较

（一）关于农产品流通的中间环节数量的比较

必须承认，在农场及农民合作组织经营规模巨大、连锁超市发展水平高的西欧和北美，鲜活农产品流通的中间环节的确很少。以美国为例，高达 80% 的鲜活农产品，一边是大规模经营的"农场"及其合作组织，一边是连锁化程度很高的"超市"，两者之间很容易实现所谓的"农超对接"。然而，同样作为发达国家的日本、韩国，虽然作为农民合作组织的"农协"在鲜活农产品流通中发挥着极为重要的作用，而且超市的连锁化水平也不低，但其鲜活农产品流通的"中间环节"数量远多于西欧和北美。在日韩，尤其是在大城市，鲜活农产品的流通经常要经历多次批发过程，比如，在东京都，鲜活农产品一般通过两级或两级以上批发渠道后，才能转移到零售商手中（俞菊生、王勇和李林峰等，2004）。

鲜活农产品流通"中间环节"数量的多少，有其自身的演化规律，且不同国家、不同时期、不同品种之间差异非常大。当市场上充斥着超小经营规模的农户、小规模流通业者和频繁小批量购买的消费者时，必然要求批发市场充分发挥大集、大散等基本功能，注定了在大多数情况下，农户与零售商之间的"对接"有必要经过一级批发、二级批发，中间环节较多反而节约了交易成本。在这方面，中国大陆与日、韩和中国台湾地区比较相似，而与西欧、北美以中间环节少的"短链"流通为主的鲜活农产品流通的差距较大。那种认为境外鲜活农产品流通"中间环节"较少的说法，至少是不全面的。

（二）农民从农产品流通体系中获益份额的比较

在某些对境外经验的解读中，境外农民在整个鲜活农产品供应链中的获益份额似乎更大。但客观事实是，在很多国家和地区，农民从销售的鲜活农产品（尤其是蔬菜、水果）中得到的价格（或称农场价格）远低于消费者支付的最终零售价格，生产者往往只得到消费者最终支付的零售价格中很小的份额（库尔斯和乌尔，2006）。

在日本，参与农产品流通的各渠道成员利润分配情况如下：批发商委托交易费占 4%，中间批发商占 10.9%，零售商占 43%，农协等组织占 13.6%，生产者仅占 28.5%（俞菊生、王勇和李林峰等，2004）。另据日本经济企画厅物价局编的《物价报告》中蔬菜在流通中不同阶段的价格形成数据，计算得出，白萝卜的生产者价格（即农民出售价格）占零售价的比重仅为 8% 左右，甘蓝的这一比重也不到 15%，白菜的这一比重也只有 20% 左右（穆月英和笠原浩三，2006）。韩国的这一比重相对高一些，据韩国农协中央会出口部董事长李范锡（2013）提供的数据，韩国叶根菜类农民收益率为 31.3%。

即便是被日本高度赞赏的美国，农民出售价格在最终零售价中所占比重（Farmer's Share of the Retail Dollar，简称 FS）也没有高出太多。[1]就整体而言，美国农场价格占食品总支出的比重，已经由 1950 年的 40.91% 下降到 2006 年的 18.53%（据美国农业部官方网站的数据计算）。[2] 从具体品种来看，美国的农场价格占零售价格的比重有非常大的差异。水果农场价格占零售价格的比重维持在 18%～31%（因品种和年份不同而有差异）。不同品种之间农场价格占零售价格的比重有非常大的差别。最高的是鸡肉和牛肉，均高达 49%；其次是蛋类，达 47%；牛奶达 39%；但猪肉只有 25%；新鲜苹果、土豆和莴苣分别仅为 21%、19% 和 18%（库尔斯和乌尔，2006）。[3] 相比之下，中国的这一数据并不算太

---

[1]　日本《农业白书》中的资料显示，日本农产品生产者价格及流通费用是美国的 2～6 倍（穆月英和笠原浩三，2006）。

[2]　从趋势上看，这一比重仍将稳定下降。这一比重的下降，是多种因素共同作用的结果，包括农产品加工深度的提高、在外就餐占比的提升等。

[3]　或许正是由于不同农产品的流通渠道差异很大，所以往往有单独探讨不同类型农产品的流通渠道及其效率的必要，比如库尔斯和乌尔（2006）就将农产品分为牲畜和肉类、牛奶及奶制品、家禽和蛋类、谷物、棉花和纺织品、烟草和烟草制品、水果和蔬菜等七大类，分别考察其生产、消费、市场结构、定价、营销渠道、营销成本与农场份额等基本方面。这种方法对于更加深入地剖析农产品流通体系，无疑是有重要借鉴价值的。

低。据农业部连续 4 年追踪调查的结果，在冬春季节气候比较正常的情况下，山东青州农民用大棚生产的黄瓜，经由寿光批发市场运到北京新发地批发市场，再批发给中间商或集贸市场摊主再销售给消费者，每公斤黄瓜零售价格中，农民出售价格占 17.9% ~ 22.7%（安玉发，2011）。总之，认为境外农民从鲜活农产品流通中获益更多的说法，缺乏充分的事实依据。

（三）农户主导的农产品合作运销模式的比较

放眼全球就不难发现，农民合作社真正搞得很好的国家和地区，恰恰是那些户均土地规模较大的国家和地区（美国、西欧）；而那些户均规模较小的国家和地区，则一般都要借助政府力量搞变相的"合作"，如中国台湾的农会、韩国和日本的农协。但无论是中国台湾的农会，还是韩国、日本的农协，都不是真正意义上的农民合作社，而是政府自上而下创设的，带有经济、政治、社会等多重职能的半官方组织。

（四）关于农产品生产流通信息服务体系的比较

无论在发达国家和地区还是发展中国家和地区，基本市场信息收集发布都是涉农公共服务的重要方面。这些信息大多由政府提供，部分由协会、研究机构、大学提供。在一些发达国家和地区，由政府主导，建立了从采集、分析到发布全过程的完善的农业信息监测预警体系。公开、透明、全面、真实、及时的市场信息（包括面积、产量、价格、库存、消费、贸易等产销信息），既是引导生产经营者科学决策的关键，也是政府管理与调控市场的数据基础，更是一些重要的农业出口国家和地区借以主导国际市场话语权和把持贸易主导权的重要工具，成为全球农产品市场变化的风向标。把以上功能发挥得淋漓尽致的是美国农业部的信息监测预警体系（许世卫，2015）。

三　境外农产品流通组织演进的关键事实

（一）农产品流通组织的多元化与多样性趋势

在借鉴境外经验时，普遍误区之一就是容易一概而论。实际上，境外经验往往是多元化与多样化的。创新在本质上是一个演化的过程，不仅不同国家和地区之间有较大差异，即便是同一个国家和地区的不同地区或不同时期，其模式往往也有巨大差异。如果再考虑不同品种的差异，显然就更为复杂。试图从中找到普遍规律，是非常困难的。而且，多元化的交易对象、交易主体、交易方式与交易渠道，正是经验和规律本身。

1. 交易对象的多元化

当前对境外经验的借鉴往往忽略了交易对象的多元化与多样化，至少没有区分交易对象的档次。比如经常谈及日本农产品市场交易，谈及分级分等和分拣的经验，却忽略了日本国内有高端市场和基础农产品的差异。在日本，被"分拣"的农产品基本都是高端农产品，典型的如西红柿的分拣。① 分析在欧洲、美国的生活经验，也能发现类似的特征。比如在俄亥俄州的小城市阿森斯（Athens），有四家有代表性的连锁超市（分别是 Kroger、Walmart、Aldi 和 Save a lot）和一家华人超市。就水果蔬菜而言，以有机、新鲜和本地化为重要特点的 Kroger 卖得最贵，有很智能的喷雾系统定时喷雾，产品包装精美，一看就很新鲜，不仅品相好，而且不少品种都挂着美国农业部认证的有机食品标识；以廉价实惠为特点的 Aldi 和 Save a lot 卖得最便宜，超市内没有智能喷雾系统，产品包装也不讲究；华人超市和 Walmart 的价格居中。

2. 交易方式的多元化

不同国家和地区、不同发展阶段、不同品种所采用的交易方式有很大差异。比如在东亚地区，对手交易在大多数农产品的交易中占主流（如蔬菜、水果等农产品的拍卖采用率已经很低且呈不断下降趋势），但是在鲜花、水产品、肉类等农产品中，拍卖的采用率仍然是比较高的。在美国，虽然大多数农产品都通过订单采取事前协议定价的方式（这也正是美国大多数鲜活农产品的价格在一个年度内都非常稳定的重要原因之一），但正如美国农业部的数据所揭示的，仍然有一些品种的农产品采用传统的对手交易和现货交易模式。

3. 交易组织模式的多元化

综观各国（地区）农业发展，不难发现各国（地区）农产品交易组

---

① 这是中国人民大学农业与农村发展学院黄波博士在中国人民大学的"农村市场体系建设研讨会"上发表的观点。特表感谢。

织模式的多样性。即使在同一个国家和地区，不同农产品的交易组织模式也往往有着相当大的差别。比如在美国，有些农产品（如肉用仔鸡、种蛋、加工用牛奶、柑橘类水果等）几乎百分之百地依靠订单和公司制一体化模式，有些农产品则基本上不依赖订单和公司制一体化模式（如粮食谷物、饲料作物等）。在不同国家（地区）之间，这种差别必然更大。1970～1990年，美国实行订单农业的农产品产出占全部农产品的比重由28.2%提高到30.5%，而农工商一体化企业的农产品产出占全部农产品的比重由5.3%提高到7.65%。因此，1990年，即使在美国这样的农业高度现代化的国家，经由订单农业和农工商一体化企业来生产的农产品产出占全部农产品的比重还不到40%。[①] 换而言之，超过50%的美国农产品仍通过现货市场进行交易（MacDonald and Korb，2005）。在订单农业和农工商一体化企业之外，还存在其他重要的组织模式，如合作社。

总之，各国（地区）的农产品交易组织模式一定是多元化的，而不是很少的几种。不同地区、不同经济发展水平、不同的人力资本水平、不同的基础设施水平、不同的经营对象，往往有多种多样的农产品交易组织模式。而且，组织的具体模式及其效率是动态的：当前效率较高的组织模式，今后不一定高效；在其他国家（地区）被证明普遍有效的组织模式，换一个国家（地区）不一定有效；在发达国家（地区）有效的组织模式，在欠发达国家（地区）不一定有效；在某些经营对象上有效的组织模式，在其他经营对象上不一定有效。总之，不可能存在"放之四海而皆准"、在所有时段都有效的组织模式。中国农村和农业较高程度的异质性决定了必然存在更多在现实中比较适合的组织模式，因此不应将农产品交易组织模式仅局限在订单农业（如"龙头企业＋农户"）、大型农工商一体化企业、合作社这些在发达国家流行的组织模式上。

4. 交易载体的多元化

以美国为例，交易载体既有期货市场，也有虽然占比不高但对价格有重大影响的销地市场（农业部赴美考察团，2012），还有占比极高的农场与超市直接对接（当然要通过产地集配市场）渠道，也有大量诸如

_____

① 近20年来，这一比重虽然有所上升，但仍然不超过50%。

社区支持农业的形式，和一些定期的自由市场（所谓农夫集市）。在日本，交易载体也是多元化的，只是期货市场的重要性较低而批发市场的重要性很高。其他国家（地区）也大致类似。

（二）农产品流通"迂回"演进的时空特征

从全球范围看，农产品流通的"迂回"演进具有一定的规律性。①从时间维度看，农产品流通"迂回"大致呈倒 U 形演化趋势，即各国（地区）的农产品流通迂回程度，在早期基本都较低，后来迂回程度逐渐提高，然后迂回程度再降低。上述发现，与胡华平（2011）的研究结论比较类似。① ②从空间维度看，不同国家（地区）在不同发展阶段倒 U 形的演化趋势也有较大差异。另外，农产品流通的"迂回度"还受产业、产品、技术及生产经营者规模等维度的复杂影响，尤其受生产端和零售端联结的组织化程度的影响，其不仅取决于农产品生产者的组织化程度，也受零售商组织化程度的影响。

从世界各国（地区）的经验来看，农产品流通"迂回度"的降低，主要是生产者的组织化程度与零售商的组织化程度同时提升的自然演化结果。因此，农产品流通迂回度主要是长期演化的结果。中国农业生产者和农产品零售商的组织化程度偏低，决定了中国农产品流通的迂回度在相当长时期内都将很难降低。如果生产者与零售商的组织化程度都不高，即使人为降低农产品流通的迂回度，也不太可能降低农产品流通成本。

（三）农产品批发市场与批发职能始终很重要

若从批发市场经由率来衡量，批发市场交易在绝大多数国家（地区）鲜活农产品流通体系中的重要性的确呈现逐渐下降之势。1984 年，在英国，蔬菜和水果批发市场经由率高达 82.9%，但在 20 世纪 90 年代迅速下降至 20%～30%（小林康平、甲斐谕和福井清一等，1998）。当今，欧洲其他国家（地区）的农产品批发市场经由率普遍不到 50%，美国则基本稳定在 20% 左右（马增俊，2010）。但是，这些数据并不能证明批发市场在鲜活农产品流通体系中不再重要。

---

① 胡华平（2011）的研究发现，流通渠道长度会随着经济发展呈倒 U 形演进，即渠道长度随着经济的发展先变长，在经济发展到一定阶段后渠道长度会变短。

首先，批发市场在东亚地区（韩国、日本、中国台湾地区）鲜活农产品流通体系中仍居于核心地位。在这些国家或地区，农场规模普遍偏小，大型连锁超市的发展落后于欧美国家（地区），批发市场实际上节约了农产品交易时间和交易费用，是有效解决小规模农业生产和大市场、大流通之间矛盾的基本平台，并长期主导着主要农产品流通（俞菊生，2003）。在东亚地区，农产品的批发市场经由率曾长期超过80%。由于大型超市的迅速发展，东亚地区主要农产品的批发市场经由率也不可避免地出现了下降，只是下降过程比较缓慢。2011年，蔬菜、水果、水产品的批发市场经由率分别为73.0%、45.0%和56.0%，表明批发市场仍是农产品流通的主渠道；更值得注意的是，日本国产水果蔬菜的批发市场经由率高达90%（農林水産省食料産業局，2013）。而且，鲜活农产品批发市场经由率的下降，主要不是因为连锁超市绕开批发市场从农场直接进货，而是由于加工食品和进口产品等市场经由率低的物品在流通中所占的比重提高（農林水産省食料産業局，2013）。以上经验表明，在农场平均规模较小的国家或地区，无论其整体经济和农业发展水平如何，农产品批发市场往往长期保持农产品流通体系的核心地位。大型连锁超市的迅速扩张与农产品批发市场之间，并不必然是竞争和相互替代关系。

其次，产地批发市场在所有国家（地区）都变得日益重要。批发市场在各国（地区）鲜活农产品流通体系中的地位正在逐渐下降，但这主要是针对销地批发市场的。若将产地批发市场考虑进来，这一结论则需要有所修正。无论是在欧洲、北美，还是在日本、韩国、中国台湾等东亚国家和地区，产地批发市场都变得日益重要。在日本、韩国、中国台湾地区，随着居民收入水平的提高和消费习惯的变迁，位于大城市的销地批发市场在农产品流通中的重要性虽有逐年缓慢下降的趋势，但相生相伴的是产地市场的重要性不断提升。日本农协系统约有3000个农产品集货所，它们发挥着产地市场应发挥的挑选、包装或冷藏以及组织上市等重要职能。中国台湾各地也建有较高水平的产地市场，要求入市农产品必须分等分级、包装，在包装上标明供货商、品名、品级和数量等，这大大提升了农产品的质量水准，对农产品大量而快速地集散并高效对接超市、电子商务、直销等新型流通方式并实现优质优价，非常必要

（闫华红，2007）。而在超市极其发达、农产品批发市场经由率不断下降和"农超对接"非常普遍的欧美国家（地区），农产品产地市场也变得日益重要。在西欧，在农产品的集中产区，一般都建立有以"集货"为主要功能的交易市场，为附近地区的农场主出售农产品和大中城市采购商集中收购农产品提供一个直接见面、接洽交易的场所。从 20 世纪 90 年代初期以来，法国著名的伦吉斯批发市场的交易量不断萎缩，其重要原因就在于法国国内迅速崛起的连锁超市在郊区和产地之间建立了大量的集配中心，从这里直接向各连锁店发运货物（小林康平、甲斐谕和福井清一等，1998，第 55 页）。

最后，虽然批发市场的整体重要性似乎有所下降，但是，批发职能丝毫没有"下降"。[①] 由于各国连锁超市和连锁便利店的崛起，批发职能更多的由这些连锁企业承担，表面上看起来是零售企业的沃尔玛、家乐福、阿尔迪等大型连锁企业，承担了很多批发功能（职能）。虽然独立的批发商和批发市场不再那么重要，但批发功能（职能）并没有由此消失，只是被部分整合到连锁零售企业之中。

从上文的分析不难看出，不同国家、不同时期、不同品种农产品的批发市场经由率差别非常大。如果再综合考虑产地市场和批发职能的转移，显然不能简单地认定批发环节在农产品流通体系中不再重要。

四　小结

不同资源禀赋的国家（地区），不同的农业发展特征，不同的消费习惯，不同类型的农产品，甚至在同一国家的不同地区或不同的发展时期，农产品流通的基本特征都有非常大的差异。由于不同国家（地区）、不同发展阶段、不同品种之间，农产品流通体系的中间环节数量，批发市场的重要性程度，农民在农产品供应链中的获益份额、交易方式以及组织方式等方面的"经验"有很大差异，若全面考察境外经验，境外农产品流通体系"中间环节少""批发市场的地位急剧下降""农民在农产品流通中获益更多""交易方式更先进"，以及订单农业和合作社能提升

[①]　这一观点受到中国社会科学院财经战略研究院宋则研究员的启发。

农户组织化程度等说法，显然缺乏充分的经验证据。至少，上述说法是不全面的。如果试图更客观、更全面地总结农产品流通的境外经验，不能大而化之，一概而论，必须分国家（地区）、分时期、分品种进行。

第一，应基于"演化"而非"建构"视角看境外经验。本书认为，那种自以为能够轻易找到经济"规律"的思维，是一种典型的建构主义思维。所有人都必须承认对经济和市场运行不可避免的无知，由此保持对市场必要的"敬畏"，而不是动不动就质疑市场的效率，更不应该质疑当事人的理性。境外（包括发达国家）大多数有关农产品流通体系的经验，其实都是长期演化的产物，且与这些国家（地区）的政治、经济、法律等方面的大环境有着密切的关联。换而言之，其他国家（地区）农产品流通体系的成功，是多种因素共同决定的。中国农产品流通体系虽然现代化水平不高，硬件设施也比较落后，信息化水平不高，组织程度较低，交易方式也比较传统，但不能由此认定，中国农产品流通体系就是效率低下的。

第二，在对境外农产品流通体系进行比较和借鉴时，不能仅集中在流通体系本身，而必须进一步研究，不同国家、不同地区的农产品流通体系，是在什么样的外部环境和约束条件下运行的。按照产业组织理论的一般逻辑，环境（包括产业组织及其结构）决定行为，行为决定绩效。因此，要研究绩效，必须首先研究行为，而要研究行为，则必须首先研究环境。实际上，境外农产品流通体系之所以看起来比较"先进"，主要是因为这些国家（地区）的农产品流通环境已经大大优化了，尤其是制度环境和产业组织环境都已经非常优化了。借鉴境外经验，不能只看其他国家或地区具体怎么做，有哪些具体政策，重点应关注其背后的资源禀赋和约束条件如何变化，而基于这些变化的做法转变，才是真正值得借鉴的。从这个角度而言，其他国家和地区农产品流通的具体措施和政策，都不能简单予以移植，否则，在不具备这些前提条件的情况下，境外成功经验简单移植到中国，很容易成为败笔。

第三，不必迷信境外的经验。其实，某些被认定为经验的做法，在本质上是教训。在反思日本自1961年以来的农产品流通政策与法律时，日本学界不乏这样的观点，即日本的很多政策措施是失败的。比如，拍卖交易的"先进性"并未得到一致的认同，拍卖交易方式在日韩等国的现实运行中存在很多缺陷，甚至被一些著名日本学者看作农产品流通效率低下的根源。在小林康平（1998）看来，日本在制定《中央批发市场法》时，虽然也遵循了欧美各国（地区）都遵循的公开公正原则，但现实中有较大出入：①限定了批发商的数量；②不对第三者公开拍卖、投标交易过程，有时甚至公然采取暗号交易或黑布下捏手指等不明朗的方法，而且不会受到任何社会指责。因而，日本农产品批发交易的竞争程度远逊于欧美各国（地区）。另外，日本农产品批发市场的委托销售手续费由行政当局规定，这会妨碍批发商努力经营。总之，日本的拍卖交易并不像国内有些学者所描述的那样完美。

第十章　并非结论的结论：从关键的中间层到必要的迂回

本书将农产品流通组织理解为农产品流通机构、流通功能、流通过程与机构间关系的统一，基于理论、经验、历史与比较"四位一体"的分析视角，突破一时一地一事之囿，重点研究了组织惯例、技术进步、关系网络与制度变迁对农产品流通组织演进的影响。同时探讨其他国家（地区）当前和历史上的农产品流通组织、交易、技术、政策等，力图整体俯瞰把握农产品流通组织现象间的关联，提炼农产品流通组织运行及演进机制，描述中国农产品流通组织的约束条件与典型事实，总结农产品流通组织演进的中国特色，借鉴境内外经验教训，探索中国农产品流通组织的演进规律，并给出建设性意见和政策建议。

一　进一步的讨论

近年来，学界、政界和媒体对中国鲜活农产品流通体系存在的问题归结为流通环节过多、收益分配不公（常被总结为"两头叫，中间笑"）、组织化程度低、流通损耗大以及流通效率低下。以上观点，多停留于主观经验和感性认知，缺乏充分的事实支撑和坚实的理论依据，也缺乏客观的国际比较，却被广泛接受，并在很大程度上影响了政策的制定，如对"农超对接"和合作社的支持政策主要指向"流通环节过多""收益分配不公""组织化程度偏低"，对冷链体系的支持主要指向"流通损耗过大"。所有政策似乎都是依据上述观点，都旨在提高鲜活农产品流通"效率"，但政策发挥作用需要条件，即便以上观点正确，但如果政策措施的实施条件还不具备，那么据此出台的政策就值得商榷。下文的基本任务，是对以上观点进行全面反思。

（一）流通环节数量及其减少的可行性

近年来，很多学者持有流通"中间环节过多""层层加价"是导致鲜活农产品价格上涨重要原因的观点，并据此提出减少中间环节、实现"短链"流通是降低鲜农产品价格的措施的政策建议。与此相应，政府出台支持"农超对接"等减少流通环节的政策措施，但政策效果并不理想。理论是政策制定的基础，政策效果是理论依据是否正确的重要判据。针对近年来相关流通政策效果的有限性，笔者认为，"流通环节过多"的观点以及据此得出的"减少中间流通环节"的政策取向均有待进一步商榷。

首先，流通环节的多少具有客观规律性。农产品流通受农户种植规模、流通技术、流通业者规模、供给和需求区域分布、消费者收入消费水平和消费习惯等诸多因素的影响，不同资源禀赋的国家（地区）、不同的农业发展特征、不同的消费习惯、不同类型的农产品、同一国家的不同地区、不同的发展时期，其流通环节的数量必然有巨大差异。在整体经济和农业均高度发达、农户经营规模巨大、合作社健康发展、连锁超市发展水平较高的欧美国家（地区），其农产品可以实现超大规模的"农场"及其合作组织与连锁化程度很高的"超市"之间的农超对接。然而，经济高度发达的日本、韩国，虽然农协在鲜活农产品流通中发挥着极为重要的作用，而且超市的连锁化水平也不算低，但其农产品的批发市场经由率以及"中间环节"的数量则与中国比较接近。其中一个非常重要的原因在于日韩市场上存在大量的超小经营规模的农户和小规模流通业者。这说明，农产品分散化种植和经营，必然要求发挥批发市场的集散功能，农户与零售商之间要实现"对接"必须经过一级批发、二级批发甚至三级批发。因此，农产品流通体系的中间环节较多是由中国农产品的种植和经营现状决定的结果。

其次，流通环节的多少具有区域性特点。在人口多、地域面积大的巨型城市，批发环节更不可或缺。譬如东京都仅中央批发市场就接近10个，纽约有3个，伦敦有4个，巴黎、洛杉矶、芝加哥至少有1个。在纽约，蔬果等农产品的市场经由率甚至高达61%，远高于全美20%左右的平均水平；在东京都，鲜活农产品一般通过两级或两级以上批发渠道后，才能被转移到零售商手中（俞菊生、王勇和李林峰等，2004）。因此，在纽约、东京等巨型都市鲜活农产品流通环节的数量往往会多于其他地区。

最后，流通中间环节具有其自身的流通职能。减少流通的"中间环节"并不一定能降低流通成本。所谓的"中间环节"（其实是不同类型的中间商），除"层层加价"外，还发挥了很多不可替代的重要功能。以二级、三级批发商为例，它们实际上发挥了大规模集散农产品、分散劳动量、分担风险、加快流通速度等重要功能。换言之，大量所谓"中间环节"的存在，是在大范围内集、散、运、储、售农产品的客观需要。减少中间环节并不难，但由于被减少的中间环节原来所承担的功能和任务必须有人去承担，因而并不会因此而减少流通成本。

因此，中国现阶段农产品流通"中间环节过多"的观点即便是事实，也是与中国农产品生产和流通状况相适应的。在农产品的生产、流通、消费大环境没有明显转变的情况下，任何脱离实际、试图人为减少农产品流通环节的政策措施，都是违背其发展规律的政策，很难取得积极效果。

（二）农民收益与流通环节获利水平

农产品流通体系"收益分配不公平"是学界近几年比较流行和认可的观点。所谓分配不公，即农民赚钱甚少，零售价格过高，而中间商据说获利颇丰，业内有人总结为"两头叫、中间笑"。国内很多调查似乎都"证明"了中国农产品流通体系"收益分配不公平"。"计算"方法主要有二。第一种办法是直接推算流通环节各行为主体的"利润"或"利润率"，一般都发现农民获利甚少而"中间环节"尤其是零售环节获利颇丰。[①] 第二种办法是推算农民的出售价格在最终零售价格中所占比重——与美国农业部的 FS[②] 这一著名的统计口径基本接轨。[③] 部分研究将原因归结为

[①] 据农业部市场信息司的调查，西红柿从寿光产地的农民手中到北京超市的消费者手中，经过六大过程、33 个发生成本的环节，农民每公斤获利仅 0.334 元，而超市零售商获利 2.30 元，农贸市场零售获利 0.864 元，一级批发商获利 0.710 元，二级批发商获利 0.876 元（张红宇、杨春华和杨洁梅，2008）。孙侠和张闯（2008）的调查表明，在蔬菜流通中，从利润分配的绝对量来看，农民的利润最高，零售商次之，批发商最低；但是，若以成本利润率衡量，与农民相比，批发商的成本利润率要高出 6～10 倍，零售商的成本利润率高出 5～7 倍。据另一调查，蔬菜各环节总利润中，生产环节占 13%，产地收购环节占 1.3%，运输环节占 0.2%，销地批发环节占 11.7%，超市零售环节占总利润的 73.5%（李志强和张玉梅，2013）。

[②] 中国台湾农业经济学者许文富（2012，第 260 页）将该指标译为农民分得比率。

[③] 据农业部连续 4 年的追踪调查结果，在冬春季节气候比较正常的情况下，山东青州农民用大棚生产的黄瓜，经由寿光批发市场运到北京新发地批发市场，再批发给中间商或集贸市场摊主再销售给消费者，每公斤黄瓜的零售价格中，农民的出售价格占 17.9%～22.7%（安玉发，2011）。

"在农产品流通过程中，需要经过多重流通环节，而每个环节都要截留一部分利润，自然增加了整个流通环节在整体利润中的分成"（郑凤田和孙瑾，2008）。甚至有人据此认为"中间环节"是低效率的、多余的机构。但是，必须指出如下几方面的问题。

第一，国内学者和政府部门开展的部分调查，在调查方案的科学性、覆盖面、时间的连续性等诸多方面存在难以回避的潜在缺陷。由于经费及人员的投入不足，样本偏差难以避免，也存在过度简化的嫌疑。比如，相关调查往往是针对单品种和少数品种的流通链条的短期追踪，缺乏时间连续性。又比如，很多调查的零售价格数据都取自超市（或许因为数据获取更为便利），但即便是在政府在各地大规模推动"农超对接"项目之后，在很多城市，超市销售的农产品所占比重仍不超过30%，尤其是蔬菜水果，农贸市场、早市、社区菜店、流动菜摊等所谓的"传统零售终端"仍占据主流地位。在早些年的调查中，很多超市的蔬菜水果标价远高于早市和农贸市场，因而用超市价格作为零售价格的代理变量，必然会夸大流通中"收益分配"的不公平程度。另外，将流通环节某些重要的隐形成本也误算成利润，也可能造成收益分配"不公平"程度的夸大。[①]

第二，农民收益在整个涉农价值链中的占比下降是一个世界性的现象。原因是多方面的，如加工程度的提高、供应链条的延长、农业生产环节的集中度远不及农业投入（如肥料、杀虫剂和种子）环节、食品加工环节和零售环节的集中度等。可以说，农民销售的农产品价格在最终售价中的占比较小并非中国特有的"问题"，而是一个世界性的事实。在日本，参与农产品流通的各渠道成员利润的分配比重是批发商委托交易费占4%，中间批发商占10.9%，零售商占43%，农协等组织占13.6%，生产者仅占28.5%（俞菊生、王勇和李林峰等，2004）。零售环节在食物流通中占据越来越大的份额，似乎是国际趋势（Humphrey，2005）。从农民的出售价在最终零售价中所占比重看，中国至少不是最低

[①] 要准确计算利润，就必须准确计算收益和成本。在调查中，成本的调查或许是最困难的，一来可能连被调查者也无法计算清楚每公斤某种农产品应分摊的成本（如蔬菜销售者所销售的蔬菜有很多种，可能同时还销售好几种水果），二来很多隐形成本需要估计。分摊、归算、推算必然会出现很多重要的误差、遗漏，从而不可能计算出准确的成本。尤其是非常容易漏算流通业者的很多隐形成本，从而高估其利润额和利润率。

的。据日本经济企画厅物价局编的《物价报告》中蔬菜在流通中不同阶段的价格形成数据，计算得出，白萝卜的生产者价格（即农民出售价格）占零售价的比重仅为8%左右，甘蓝的这一比重也不到15%，白菜的这一比重也只有20%左右（穆月英和笠原浩三，2006）。即便是被日本学界高度赞赏的美国，农民出售价格在最终零售价中所占比重也没有高出太多。据美国农业部每年都提供的数据，农场价格（类似于中国所说的农产品收购价）仅占零售价格的20%左右，而且这一比重有不断下降的趋势。就整体而言，美国农场价格占食品总支出的比重，已经由1950年的40.91%下降到2006年的18.53%（据美国农业部官方网站提供的数据计算）。从具体品种来看，美国的农场价格占零售价格的比重有非常大的差异。水果的农场价格占零售价格的比重大约维持在18% ~ 31%（由于品种和年份不同而有所差异）。不同品种之间农场价格占零售价格的比重有非常大的差异。最高的是鸡肉和牛肉，均高达49%；其次是蛋类，达47%；牛奶达39%；但猪肉只有25%；新鲜苹果、土豆和莴苣分别仅为21%、19%和18%（库尔斯和乌尔，2006）。美国参议员Harkin（1998）也撰文指出，1970年以来，牛肉的FS已从64%下降到49%，而猪肉的FS已经从50.5%下降到了34.8%。对此，一些学者（Brester，Marsh and Atwood，2009；Atchley，1956）认为，农民出售价格在最终零售价中所占比重和营销价差（marketing margins）等指标并不能很好地充当衡量农民的"幸福感"或利润的代理变量。换言之，FS的降低和营销价差的扩大，并不一定意味着农产品流通中"收益分配"的公平程度的降低。

第三，流通环节竞争充分不太可能产生"暴利"。农产品流通环节的竞争性较强，一般不存在明显的进入和退出壁垒，缺乏维持超额利润的产业组织条件。理论上，若产品流通短期内产生超额利润甚至所谓"暴利"，由于进入门槛较低，必然引发大量经营主体进入，从而最终降低到正常利润率水平。也就是说，农产品流通行业的从业者大致获得正常的工资率水平（笔者针对北京市昌平区、海淀区、丰台区部分商贩展开的深度访谈发现，蔬菜零售摊贩的人均纯收入在每月3000 ~ 5000元。如果刨除蔬菜零售摊贩起早贪黑的"辛劳补偿"，与北京地区普通体力劳动者的收入差别并不大）。

第四，流通成本占比提升是很多产业的共同特征。如果跳出农业本身看生产与流通体系的成本与收益分配就会发现：在其他产业，生产成本占比下降、流通成本占比提升是一个普遍的现象。流通成本在单位产品最终销售价格中所占比重平均已达到50%～70%，甚至更高。农产品、食品流通成本也符合这一规律和趋势，如果依旧秉承流通环节和流通成本都是多余的、可有可无的观点，必然与产业的发展规律和发展趋势相悖。另外，从产业链的角度看，流通环节在整个产业链中是与研发并列的"高端"环节，处于"微笑曲线"的另外一个"制高点"，比生产环节更"赚钱"也有其合理性。

第五，流通业的发展有利于促进农民分工分业发展。基于"大农业"或整个农业产业链的视角，不难发现，农产品流通领域的从业者，绝大多数都是逐渐分离出来的农民，原本的身份都是农民，即便"利润"稍高一些，最终仍然是在很大程度上增加了"农民"的收入。"农民无法有效参与农产品流通过程，从而无法分享流通过程中农产品增值"的状况（孙侠和张闯，2008），已经转变为如下情形：农产品流通的较高利润，吸引越来越多的兼业或专业农民逐渐脱离农业生产，成为专业农产品运销商，形成分工分业、动态、健康的态势。

第六，农民收入占比的下降并不意味着收入的绝对下降。FS的降低和营销价差的扩大，并不一定意味着农民收入绝对数量的降低，其更多地源于不断增长的流通成本所推高的零售价格，主要推手在于流通成本而非流通利润的持续快速上升。而流通成本的持续快速上升又主要源于城市房地产价格的持续快速上涨以及城乡二元体制、关键资源垄断、不当管制等因素造成的居高不下的制度性成本，从而导致房租、摊位费、储运、工资等经营、生活成本也随之快速上升。比如，城乡二元体制是导致流通从业者生活成本不断上升，也是导致批零价差不断扩大的重要原因：流通从业者必须自己全额负担不断上涨的房租、其他生活成本、子女"借读"费、医疗等方面的费用，这些成本都将或多或少地进入农产品零售价格，成为拉高售价的重要因素。另外，城市管理者对蔬菜流通从业者、从业地点方面的不当管制，尤其是对流动摊贩的管制和对早市的过度限制，也是导致蔬菜零售价格过快上涨的重要原因。据笔者调查，凡是周边有蔬果交易活跃的早市的社区，农贸市场不太敢提高租金，超市的菜价也不会太高，早市在很大程度上发挥着类似价格"定盘星"的功能。但是，近些年来，在越来越多的社区，早市作为方便城镇居民购买农产品特别是蔬菜的零售终端，其发展因各种原因受到限制，不但给城镇居民生活带来不便，而且失去了繁荣市场和稳定物价的作用（冯中越等，2013）。

总之，仅仅依据农民出售价格在农产品最终销售价格或者消费者支付价格中的占比下降就认为农民受益较少、流通环节获利颇丰的观点可能有失偏颇；至少没有全面认识和评价农产品的生产和价值实现体系。笔者认为，流通环节收益占比上升是人们生活水平不断提高、产品跨区域流通、消费品种不断丰富和社会分工细化的必然结果。因此，农产品流通环节收益占比上升可能并不是一个"问题"。

（三）流通损耗率与冷链物流发展

在一些"权威"部门和学者看来，中国鲜活农产品流通损耗率（类似概念还有"腐损率"和"损失率"）过高。比如果蔬产后损耗率约为10%～20%，远高于发达国家5%的水平。笔者并不否认中国鲜活农产品流通过程中损耗率较高这一事实，但认为据此主张大力发展冷链物流的政策和措施值得探讨。

首先，相比于国外，中国鲜活农产品的损耗率被高估。国内学者通过将中国的鲜活农产品损耗率与国外损耗率数据直接对比，得出中国鲜活农产品损耗率过高的结论。笔者认为有必要重新审视国内外流通损耗率的比对数据。国外虽然产后损耗率极低，但由于严格的采选程序将相当数量的农产品淘汰在流通过程之外（或直接抛弃，或选作榨汁、做罐头等深加工的原料），其采选过程本身的"损耗"率并不低。中国较高的流通损耗率数据，一方面与中国鲜活农产品的采选程序不严格有关，另一方面也与中国消费者在购买过程中的"挑选"行为[①]有关。

其次，针对高损耗率的降耗措施往往脱离实际，值得探讨。一些学者将鲜活农产品高损耗率视为应尽快解决的重要"问题"，并将其归咎于冷链物流基础设施较差。因而，加大冷链物流系统的投资力度和政府

---

① 在国外超市很少见到消费者仔细挑选所购农产品，因而其挑选过程带来的损耗基本是不存在的。

支持力度似乎也顺理成章。但是，从微观运销的角度看，是否采用冷链系统的依据，是运销商对成本、收益、风险的"计算"和估计。使用方必然要评估使用冷链系统所带来的边际成本与边际收益，只有后者高于前者时，才会对冷链系统产生真实的需求。现实中，运销商必然依据农产品的类型、产地、销地、销售对象以及销售形势的不同，基于成本收益的考虑而采取多元化的运输流通方式：不同价位和档次的正规冷藏车、改装冷藏车、常温车厢加冰块和棉被，以及不采用任何保鲜措施的常温车。事实上，中国超过80%的水果、蔬菜都是采用非标准且传统的冷藏保鲜措施进行储藏和运输，虽然损耗率相对较高，但由于具有明显的成本优势，仍然被广泛采用。冷链系统的运营成本远高于常温物流，但零售端有可能得不到相应的利益补偿。为节省成本，许多企业用恒温车或保温车进行运输（胡天石，2010）。而且，冷链物流是牵涉众多领域并需要良好配套的系统工程，预冷、装卸货等方面不能很好地配套，也是冷链物流采用率难以提高的重要原因。果蔬等鲜活农产品冷链物流最突出的问题是投入成本高而回收效益低，行业进入门槛过高，从而许多商家退出了该市场（生吉萍和王健健，2013）。

值得注意的是，近年来，在国家和地方政府的大力支持下，很多地区积极推动冷链物流基础设施建设，冷库等基础设施的闲置已成为一个值得重视的问题（王志刚、王启魁和钟倩琳，2012）。作为海南省政府和海口市政府重点支持建设的大型农产品综合交易市场，总投资12亿元、总占地面积1200亩的海南中商农产品中心市场，硬件设施可谓先进，并建有容量为10万吨的冷库，冷藏能力非常强大，不过其冷库利用率却非常低——即便承担了海口市战略储备菜的储备任务之后仍然如此。因此，仅仅着眼于冷链系统的硬件建设与冷链物流"能力"的提升，不一定能够相应提升运销商采用冷链系统的"动力"和现实需求，最后可能出现一种尴尬的结局：一方面是大量冷链物流基础设施的闲置，另一方面是流通损耗率仍然高居不下。笔者认为降低损耗率是流通领域的系统工程，在流通的其他环节发展滞后的情况下，试图通过大力发展冷链物流来担负降低损耗率的重任似乎很难完成。

（四）组织化程度低与扶持合作社

国内文献的"共识"是，小农户难以仅凭自身力量应对大市场（周立群和曹利群，2001）。因此，提升小农户的组织化程度，就成为优化中国农产品流通体系的一项核心任务。为提升小农户的组织化程度，农民合作社被寄予厚望。但是，各地的实践并不能证明，合作社能够作为提高小农户"组织化程度"的微观基础。

虽然通过农民主导、自愿联合的农民合作组织（合作社）提高小农户的组织化程度既是绝大多数发达国家和地区（包括东亚地区）农产品流通的成功经验，也是中国农业发展的大趋势，但由于各种原因，真正的农民合作组织在相当长时期内都很难顺利成长。

官方宣传和正式统计口径往往夸大了合作社的数量和功能，而且很多据称是合作社的组织并不满足"自愿联合、民主管理"等基本特征。越来越多的学者倾向于认为，应该对合作社的发展情况做出实事求是的分析和判断，不要过高估计合作社对农民的实际带动能力（张晓山，2012）。

合作社在发展过程中出现"泛化"和"异化"现象（苑鹏，2008）。占比很大的"合作社"出于追求"政策性收益"的目标而成立，农户对合作社的认可度低，相当数量的合作社只是挂牌合作社，没有实际运营（潘劲，2011）。一项针对葡萄种植专业村湖北省天星村的调查表明，那些自称或注册为"合作社"或"技术协会"的组织，其实并不具备"自愿联合、民主管理"等基本特征，所发挥的作用似乎并不像主流话语体系所宣传的那样，其总结出的"经验"也非事实（徐振宇，2011）。实际上，很多"农民专业合作社"是由大农户和企业控制的。在潘劲（2011）调查的合作社中，许多第一大股东在合作社中占有控股地位。国务院发展研究中心对中国农民专业合作社的调查发现，在140个调查对象中，由普通农民倡议和发起的专业合作社有25个，占比为17.8%（韩俊，2007）。这些组织虽注册为"专业合作社"，但实际上已成为一个异化于农民的组织，不但没有分散决策权和财富，反而进一步集中了决策权和财富，再加上政府对这些组织的支持，尤其是直接的资金支持和一些所谓的产业政策支持，造成大农户和小农户收入差距的进一步拉大（Fock和赵钧，2012）。另外，中国缺乏真正意义上的农民所有、农民控制、为农民提供金融服务的正规的农民合作金融组织，这也是中国的农民专业合作社很难发展壮大的重要原因（张晓山，2012）。

世界银行的 Fock 和赵钧（2012）针对中国进行研究得出的结论：越是小规模的农户，就越不愿意加入合作社；越是较大规模的农场和公司，越有激励参加与组建合作社。因为小农户更注重短期的实际效益，小农户的生产方式并不需要很强的横纵向协调，加上农村社区的社会资本减少，缺乏有能力的领袖人物，缺乏合理和完善的商业计划，集体行动的交易成本较高。相比之下，大规模农户更依赖合作社所提供的纵向协调服务，并更希望稳定与产业链上下游的关系，也希望通过合作社的建立和运行建立互相关联的市场，获得政府提供的各种优惠，并得以在合作社中重复并渗透其在社区的权力结构。大规模农户的出现可以很好地解决以小规模农户为主进行的合作中必然产生的"搭便车"问题，从而降低了交易成本，使有能力的领袖人物凸显出来，并有可能实施差异化、品牌化战略，因此在这种情况下，大农户与小农户之间主要是一种联盟关系。而大企业组建和控制合作社的原因主要有三：为确保原材料的质量和连续的供应，以满足生产需求，降低成本，增强竞争力；保护自己的投资和控制市场；获得政府的支持（Fock 和赵钧，2012）。

中国大陆地区农民合作化对境外经验的借鉴，主要有两个方向：一个方向是借鉴韩、日的农协或中国台湾地区农会那种自上而下的，具有社会、经济、政治综合功能的半官方"农民"组织；另一个方向则是借鉴中国台湾特色的产销班。中国台湾地区的产销班和农会在一定程度上是更好的借鉴，但这可能需要中国大陆地区农村经济社会体制进行相应的配套变革。当然，所有模式都只是"仅供参考"，再考虑到中国区域之间的巨大差异，需进一步探索符合中国各地区情况的组织模式。另外，提升农户组织化程度的答案，很可能必须由农民自己来提供。徐振宇（2011）发现，依赖农民领袖才能的小农户之间的非正式合作，完全可以通过不断扩大市场范围而分享农产品流通的增值。从农村中土生土长的农民，可以发展为农产品经纪人，从生产领域进入流通领域，专门或兼业从事农产品运销，成为在农产品流通中挑大梁的主要力量，成为促进农产品流通效率不断提高的功臣。

（五）市场化与流通基础设施公益性

政界和学界都强调农产品流通基础设施尤其是农产品批发市场的公

益性。但与此同时，必须承认农产品批发市场"市场化运作"大方向的正确性，不能认为"市场化"运作本身是错误的。问题并不在于市场化运作，而在于政府应该扮演什么角色。政府可以出资、可以给予财政补贴，但不应干预具体经营。境外经验普遍证明，公益性与市场化运作完全可以并行不悖。笔者认为，应该在强化竞争性的基础上保证公益性。近年来，我国通过绿色通道、减免农产品批发市场税费等方式减轻了农产品流通环节的税费负担，降低了成本，但是，好处似乎并未充分惠及生产者和消费者。其中的重要原因在于，部分农产品批发市场拥有较强的市场势力，涉嫌垄断。这样，降低税费的好处主要被批发市场主办方获得。因此，应该通过进一步强化批发市场的竞争性来保证公益性。[1]对于处于垄断地位的部分农产品批发市场而言，如果降低各种收费和税，好处基本由处于垄断地位的批发市场开办方获得。[2] 因此，应该设法让降低税费的好处更多地由批发市场开办方向批发商转移，或者说应该设法降低批发市场向批发商收取的费用。境内外经验表明，要降低上述费用，无非是通过法律约束、规划引导、促进良性竞争和行政管制等方法。在我国目前规划、法律双重缺失，行政管理体制不顺的背景下，可行的方式就是适当促进批发市场之间的竞争性。近年来，我国部分大城市将分散在各处的批发市场"整合"至一个超大型农产品批发市场并规定只允许在这个唯一的批发市场从事批发交易的做法，从长期来看，不一定有利于降低农产品流通成本。

（六）中国农产品流通体系的效率

中国农产品流通体系已初步形成农户、合作社、经纪人、运销商贩、各类流通企业等多元化主体参与，以批发市场和农贸市场为主导，以农超对接等新型产销对接模式为补充的城乡互通、境内外互联的格

---

[1]　如果在批发环节缺乏足够的竞争，即便是政府投资建设的批发市场，不收取管理费，不征收任何税，这些好处也不一定会惠及消费者和生产者。回到最基本的经济学理论，由于极少数大型农产品批发市场在区域批发中所占份额极高，在事实上处于垄断地位，因而形成其供给曲线的高度缺乏弹性；而在批发市场的批发商则相对是富有弹性的，消费者和生产者显然也是如此。

[2]　据北京市第十一届政协委员和第十二届特邀委员王天麟等人 2012 年的专项调查，北京东南方向进京的农产品占全市外埠进京农产品总量的 42.4%，但北京东南方向除了新发地外，没有其他大型农产品批发市场可与之抗衡。

局（任兴洲，2012）。这种多层次、多样化的流通渠道和环节基本是市场自发选择与演化的产物，很难说这种格局是低效率的。但是，国内仍然有不少文献（龚梦和祁春节，2012）认定中国农产品流通效率低。

所谓"效率"，经济学中通常使用"帕累托效率"、技术效率和经济效率等概念，均有非常确切的内涵。所谓"帕累托效率"或"帕累托有效"，指的是一种满足如下特征的资源配置理想状态：①没有任何办法使得各方境况都变得更好；②不可能使某一方境况更好而又不使另一方境况变坏；③从交易中所能得到的所有收益都已取尽；④无法进一步再做互利的交易。另外两种通常被运用的效率概念是技术效率和经济效率，前者指的是在投入既定的情况下产出最大化（或产出既定的情况下投入最小化），后者指的是成本既定的情况下收益最大化（或收益既定的情况下成本最小化）。如果外部政策与体制环境不发生重大变化，中国农产品流通体系很难实现帕累托改善，因而基本是"帕累托有效"的。在投入既定的情况下，产出显然难以扩大；在成本既定的情况下，收益也难以增加。因此，中国农产品流通体系的技术效率与经济效率也很难提升。而且，中国的农产品市场是一个竞争比较充分的市场，进入、退出壁垒都比较低，从产业组织的角度看，不可能效率低下。无论是基于帕累托效率，还是基于经济效率和技术效率，抑或是基于现实的产业组织情形，都不能断定中国农产品流通效率低下，至少不像某些学者所想象的那样低。中国农产品的流通效率，无论是与欧美，还是与日韩相比，都不能认为是低的。

不少学者认为，中国农产品批发市场缺乏必要的规划和正式法律是成问题的。然而，没有正式的规划与法律，其实恰恰是中国农产品流通的重要特点，也是高度市场化的重要体现。以往我们将缺乏规划与正式法律视为问题，很大程度上是因为日韩等发达国家都有相关的正式法律。然而，日韩学界的反思表明，相关法律并未切实提升其农产品流通效率。另外，当前有活力的批发市场基本都是自发形成和长期演化出来的，政府通过"高水平""高起点"规划搞出来的批发市场，很多都是短命的，或者交易清淡，使用率极低。

二　主要研究结论

农产品不会自己跑到消费者那里，市场并非从天而降，而是被一批具有企业家精神的中间商通过迂回的方式创造出来的。要发挥市场在资源配置中的"决定性作用"，首要的是更好地发挥各种类型的中间商在迂回流通中的作用。很多本应该交给市场的问题，最好还是交给市场，适应市场规律，循序渐进，逐步完善；任何违背市场规律、拔苗助长的政策措施都可能会适得其反。市场力量远非完美，却基本上是一种犯错误较少也相对比较容易纠正的力量。农民、运销商、消费者都是理性的，目前，在农产品流通领域，市场的自我选择机制总体有效，在微观运行环节基本不需要政府出面频繁进行干预。与此同时，政府仍然能更好地发挥作用。使市场在资源配置中起决定性作用和更好发挥政府作用，在中国农产品流通体系演化进程中不应沦为套话和空话。

本书的主要研究结论如下。

（一）复杂性和不同程度的"迂回性"，是中国农产品流通组织的本质特征

1. 农产品流通组织具有鲜明的自组织特征

农产品流通组织本质上是相关主体分工分业的自组织体系和不断演进的复杂适应系统，具有明显的自组织特征，组织惯例变动、关系网络扩展、技术进步、制度变迁是农产品流通组织演进的基本动因。农产品流通组织由众多生产者、批发商、物流服务商、零售商以及其他辅助型的中间商组成，多样性的行为主体数量庞大且异质性明显，基于规模经济、范围经济、搜寻、交涉、履约、简化交易次数、降低交易不确定性等多重考虑，相互之间形成多层次分化与分工，行为主体间的相互影响，及行为主体与环境间的相互影响都非常复杂。唯有在演化分析框架下，才有可能对上述复杂性形成深入系统的理解。

2. 农产品流通组织本质上是不同程度的"迂回"流通系统

从经验层面看，无论是农业现代化程度较低的中国，还是农业现代化程度较高的日、韩等发达国家，抑或是欧美发达国家（地区）的早期发展阶段，农产品流通组织均以小规模农户为生产基础，以农产品批发市场为核心，以多环节、高迂回度为突出特征。即便是在批发市场重要性呈下降趋势和以较大规模农场为生产基础的欧美国家（地区），农产品流通组织仍有相当程度的迂回度。互联网技术的普及与农产品电子商务的迅速发展只是改变了农产品的流通方式和形式，并未对农产品流通迂回度产生根本性影响。从理论层面看，所有现实的市场，往往都要借助中间层组织尤其是各种流通组织完成生产者与消费者之间的交易，从而存在大量的中间层组织，并表现为不同的渠道结构和多元化的交易形式——这才是真实的市场微观结构。市场微观结构的核心本质，就是交易的"中介化"。

（二）需要对中间层组织的功能进行再认识

对中间层组织的功能再认识，是深入理解农产品流通组织演进机制的基础，也是理解农产品批零价差、收益分配与成本分摊的关键。①在以批发市场为枢纽的农产品流通组织中，以各级批发商、农产品经纪人和连锁零售商等为核心的中间层组织，从缓解信息不对称、强化信任、强化交易稳定性、加强筛选等方面，降低交易成本，提升交易效率，是农产品流通组织的灵魂。②产地各种类型的中间层组织通过关系网络扩大不仅促进了市场范围的扩张，还促进了种养殖技术的扩散，实现了市场范围与技术创新的正反馈机制。③互联网技术普及导致资本运作、技术创新与商业创新的互动更复杂，但这不意味着中间层组织的重要性下降，反而意味着中间层组织的资源、网络、知识、能力对农产品流通组织演进更重要。中间层组织为提高农产品效率流通做出了重大贡献，并非导致较高的农产品零售价格与扩大购销价差的"原因"。

因此，农产品流通"迂回"程度或曰农产品流通环节数量与购销价差并不必然相关，与零售价格高低也不必然相关。农产品购销价差持续扩大，以及农产品零售价格上升，一方面源于农产品加工运销服务水平提升与各种成本的增加，另一方面源于城市劳动力机会成本的持续提高，与农产品流通环节数量基本无关。通过减少农产品流通环节从而降低农产品流通迂回度，无非是企业间交易转变为企业内交易，是要素市场对产品市场的替代，无法削减农产品流通职能，不太可能降低相关流通费用，也难以降低农产品零售价格。另外，深度剖析"农超对接"

案例发现，现实的"对接"运作基本高度依赖批发商和农产品经纪人来实现。

（三）农产品流通"迂回度"演进有一定的规律性

从时间维度看，农产品流通"迂回度"大致呈倒 U 形演化趋势，即各国的农产品流通迂回度，在早期基本都较低，后来迂回程度逐渐提高，然后迂回程度再降低。从空间维度看，不同国家在不同发展阶段倒 U 形的演化趋势有较大差异。不过，农产品流通的"迂回度"还受产业、产品、技术及生产经营者规模等维度的复杂影响，尤其受所联结生产端和零售端的组织化程度的影响，这不仅取决于农产品生产者的组织化程度，也受零售商组织化程度的影响。农产品流通迂回度降低，是生产者与零售商组织化程度同时提升的结果。中国农业生产者和农产品零售商的组织化程度偏低，决定了中国农产品流通的迂回度在相当长时期内都将很难降低。

（四）批发市场在相当长时期内都将是中国农产品流通体系的枢纽和核心

农产品批发交易演进具有鲜明的路径依赖特征和多元化特征；中国农产品批发交易方式将在相当长时期内以对手交易为主；税费政策未充分考虑农产品批发市场的公益性，阻碍了交易技术进步，是中国农产品批发市场现代交易技术"能力"与现代交易技术采用"动力"之间严重不匹配的根源；中国农产品批发市场超高效率的根源，在于其特殊的微观结构，它使批发市场的时间和空间利用效率提升至极致。

（五）互联网普及使中间层的作用更大

随着互联网技术的普及和现代连锁零售商的快速发展，资本运作、技术创新与农产品流通组织创新间的互动更加复杂。虽然互联网的出现使所有经济行为主体的交易成本都有所下降，但基于互联网的中间商的交易成本下降得更快，以至于中间商反而发挥了更大的作用，这对于互联网交易平台本身及基于互联网交易平台开展经营的中间商都是成立的。从这个角度而言，互联网带给中间人角色的变化使得他们甚至比以往任何时候都更有价值——这与以往关于互联网发展将导致"去中介化"的判断不一致。实际上，在互联网经济背景下，农产品经纪人、批发商等中间层组织的重要性不一定下降，但其资源、关系网络、知识、能力及专业性对农产品流通组织而言更加重要。

（六）农产品批零价差与价格波动在合理范围内

中国农产品批零价差并不像媒体所炒作得那样大，价格波动也基本在合理范围之内。以北京为例的研究发现，多数蔬菜流通中间环节的真实加价幅度并不大。零售终端的加价幅度看似较大，一方面在于批发价格被人为低估（在很大程度上受不科学的蔬菜批发价格采集方法的影响），另一方面反映出零售环节成本刚性上涨的影响，蔬菜零售从业者的实际获利水平并不高，其人均获利水平稍高于北京市私营企业人均工资水平，高出的部分在很大程度上反映了对蔬菜流通从业者高度辛苦的某种"补偿"，基本上是合理的。因此，流通成本尤其是零售环节流通成本的刚性上涨是蔬菜零售价格居高不下的根本原因。

（七）农产品流通体制改革与流通体系建设，应坚持市场化与多元化方向

十八届三中全会强调要使市场在资源配置中起决定性作用和更好发挥政府作用，为中国未来农产品流通组织演进和流通体系建设指明了方向。参考境外经验，必须考虑的基本约束条件是，中国农业生产将在相当长时期内以小农户为主，农产品运销也将在相当长时期内以小规模运销商为主。上述方面与西欧、北美的显著差异，应视为中国农产品流通组织研究和政策制定的基本约束条件和出发点，并在此基础上找到提升小规模农户、小规模批发商和小规模批发商组织化程度的路径。以往提升小规模农户组织化程度的基本路径，无非是通过农民合作社或通过订单农业实现所谓"农业产业化"，事实证明，上述两条路径都不太顺利，小农户融入现代农业经营体系的路径还需要进一步探索。

三　主要政策建议

农产品流通组织具有其自身的规律性和发展适应性，所谓的"问题"是由中国农产品生产、流通、消费的发展现状和流通自身的特点决定的，在整体外部环境和生产流通体系没有发生根本性转变的条件下，

任何"点穴"式措施都将无效。农户规模小且组织化程度低，流通环节多，一般都被认为是中国农产品流通的基本"问题"，但这更是中国农产品流通体系必须在较长时期内不得不面对的"现状"或"约束条件"，也是政策制定工作的出发点。虽然政府出台了各种扶持措施，比如旨在减少中间环节的"农超对接"政策，全面强化冷链物流系统以降低流通损耗率的政策，扶持合作社以强化流通微观基础并提升农户组织化程度的政策等，但是，所有这些政策并没有真正改善农民在农产品交易中的谈判地位，也未能切实提升农民收益，也难以提升农产品流通效率。

为提升农产品流通效率，政府的作用应主要限定为"扩展"市场与"补充"市场，如破除垄断，解除不必要的管制，降低土地等政府控制的要素成本，降低税费等，促进供应链上各行为主体间的沟通与合作，加强重要市场信息的搜集、挖掘与分析，支持农村道路、农村通信网络等基础设施的建设，促进农产品流通技术的研发等，而不是"纠正市场"，更不是"替代市场"（徐振宇，2014）。

基于上述分析，本书主要的政策建议如下。

（一）公共政策应顺应农产品流通组织演进规律，稳步提升农产品流通效率

实事求是总结境内外经验教训，顺应农产品流通组织演进规律与趋势，考虑市场和相关配套条件，设法协助提供有助于农产品市场范围扩展的基础设施与公共服务，公共政策是可以通过"扩展"或"补充"市场稳步提升农产品流通效率的。

（二）政府应给予批发市场更多实质性支持，确保市场化运作前提

鉴于批发市场在相当长时期内仍然保持其在中国农产品市场体系中的枢纽地位，政府应在两方面支持农产品批发市场发展。

（1）应继续重视对批发市场的扶持和支持，除继续支持批发市场升级改造外，应该在土地、税费、融资、降低水电费等方面给予更多实质性支持。应考虑所有农产品从生产、流通到加工所有环节均永久免征任何流转税。以上政策可以做到"一石四鸟"，包括提高市场信息的准确性与实时性，促进批发业者的规模化、法人化发展，降低农产品价格惠及民生，提高农产品质量安全水平。过高的名义税负是中国农产品批发

市场信息化设施普遍闲置、信息质量偏低的重要原因。考虑到农产品批发环节的相关税收总量不大，免除后对全国财政收入影响甚微；同时，农产品是关系民众特别是普通民众民生的商品，免税没有任何不妥，而且，无论是基于农产品批发市场的公益性特征还是国际惯例，也都要求进一步减免税收。再考虑到宏观经济形势也要求结构性减税，建议免除农产品流通环节的所有税收，而不仅仅是在流通环节免征增值税。更进一步地，还可以考虑初级农产品从生产、流通到加工所有环节均永久免征任何流转税。

（2）在市场化运作的前提下强化农产品批发市场的公益性。政府可以出资，可以给予财政补贴，但不应干预具体经营。批发市场在通过价格发现和信息传递来协调农产品流通之外，还派生出一系列的各种服务组织（营利性的与非营利性的），从纵向产业联系的角度形成流通的社会化服务体系，这是批发市场主导的农产品流通组织模式的核心及成败的关键。所谓的公益性，应在非营利性的流通社会化服务方面发挥更大作用。境内外经验普遍证明，公益性与市场化运作完全可以并行不悖。

（三）大力培育多种类型的农产品流通中间商

党的十九大报告强调"实现小农户与现代农业发展有机衔接"。要实现小农户与现代农业发展有机衔接，统筹兼顾培育新型农业经营主体与扶持小农户，一个特别重要的普惠性、带动性措施，就是培育那些根植于农村和农业的农产品流通中间商，包括经纪人、运销商和其他专业中间商。考虑到中间商对流通效率提升的重要作用，境外已有经验研究文献认为政府应扶持中间商的成长。政策的基本方向在于设法促进流通成本降低，而不在于减少流通环节。第一，应高度重视农产品经纪人和经销大户在农产品流通中的重要作用，采取更为宽松的政策促进其规模化、法人化发展。第二，支持专业的农产品配送企业发展，鼓励其完善网络和流通渠道，发展连锁经营做大做强。第三，建议以强化农产品零售终端的竞争性为基本考量，支持早市和一些临时性农产品交易场所的发展。早市作为繁荣农产品零售市场、方便居民生活、促进市场竞争的重要载体，理应予以大力培育、支持并加以适当规范，而不是勒令搬迁，更不应该随意取缔。可借鉴武汉等城市的经验，直接由市政府牵头协调蔬果产品直接进入社区销售。北京市的一些社区已在这样做。在居民社区中的某块空地，联系零售商在固定时间销售蔬果，免收任何租金，只要求零售商保持销售场所的清洁即可，这样既方便了社区居民，又实际上降低了农产品售价，可谓一举多得。其实，同样作为国际大都市的香港，也存在大量的"街市"销售鲜活农产品。

（四）妥善做好农产品批发市场规划

经验证据表明，那些真正有竞争力的批发市场，基本上是市场选择而非政府规划的结果。如果要提高农产品批发市场规划的科学性，就必须顺市场之势而为，而非另起炉灶。这种规划的好处在于，尽量减少政府失灵的可能性，也减少有关利益集团的"俘获"或寻租行为。在农产品批发市场外迁郊区的过程中，应谨防因有关利益集团对农产品批发市场布局优化、功能定位、搬迁整合而使其产生扭曲。

（五）继续改善农村流通基础设施

古典经济学家穆勒重视通信和交通运输方式的改进所带来的积极作用，"好路就等于好农具"，换句话说，减少将产品运送到市场（或将投入品运送到农田）的成本，就等于减少必需的农业投入（约翰逊，2004，第360页）。建议今后继续加大对农村道路修建和产地市场建设的支持力度。

（六）重视市场信息公共服务体系建设

党的十七届五中全会明确要求在"工业化、城镇化深入发展中同步推进农业现代化"，十八大则进一步明确为"促进工业化、信息化、城镇化、农业现代化同步发展"。农业信息化水平太低，是"四化"中的主要短板。面向农业农村现代化，应进一步加强政府在农业农村市场与经济信息方面的职能（马有祥，2008）。要切实加强政府在农产品生产、流通、消费方面的信息发布、分析与预警职能，适当弱化政府在干预农产品生产和市场价格方面的职能。

（七）提前防范农产品电子商务平台化发展趋势背后的风险

通过法律法规、政府约谈和媒体监督等各种手段，治理农产品电子商务平台通过巨额补贴扰乱市场的不公平、不正当竞争行为。

（八）重点设法努力降低农产品零售环节的刚性成本

研究发现，蔬菜流通成本主要体现为零售环节的刚性成本，因而，要降低农产品零售价格，就必须以降低零售环节成本为重点，而不是设法减少流通环节。从这个角度看，"进一步减少流通环节"的政策导向或许有再讨论的必要。当然，考虑到人工成本、租金、损耗构成了主要流通成本，今后进一步降低农产品流通成本将面临重大挑战。

（九）尽快改进农产品批发市场的批发价格统计制度

很多农产品批发市场既公布最低价，也公布最高价，还公布平均价，看似合理，实则更为混乱。真正可以供生产者、经营者、政府决策者和研究者使用的批发价格数据，应该尽可能体现品种、产地和批量，尤其应该体现不同批量的价格差异。

四 研究局限与展望

本书融合了笔者从事农产品流通研究工作近 20 年来的田野调查、文献阅读与理论反思的成果。以前的很多重要观点已浓缩于本书，之前的研究仅略微提及的重要论点，本书则做了进一步阐述。为突出观点，行文所至，难免尖锐。无意之中，或冒犯先贤，或伤害读者，或误判形势，或误会部门，皆望海涵。在学术研究的道路上，不仅充满艰险，还应充满批判和自我批判。时间紧迫，匆匆草就，水平有限，挂一漏万，唯有开诚布公，欢迎任何批评意见。为使批判有所凭据，本书尽可能丰富经验证据，难免拖沓冗长。本书研究的主要局限如下。

第一，在数据方面。受制于《统计法》和中国政府部门的规则约束，掌握各地农产品零售价格数据的统计部门不能提供给研究者必要的零售数据。农产品批发数据虽可提供，但提供的数据总体而言相对粗糙，不够精准。课题组的调查，受限于人员、精力、经费以及数据可获得性，也不可能全面准确。另外，样本数量不够大，对于农产品批零价差水平、成本分摊和收益等方面的计算和研究仍嫌不足。在调查中，即便调查人员已经与被调查者建立了非常密切的关系，但是一旦问及进货价格、销售额、销售量、纯收入等方面的问题，其回答的准确程度也无法确保。而且，很多从业者没有精确记账的习惯，这些都影响了笔者对一些关键数据的获取，不得不进行估计。在一些场合，由于权重无法确定，被迫采取了简单平均的估算方法。

第二，在调查策略方面。由于研究人员、研究经费、研究条件等多方面的限制，调查是多次进行的，未能完全保证调查的持续性、追踪性和完整性。今后的调查中将予以注意和调整。

第三，在农产品流通组织演进的微观机理方面，尚需进一步深化研究。

另外，由于不同类型农产品的流通渠道差异很大，有必要单独探讨不同行业、不同类型农产品流通组织的演进机制与规律，如库尔斯和乌尔（2006）就将农产品分为牲畜和肉类、牛奶及奶制品、家禽和蛋类、谷物、棉花和纺织品、烟草和烟草制品、水果和蔬菜七大类，分别考察其生产、消费、市场结构、定价、营销渠道、营销成本与农场份额等基本方面。这种方法对于更加深入地剖析农产品流通体系，无疑具有重要的借鉴价值。

参考文献

[1]《财贸经济》编辑部.1985.社会主义流通理论探索［M］.北京：中国展望出版社.

[2]《当代中国》丛书编辑部.1987.当代中国商业（上）［M］.北京：中国社会科学出版社.

[3]阿尔德森.2015.营销行为与经理人行为——功能主义视角的营销理论［M］.张舒，王海平，丁丽，等译.北京：科学出版社.

[4]阿里研究中心.2014.农产品电子商务白皮书［R］.

[5]埃格特森.1996.经济行为与制度［M］.吴经邦，等译.北京：商务印书馆.

[6]艾瑞咨询.2020.中国生鲜电商行业研究报告［R］.

[7]安玉发，张浩.2010.果蔬农产品协议流通模式研究［M］.北京：中国农业大学出版社.

[8]安玉发.2011.中国农产品流通面临的问题对策及发展趋势展望［J］.农业经济与管理（6）：62－67.

[9]巴克林.2012.流通渠道结构论［M］.张舒，译.北京：科学出版社.

[10]白小虎.2011.劳动分工与市场起源［D］.浙江大学.

[11]鲍易斯，威利.2004.现代商务发展史［M］.王惠，译.北京：中国社会科学出版社.

[12]贝当古.2009.零售与分销经济学［M］.刘向东，沈健，译.北京：中国人民大学出版社.

[13]本尼迪克特.1990.菊与刀——日本文化的类型［M］.吕万和，熊达云，王智新，译.北京：商务印书馆.

[14]毕美家.2001.中国农产品批发市场的建设与发展方向［J］.中国农村经济（12）：37－41.

[15]布坎南.1989.自由、市场和国家——80年代的政治经济学［M］.平新乔，莫扶民，译.上海：上海三联书店.

［16］布罗代尔.1992.15－18世纪的物质文明、经济和资本主义（第三卷）［M］.顾良，施康强，译.北京：生活·读书·新知三联书店.

［17］曹锦清.2000.黄河边的中国［M］.上海：上海文艺出版社.

［18］曹利群.2001.农产品流通组织体系的重建［J］.学术月刊（8）：30－35.

［19］曹应旺.2019."四面八方"：旋闻新策动春雷［N］.北京日报，03－25.

［20］陈阿兴，岳中刚.2003.试论农产品流通与农民组织化问题［J］.农业经济问题（2）：55－60，80.

［21］陈炳辉，安玉发.2006.农产品批发市场发展模式国际比较及对中国的启示［J］.世界农业（2）：7－9.

［22］陈汉能.2007.美国新奇士桔农协会运作模式［J］.中国果树（1）：69－70.

［23］陈锦江.1997.清末现代企业与官商关系［M］.王笛，张箭，译.北京：中国社会科学出版社.

［24］陈劲松，张剑渝，张斌.2013.社会资本对交易费用的作用：理论、机制和效果——基于机会主义行为治理视角的研究述评［J］.经济学动态（12）：87－90.

［25］陈丽芬.2010.美日农产品流通体系发展变迁及其规律分析［EB/OL］.中国市场营销网，http：//www.ecm.com.cn/NewsView.asp？id＝1807.

［26］陈亮.2015.从阿里平台看农产品电子商务发展趋势［J］.中国流通经济（6）：58－64.

［27］陈淑祥.2006.中西方国家农产品流通比较［J］.西部论坛（重庆工商大学学报）（4）：19－23.

［28］陈义媛.2018.农产品经纪人与经济作物产品流通：地方市场的村庄嵌入性研究［J］.中国农村经济（12）：117－129.

［29］程国强，胡冰川，徐雪高.2008.新一轮农产品价格上涨的影响分析［J］.管理世界（1）：57－62，81.

［30］丁关良.2001.日本的农业立法［J］.世界农业（5）：16－18.

［31］丁建吾，赫静.2007.发达国家和地区农产品批发市场发展经验及

启示 ［J］. 中国经贸导刊 （17）：43 - 44.

［32］丁涛. 2013. 流通理论的发展历程与展望 ［D］. 东北财经大学.

［33］董晓霞，许世卫，李哲敏，李干琼. 2011. 完全竞争条件下的中国生鲜农产品市场价格传导——以西红柿为例 ［J］. 中国农村经济 （2）：22 - 32，51.

［34］杜吟棠. 2002. "公司 + 农户" 模式初探——兼论其合理性与局限性 ［J］. 中国农村观察 （1）：30 - 38.

［35］段应碧，余国耀，张路雄，李首佳，孙孔文. 1989. 美国农产品流通情况的考察 ［J］. 中国农村经济 （5）：41 - 48.

［36］多恩布什，费希尔，斯塔兹. 2000. 宏观经济学 （第七版） ［M］. 王志伟，译. 北京：中国人民大学出版社.

［37］樊亢，戎殿新. 1994. 美国农业社会化服务体系——兼论农业合作社 ［M］. 北京：经济日报出版社.

［38］范润梅，庞晓鹏，王征南. 2007. 蔬菜市场批零价差和价格传递机制分析——以北京市为例 ［J］. 商业研究 （11）：110 - 114.

［39］方志权，焦必方. 2002. 中日鲜活农产品流通体制若干问题比较研究 ［J］. 现代日本经济 （5）：39 - 43.

［40］方志权，顾海英. 2004. 中日蔬菜生产、流通、贸易比较研究 ［M］. 上海：上海财经大学出版社.

［41］费孝通. 1985. 乡土中国 ［M］. 北京：生活. 读书. 新知三联书店.

［42］冯中越等. 2013. 北京农产品流通体系与协调机制研究 ［M］. 北京：中国统计出版社.

［43］Fock A.，赵钧. 2012. 支持小农户和发展农户为主的合作社——世界银行在中国的经验 ［C］. 中国社会科学院农村发展研究所合作经济研究中心等编. 2012 年 （北京） 东亚农民合作社发展论坛会议论文集.

［44］傅晨. 2000. "公司 + 农户" 产业化经营的成功所在——基于广东温氏集团的案例研究 ［J］. 中国农村经济 （2）：41 - 45.

［45］富兰克林. 1989. 富兰克林经济论文选集 ［M］. 刘学黎，译. 北京：商务印书馆.

［46］冈部守，章政等. 2004. 日本农业概论 ［M］. 北京：中国农业出版社.

［47］高静娟，陈煜 .2011. 从蔬菜悬殊差价看农产品物流成本 ［J］. 物流工程与管理 （6）：61 - 62.

［48］高荣贵 .1962. 魁奈《经济表》对马克思再生产理论的作用 ［J］. 吉林大学社会科学学报 （8）：15 - 29.

［49］高铁生，朱玉辰 .2005. 中国农产品期货市场功能发挥与产业发展 ［M］. 北京：中国财政经济出版社 .

［50］高扬 .2011. 我国蔬菜价格传导非均衡性的原因及对策研究——基于市场竞争理论视角的分析 ［J］. 价格理论与实践 （5）：30 - 31.

［51］格兰诺维特 .2007. 镶嵌：社会网与经济行动 ［M］. 罗家德，译 . 北京：社会科学文献出版社 .

［52］格兰诺维特 .2019. 社会与经济：信任、权力与制度 ［M］. 王水雄，罗家德，译 . 北京：中信出版社 .

［53］龚梦，祁春节 .2012. 我国农产品流通效率的制约因素及突破点——基于供应链理论的视角 ［J］. 中国流通经济 （11）：43 - 48.

［54］顾国达，方晨靓 .2011. 农产品价格波动的国内传导路径及其非对称性研究 ［J］. 农业技术经济 （3）：12 - 20.

［55］郭崇义，庞毅 .2009. 基于流通实力的农产品流通模式选择及优化 ［J］. 北京工商大学学报 （社会科学版） （4）：7 - 11.

［56］郭冬乐，宋则，王诚庆 .1997. 印度农产品流通体制考察 ［J］. 财贸经济 （7）：37 - 43.

［57］郭红东 .2005. 农业龙头企业与农户订单安排及履约机制研究 ［M］. 北京：中国农业出版社 .

［58］郭力野 .2014. 我国蔬菜价格周期性波动规律分析 ［J］. 中国蔬菜 （1）：41 - 45.

［59］哈耶克 .1997. 自由秩序原理 ［M］. 邓正来，译 . 北京：生活·读书·新知三联书店 .

［60］哈耶克 .2000. 致命的自负 ［M］. 冯克利，译 . 北京：中国社会科学出版社 .

［61］韩俊 .2007. 中国农民专业合作社调查 ［M］. 上海：上海远东出版社 .

［62］韩俊 .2014. 农业改革须以家庭经营为基础 ［N］. 经济日报，08 - 07.

[63] 何劲，祁春节. 2004. 英国果蔬市场模式对发展武汉农产品流通的启示 [J]. 学习与实践 (8)：23 - 26.

[64] 何嗣江. 2006. 订单农业研究的进展 [J]. 浙江社会科学 (2)：195 - 202.

[65] 何秀荣. 2009. 公司农场：中国农业微观组织的未来选择？[J]. 中国农村经济 (11)：4 - 16.

[66] 贺名仑. 1984. 关于商品流通体制改革的几个问题 [J]. 北京商学院学报 (4)：1 - 11.

[67] 霍其逊. 2007. 演化与制度：论演化经济学和经济学的演化 [M]. 任荣华，等译. 北京：中国人民大学出版社.

[68] 洪涛，洪勇. 2016. 2016 年中国农产品电子商务发展报告 [M]. 北京：中国财富出版社.

[69] 洪银兴，郑江淮. 2009. 反哺农业的产业组织与市场组织——基于农产品价值链的分析 [J]. 管理世界 (5)：67 - 79.

[70] 侯守礼，王威，顾海英. 2004. 不完备契约及其演进：政府、信任和制度——以奶业契约为例 [J]. 中国农村观察 (6)：46 - 54.

[71] 胡冰川. 2013. 生鲜农产品的电子商务发展与趋势分析 [J]. 农村金融研究 (8)：15 - 18.

[72] 胡定寰，陈志钢，孙庆珍，多田稔. 2006. 合同生产模式对农户收入和食品安全的影响——以山东省苹果产业为例 [J]. 中国农村经济 (11)：17 - 24，41.

[73] 胡华平. 2011. 农产品营销渠道演变与发展研究 [D]. 华中农业大学.

[74] 胡寄窗. 1988. 政治经济学前史 [M]. 沈阳：辽宁人民出版社.

[75] 胡剑锋. 2010. 中国农业产业组织发展演变的制度分析 [M]. 北京：人民出版社.

[76] 胡天石. 2010. 冷链物流发展问题研究 [J]. 北京工商大学学报 (社会科学版) (4)：12 - 17.

[77] 胡卓红，申世军. 2008. 当前农产品价格上涨中的流通成本研究 [J]. 价格理论与实践 (8)：27 - 29，52.

[78] 黄道霞. 1999. 五个"中央一号文件"诞生的经过 [J]. 农村研究 (1)：32 - 38.

[79] 黄光国.2004.面子：中国人的权力游戏［M］.北京：中国人民大学出版社.

[80] 黄国雄.2010.加强流通理论创新推动流通产业快速发展［J］.中国流通经济（4）：8－10.

[81] 黄凯南.2009.演化博弈与演化经济学［J］.经济研究（2）：132－145.

[82] 黄宗智.2008.中国小农经济的过去和现在——舒尔茨理论的对错［M］∥中国乡村研究.福建教育出版社.

[83] 黄祖辉.2018.改革开放四十年：中国农业产业组织的变革与前瞻［J］.农业经济问题（11）：61－69.

[84] 黄祖辉，梁巧.2007.小农户参与大市场的集体行动——以浙江省箬横西瓜合作社为例的分析［J］.农业经济问题（9）：66－71.

[85] 黄祖辉，邵科.2009.合作社的本质规定性及其漂移［J］.浙江大学学报（人文社会科学版）（4）：11－16.

[86] 黄祖辉，吴克象，金少胜.2003.发达国家现代农产品流通体系变化及启示［J］.福建论坛（经济社会版）（4）：32－36.

[87] 纪宝成.1991.商品流通渠道分析［J］.中国社会科学（6）：105－124.

[88] 纪良纲，刘东英，梁佳.2009.中国农村市场中介组织研究［M］.北京：人民出版社.

[89] 贾根良.2004.理解演化经济学［J］.中国社会科学（2）：33－41.

[90] 贾敬敦等.2012.中国农产品流通产业发展报告［M］.北京：社会科学文献出版社.

[91] 贾履让.1996.序［M］∥冯雷.农产品流通市场组织模式研究.北京：经济管理出版社.

[92] 贾履让，张立中.1998.中国流通产业及其运行［M］.北京：中国物资出版社.

[93] 姜翰，金占明，焦捷，等.2009.不稳定环境下的创业企业社会资本与企业"原罪"——基于管理者社会资本视角的创业企业机会主义行为实证分析［J］.管理世界（6）：102－114.

[94] 焦必方，孙彬彬 . 2009. 日本现代农村建设研究 [M]. 上海：复旦大学出版社 .

[95] 杰克逊 . 2019. 人类网络：社会位置决定命运 [M]. 余江，译 . 北京：中信出版社 .

[96] 今井贤一，伊丹敬之，小池和男 . 2004. 内部组织的经济学 [M]. 金洪云，译 . 北京：生活·读书·新知三联书店 .

[97] 金耀基 . 1999. 从传统到现代 [M]. 北京：中国人民大学出版社 .

[98] 凯恩斯 . 1983. 就业、利息与货币通论 [M]. 徐毓枏，译 . 北京：商务印书馆 .

[99] 科特勒 . 2009. 营销管理（第 13 版）[M]. 卢泰宏，高辉，译 . 北京：中国人民大学出版社 .

[100] 克拉科夫斯基 . 2018. 中间人经济：经纪人、中介、交易商如何创造价值并赚取利润？[M]. 唐榕彬，许可，译 . 北京：中信出版社 .

[101] 库尔斯，乌尔 . 2006. 农产品市场营销学 [M]. 孔雁，译 . 北京：清华大学出版社 .

[102] 郎咸平 . 2011. 菜贱伤农菜贵伤民 [J]. 大众理财顾问（7）：18.

[103] 勒庞 . 2004. 革命心理学 [M]. 佟德志，刘训练，译 . 长春：吉林人民出版社 .

[104] 雷颐 . 2016. "投机倒把"的来龙去脉 [N]. 经济观察报，12 - 05.

[105] 黎元生 . 2003. 中国农产品流通组织创新研究 [M]. 北京：中国农业出版社 .

[106] 李宝库 . 2007. 消费者信息、中间商行为与制造商渠道的管理效率 [J]. 管理世界（6）：94 - 102，113.

[107] 李炳坤 . 1999. 农产品流通体制改革与市场制度建设 [J]. 中国农村经济（6）：11 - 18.

[108] 李崇光等 . 2016. 中国农产品流通现代化研究 [M]. 北京：学习出版社 .

[109] 李春海 . 2005. 制约农产品流通效率的制度瓶颈及其消减 [J]. 财贸研究（3）：22 - 26.

[110] 李范锡 . 2013. 韩国农产品流通模式的现状及特点 [EB/OL]. 全

国城市农贸中心联合会，http://www.cawa.org.cn/home/Html/asiaPacificshow23868.html，09－06.

[111] 李飞.2003.分销通路问题研究［M］//郭冬乐，宋则主编.中国商业理论前沿.北京：社会科学文献出版社.

[112] 李桂芹，王丽丽.2012.蔬菜全产业链价格传递机制研究［J］.农业经济问题（11）：30－36.

[113] 李建平，王吉鹏，周振亚，李俊杰.2013.农产品产销对接模式和机制创新研究［J］.农业经济问题（11）：31－35.

[114] 李寅北.1936.农村社会合作经济概论［M］.正中书局.

[115] 李泽华.2002.我国农产品批发市场的现状与发展趋势［J］.中国农村经济（6）：36－42.

[116] 李志博，米新丽，安玉发.2013.农产品流通政策体系的现状、问题及完善方向［J］.价格理论与实践（8）：46－47.

[117] 李志强，张玉梅.2013.关于蔬菜等农产品价格频繁波动的思考［J］.农业展望（10）：24－28.

[118] 梁漱溟.1996.中国文化要义［M］.上海：学林出版社.

[119] 廖斌.2014.中间商在商品流通过程中地位与作用的再认识［J］.商业时代（6）：7－10.

[120] 廖斌.2015.农产品流通市场微观结构研究［M］.北京：经济科学出版社.

[121] 林家宏，温思美，罗必良.1999.企业办市场 企业管市场 市场企业化——"布吉模式"的创新价值及对中国农产品流通体制改革的启示［J］.中国农村经济（9）：18－26.

[122] 林文益.1987.流通问题的几点看法［J］.安徽财贸学院学报（2）：1－2.

[123] 林文益.1995.贸易经济学［M］.北京：中国财政经济出版社.

[124] 刘达.2012.北京市蔬菜批零差价实证研究［D］.北京工商大学.

[125] 刘达，庞毅.2012.北京市蔬菜"最后一公里"问题的实证研究［J］.北京工商大学学报（社会科学版）（4）：44－50.

[126] 刘凤芹.2003.不完全合约与履约障碍——以订单农业为例［J］.经济研究（4）：22－30.

[127] 刘天祥.2006.中韩农产品流通业态的比较探讨 [J].湖南商学院学报（5）：10－12.

[128] 刘晓鸥，邸元.2013.订单农业对农户农业生产的影响——基于三省（区）1041个农户调查数据的分析 [J].中国农村经济（4）：48－59.

[129] 刘业进.2009.分工、交易和经济秩序 [M].北京：首都经济贸易大学出版社.

[130] 刘业进.2015.经济演化：探究演化的一般范式 [M].北京：中国社会科学出版社.

[131] 刘易斯.1996.经济增长理论 [M].北京：商务印书馆.

[132] 柳琪，柳亦博，李倩，滕葳.2009.我国蔬菜农药残留污染与质量监测发展概况 [J].中国果菜（9）：7－10.

[133] 卢昆，马九杰.2010.农户参与订单农业的行为选择与决定因素实证研究 [J].农业技术经济（9）：10－17.

[134] 卢凌霄，周应恒.2010.农产品批发市场现状及发展趋向 [J].商业研究（2）：10－14.

[135] 芦龙军.2009.法国为平息不满，加强监控农产品流通利润 [N].新华每日电讯，06－15（001）.

[136] 罗必良.2003.中国农产品流通体制改革的目标模式 [J].经济理论与经济管理（4）：58－63.

[137] 罗必良.2004.农业经济组织的效率决定：一个理论模型及其实证研究 [J].学术研究（8）：49－57.

[138] 罗必良.2008.论农业分工的有限性及其政策含义 [J].贵州社会科学（1）：80－87.

[139] 罗必良.2014.崇州"农业共营制"试验 [J].决策（9）：60－61.

[140] 罗必良.2016.农地确权、交易含义与农业经营方式转型——科斯定理拓展与案例研究 [J].中国农村经济（11）：2－16.

[141] 罗必良.2017a.农业家庭经营：走向分工经济 [M].北京：中国农业出版社.

[142] 罗必良.2017b.科斯定理：反思与拓展——兼论中国农地流转制度改革与选择 [J].经济研究（11）：178－193.

[143] 罗必良，王玉蓉，王京安．2000．农产品流通组织制度的效率决定：一个分析框架［J］．农业经济问题（8）：26－31．

[144] 罗必良，温思美，林家宏．1999．市场化进程中的组织制度创新——"布吉模式"的创新价值及其对中国农产品流通体制改革的启示［M］．广州：广东经济出版社．

[145] 罗森布洛姆．2006．营销渠道——管理的视野［M］．宋华，译．北京：中国人民大学出版社．

[146] 马龙龙．2006．流通产业结构［M］．北京：清华大学出版社．

[147] 马夏克．1996．组织理论［M］∥新帕尔格雷夫经济学大辞典（第3卷）．北京：经济科学出版社．

[148] 马有祥．2008．国外农业行政管理体制研究［M］．北京：中国农业出版社．

[149] 马增俊．2010．农产品批发市场的发展模式及定位［J］．中国市场（17）：19－20．

[150] 马增俊．2005．我国农产品批发市场发展模式展望［EB/OL］．http://blog.sina.com.cn/s/blog_60a4266d0100f33u.html.

[151] 马增俊，徐振宇，纳绍平．2011．中国农产品批发市场交易技术的演化：基于激励相容视阈的研究［J］．北京工商大学学报（社会科学版）（6）：1－8．

[152] 毛飞，霍学喜．2010．农户参与订单农业意愿的影响因素分析——基于陕西21个村果农调查数据的分析［J］．北京航空航天大学学报（社会科学版）（4）：58－62，67．

[153] 梅特卡夫．2007．演化经济学与创造性毁灭［M］．冯健，译．北京：中国人民大学出版社．

[154] 门峰．1999．日本农协在农产品流通中的作用［J］．日本问题研究（4）：13－16，22．

[155] 门格尔．2005．国民经济学原理［M］．刘絜敖，译．上海：上海人民出版社．

[156] 孟．1965．英国得自对外贸易的财富［M］．袁南宇，译．北京：商务印书馆．

[157] 缪尔达尔．1992．亚洲的戏剧——对一些国家贫困问题的研究

[M].谭力文，张卫东，译.北京：北京经济学院出版社.

[158] 穆月英，笠原浩三.2006.日本的蔬菜水果流通及其赢利率的调查研究 [J].世界农业（2）：31-34.

[159] 纳尔逊，温特.1997.经济变迁的演化理论 [M].胡世凯，译.北京：商务印书馆.

[160] 牛若峰等.2000.农业产业化经营组织方式和运行机制 [M].北京：北京大学出版社.

[161] 牛霞，安玉发.2003.农产品流通中介组织的职能、作用及制度基础——以农民专业合作经济组织为例 [J].中国农业大学学报（1）：32-37.

[162] 农业部赴美考察团.2012.美国农产品市场信息体系考察 [J].农产品市场周刊（46）：16-20.

[163] 农业部赴日本鲜活农产品批发市场考察团.1998.日本国鲜活农产品批发市场考察报告 [J].中国农村经济（4）：77-79.

[164] 农业部市场与经济信息司.2010.中国农产品批发市场发展报告 [M].北京：中国农业大学出版社.

[165] 農林水産省食料産業局.2013.卸売市場をめぐる情勢について [R].東京都，日本.

[166] 诺斯.1995.制度变迁理论纲要 [M] // 北京大学中国经研究中心编.经济学与中国经济改革.上海：上海人民出版社.

[167] 诺斯.2004.理解经济变迁的过程 [J].经济社会体制比较（1）：1-7.

[168] Ondersteijn, Christien J. M., Jo H. M. Wijnands, Ruud B. M. Huirne，等.2010.农产食品供应链定量分析 [M].洪岚，赵娴，主译.北京：中国农业大学出版社.

[169] 欧阳小迅，黄福华.2011.我国农产品流通效率的度量及其决定因素：2000-2009 [J].农业技术经济（2）：76-84.

[170] 潘劲.2011.中国农民专业合作社：数据背后的解读 [J].中国农村观察（6）：2-11.

[171] 庞春.2008.专业中间商的出现：基于西方经济史与超边际经济学的解释 [J].制度经济学研究（4）：49-63.

[172] 庞春. 2009. 为什么交易服务中间商存在？内生分工的一般均衡分析 [J]. 经济学（季刊）（2）：583－610.

[173] 佩雷菲特. 2001. 论经济"奇迹"——法兰西学院教程 [M]. 朱秋卓，杨祖功，译. 北京：中国发展出版社.

[174] 彭莲棠. 1948. 中国农业合作化之研究 [M]. 上海：中华书局.

[175] 秦庆武. 1999. 论农业产业化与农村合作制的结合 [J]. 中国农村经济（2）：27－30.

[176] 青木昌彦. 2001. 比较制度分析 [M]. 周黎安，译. 上海：上海远东出版社.

[177] 屈小博，霍学喜. 2007. 交易成本对农户农产品销售行为的影响——基于陕西省6个县27个村果农调查数据的分析 [J]. 中国农村经济（8）：35－46.

[178] 全国城市农贸中心联合会. 2007. 中国农产品批发市场行业通鉴 [M]. 北京：中国农业科学技术出版社.

[179] 全国城市农贸中心联合会. 2010. 中国农产品批发行业发展报告（2009）[M]. 武汉：武汉出版社.

[180] 任滟生，张宏. 1997. 我国农产品购销差价研究 [J]. 中国农村观察（4）：52－59.

[181] 任兴洲. 2012. 我国鲜活农产品流通体系发展的现状、问题及政策建议 [J]. 北京工商大学学报（社会科学版）（5）：1－5.

[182] 荣朝和. 2006. 企业的中间层理论以及中间层组织在运输市场中的作用 [J]. 北京交通大学学报（社会科学版）（3）：1－5.

[183] 沙颖，陈圻，郝亚. 2015. 关系质量、关系行为与物流外包绩效——基于中国制造企业的实证研究 [J]. 管理评论（3）：185－196.

[184] 商爱国. 2005. 山东省金乡县大蒜产业化经营研究 [D]. 中国农业大学.

[185] 商业部商业经济研究所. 1984. 新中国商业史稿 [M]. 北京：中国财政经济出版社.

[186] 沈小峰，吴彤，曾国屏. 1993. 自组织的哲学——一种新的自然观和科学观 [M]. 北京：中共中央党校出版社.

[187] 生吉萍，王健健. 2013. 冷链物流体系中果蔬产品质量安全问题与

对策 [J]. 食品科学技术学报 (6)：10 - 14.

[188] 生秀东. 2007. 订单农业的契约困境和组织形式的演进 [J]. 中国
　　　农村经济 (12)：35 - 39，46.

[189] 盛洪. 1992. 分工与交易：一个一般理论及其对中国非专业化问题
　　　的应用分析 [M]. 上海：上海三联书店，上海人民出版社.

[190] 施文. 1984. 关于印度农产品流通领域的几个问题 [J]. 南亚研究
　　　(1)：80 - 86.

[191] 石磊. 1999. 农产品流通体制改革的目标模式选择 [J]. 农业经济
　　　问题 (5)：41 - 45.

[192] 石岩. 2018. 推动变革的成就感是"名和利不能代替的" [N]. 南
　　　方周末，07 - 12.

[193] 石原武政. 2012. 商业组织的内部构成 [M]. 吴小丁，译. 北京：
　　　科学出版社.

[194] 石原武政，加藤司. 2004. 商品流通 [M]. 吴小丁，王丽，译.
　　　北京：中国人民大学出版社.

[195] 世界银行. 2006. 中国水果和蔬菜产业遵循食品安全要求的研究
　　　[M]. 北京：中国农业出版社.

[196] 舒尔茨. 1995. 论农业中的经济学与政治学冲突 [M] // 迈耶主编.
　　　发展经济学的先驱理论. 谭崇台，等译. 昆明：云南人民出版社.

[197] 斯科特. 2010. 制度与组织：思想观念与物质利益 [M]. 姚伟，
　　　王黎芳，译. 北京：中国人民大学出版社.

[198] 斯密. 1972. 国民财富的性质和原因的研究 [M]. 郭大力，王亚
　　　南，译. 北京：商务印书馆.

[199] 斯普尔伯. 2002. 市场的微观结构——中间层组织与厂商理论
　　　[M]. 张军，译. 北京：中国人民大学出版社.

[200] 宋则. 2011. 对农产品流通成本真相需要再认识：降低流通成本要
　　　在行政成本上下工夫 [N]. 经济参考报，07 - 27.

[201] 宋长鸣，徐娟，章胜勇. 2013. 蔬菜价格波动和纵向传导机制研
　　　究——基于 VAR 和 VECH 模型的分析 [J]. 农业技术经济 (2)：
　　　10 - 21.

[202] 眭纪刚. 2008. 市场的微观结构和交易机制：关于中间商理论的研

究评述 [J]. 财经科学（10）：72－79.

[203] 眭纪刚，吴庆清. 2009. 基于契约理论的中间商性质探微 [J]. 商业时代（28）：17－20.

[204] 孙剑，李崇光. 2003. 论农产品营销渠道的历史变迁及发展趋势 [J]. 北京工商大学学报（社会科学版）（2）：18－20.

[205] 孙侠，张闯. 2008. 我国农产品流通的成本构成与利益分配——基于大连蔬菜流通的案例研究 [J]. 农业经济问题（2）：39－48.

[206] 唐勇. 2003. "俱乐部品"不可或缺条件下的农村经济组织制度创新——浙江省临海市上盘镇西兰花产业合作社案例研究 [J]. 农业经济问题（9）：54－58.

[207] 田村正纪. 2007. 流通原理 [M]. 吴小丁，王丽，译. 北京：机械工业出版社.

[208] 田敏，张闯. 2010. 订单农业中交易关系的治理机制与风险防范——基于辽宁盛德集团的案例研究 [J]. 财贸研究（4）：53－61.

[209] 万典武. 1987. "六五"期间商业体制改革的回顾 [J]. 商业经济与管理（2）：1－5.

[210] 万典武. 1998. 当代中国商业简史 [M]. 北京：中国商业出版社.

[211] 万典武. 1999. 深化商品流通体制改革的几个问题 [J]. 商业经济研究（7）：16－17.

[212] 万典武，李书友，徐振宇，等. 2014. 新中国成立以来我国商业发展回顾与反思 [J]. 商业时代（30）：4－5.

[213] 汪旭晖，张其林. 2016. 电子商务破解生鲜农产品流通困局的内在机理——基于天猫生鲜与沱沱工社的双案例比较研究 [J]. 中国软科学（2）：39－55.

[214] 王超贤. 2015. 专业市场流通体系的组织结构、效率边界与演进趋势 [J]. 商业经济与管理（5）：16－23.

[215] 王立磊，张剑渝，胥兴安. 2015. 感知供应商"关系"取向对分销商机会主义行为的影响——治理策略的调节作用 [J]. 商业经济与管理（6）：25－37.

[216] 王敏. 2005. 中国农产品加工业创新系统与梯度战略 [D]. 北京交通大学.

[217] 王素霞，胡定寰 . 2007. 以超市为中心的农产品供应链流通成本研究 [J]. 经济研究参考（26）: 2 – 11, 26.

[218] 王晓东 . 2013. 中国流通产业组织化问题研究 [M]. 北京：中国人民大学出版社 .

[219] 王晓红 . 2011. 我国农产品现代流通体系建设研究 [J]. 经济体制改革（4）: 73 – 76.

[220] 王学真，刘中会，周涛 . 2005. 蔬菜从山东寿光生产者到北京最终消费者流通费用的调查与思考 [J]. 中国农村经济（4）: 66 – 72.

[221] 王志刚 . 2009. 农产品批发市场交易方式的选择：理论与实践 [M]. 北京：中国农业科学技术出版社 .

[222] 王志刚，马建蕾 . 2007. 农产品批发市场购销商客户关系形成机制研究 [J]. 南开经济研究（2）: 120 – 127.

[223] 王志刚，王启魁，钟倩琳 . 2012. 农产品冷链物流产业的发展现状、存在问题及对策展望 [J]. 农业展望（4）: 55 – 59.

[224] 王志刚，杨胤轩，周永刚 . 2013. 台湾农产品市场的发展经验及其对大陆的借鉴价值——以高雄国际花卉批发市场为例 [J]. 中国农村科技（10）: 70 – 73.

[225] 威尔科克斯 . 1987. 美国农业经济学 [M]. 刘汉才，译 . 北京：商务印书馆 .

[226] 温思美，杨顺江 . 2000. 论农业产业化进程中的农产品流通体制改革 [J]. 农业经济问题（10）: 45 – 48.

[227] 吴慧 . 2008. 中国商业通史，第五卷 [M]. 北京：中国财政经济出版社 .

[228] 吴小丁 . 2005. 商品流通论 [M]. 北京：科学出版社 .

[229] 吴小丁，张舒 . 2011. 商品流通研究的市场营销学理论渊源探析 [J]. 外国经济与管理（3）: 35 – 42.

[230] 吴永亮，周斌 . 2000. 我国农产品批发市场今后要变样 [N]. 经济日报，11 – 26.

[231] 夏春玉等 . 2009. 中国农村流通体制改革研究 [M]. 北京：经济科学出版社 .

[232] 夏春玉，丁涛 . 2011. 流通理论在经济学中的回归：一个学说史的

考察 [J]. 商业经济与管理 (8)：5 – 13，35.

[233] 夏春玉，徐健，薛建强. 2009. 农产品流通市场结构、市场行为与农民收入——基于 SCP 框架的案例研究 [J]. 经济管理 (9)：25 – 29.

[234] 夏春玉，张闯，董春艳，梁守砚. 2009. "订单农业"中交易关系的建立、发展与维护——以经纪人主导的蔬菜流通渠道为例 [J]. 财贸研究 (4)：25 – 34.

[235] 夏春玉，张闯. 2004. 大型零售企业规模扩张的理论解读——兼论流通企业的性质、规模与边界 [J]. 商业经济与管理 (11)：4 – 9.

[236] 夏春玉，郑文全. 2000. 流通经济学的贫困与构建设想 [J]. 当代经济科学 (1)：5 – 11.

[237] 小林康平. 1998. 日本批发市场的流通效益化问题 [M] // 小林康平，甲斐谕，福井清一，等主编. 体制转换中的农产品流通体系——批发市场机制的国际对比研究. 北京：中国农业出版社.

[238] 小林康平，甲斐谕，福井清一，等. 1998. 体制转换中的农产品流通体系——批发市场机制的国际对比研究 [M]. 北京：中国农业出版社.

[239] 谢思全，陆冰然. 2009. 个体社会资本与社会偏好——对于信任、非市场交易和网络权威的一个微观分析 [J]. 山西财经大学学报 (9)：1 – 7.

[240] 辛贤. 1998. 农产品价差模型改进 [J]. 预测 (6)：35 – 37.

[241] 熊会兵，肖文韬. 2011. "农超对接"实施条件与模式分析 [J]. 农业经济问题 (2)：69 – 72.

[242] 徐柏园. 1999. 深化农产品流通体制改革 [J]. 北京社会科学 (1)：74 – 81.

[243] 徐柏园. 2000. 半个世纪来我国农产品流通体制变迁 [J]. 北京社会科学 (1)：127 – 133.

[244] 徐柏园，李蓉. 1995. 农产品批发市场研究 [M]. 北京：中国农业出版社.

[245] 徐柏园，刘富善. 2003. 面对 WTO 海峡两岸农产品批发市场的二次创业 [M]. 北京：中国物价出版社.

[246] 徐从才. 2012. 流通经济学：过程、组织、政策，第 2 版 [M].

北京：中国人民大学出版社．

[247] 徐更生，熊家文．1992．比较合作经济 [M]．北京：中国商业出版社．

[248] 徐健，张闯，夏春玉．2010．农户人际关系网络结构、交易成本与违约倾向 [J]．财贸经济（12）：133 – 139．

[249] 徐松岩．2004．译序 [M] //修昔底德．伯罗奔尼撒战争 [M]．徐松岩，译．桂林：广西师范大学出版社．

[250] 徐旭．1950．合作与社会 [M]．上海：中华书局．

[251] 徐雪高，沈杰．2010．订单农业履约困境的根源及发展方向——以黑龙江省某企业"期货＋订单"为例 [J]．华中农业大学学报（社会科学版）（1）：45 – 49．

[252] 徐振宇．2001．从博弈的角度看新一轮粮改 [J]．中国农村观察（2）：47 – 53．

[253] 徐振宇．2009．小农合作与流通创新——对湖北省葡萄专业村天目村的调查启示 [J]．华夏星火（6）：56 – 59．

[254] 徐振宇．2011．小农—企业家主导的农业组织模式：天星村葡萄业技术与市场演化 [M]．北京：社会科学文献出版社．

[255] 徐振宇．2013．社会网络分析在经济学领域的应用进展 [J]．经济学动态（10）：61 – 72．

[256] 徐振宇．2014．中国鲜活农产品流通体系演化研究 [M]．北京：经济科学出版社．

[257] 徐振宇．2015．中国农产品批发市场发展研究报告（2014）[R]．农业部市场与经济信息司，http://www.moa.gov.cn/gk/ghjh_1/201506/P020150619349723812920.pdf．

[258] 徐振宇．2016．关系网络扩展与交易治理机制创新 [M]．北京：经济科学出版社．

[259] 徐振宇，李朝鲜，李陈华．2016．中国粮食价格形成机制逆市场化的逻辑：观念的局限与体制的制约 [J]．北京工商大学学报（社会科学版）（4）：24 – 32．

[260] 徐振宇，谢志华．2007．提升流通效率是推进新农村建设的重要途径 [J]．商业时代（16）：14 – 15，41．

[261] 徐振宇，赵天宇，李冰倩．2014．贸易发展理论：基于社会网络视角的文献综述 [J]．商业时代（2）：44－46．

[262] 徐振宇，赵烨．2010．我国大城市农产品批发市场交易的演进趋势——以北京为例 [J]．北京工商大学学报（社会科学版）（6）：17－21，40．

[263] 徐中约．2008．中国近代史：1600－2000 [M]．计秋枫，朱庆葆，译．北京：世界图书出版公司．

[264] 徐忠爱．2007．公司和农户契约选择与履约机制研究 [M]．北京：中国社会科学出版社．

[265] 许涤新．1980．政治经济学辞典（上）[M]．北京：人民出版社．

[266] 许烺光．2002．宗族、种姓与社团 [M]．台北：天南书局．

[267] 许世卫．2015．美国农产品信息分析预警工作考察报告 [J]．农业工程技术（33）：20－25．

[268] 许文富．2012．农产运销学 [M]．台北：正中书局．

[269] 闫华红．2007．我国产地农产商品批发市场的管理功能创新 [M]．北京：经济科学出版社．

[270] 杨家其．2006．供应链管理 [M]．北京：人民交通出版社．

[271] 杨明洪．2011．"公司＋农户"违约反应的静态理论模型 [J]．财经科学（3）：99－107．

[272] 杨瑞龙，冯健．2003．企业间网络的效率边界：经济组织逻辑的重新审视 [J]．中国工业经济（11）：5－13．

[273] 杨文泉．1992．美国的农产品流通及其借鉴意义 [J]．探索（3）：25－27．

[274] 杨小凯．1998．经济学原理 [M]．北京：中国社会科学出版社．

[275] 杨小凯．1999．贸易理论和增长理论的重新思考及产权经济学 [M]．北京：商务印书馆．

[276] 杨小凯．2003．发展经济学超边际与边际分析 [M]．北京：社会科学文献出版社．

[277] 杨小凯，黄有光．1999．专业化与经济组织——一个新兴古典微观经济学框架 [M]．北京：经济科学出版社．

[278] 杨小凯，张永生．2003．新兴古典经济学与超边际分析 [M]．北

京：社会科学文献出版社.

[279] 杨宜苗，肖庆功.2011. 不同流通渠道下农产品流通成本和效率比较研究——基于锦州市葡萄流通的案例分析 [J]. 农业经济问题 (2)：79 - 88.

[280] 杨志宏，翟印礼.2011. 超市农产品供应链流通成本分析——以沈阳市蔬菜市场为例 [J]. 农业经济问题 (2)：73 - 78.

[281] 姚今观，纪良纲.1995. 中国农产品流通体制与价格制度 [M]. 北京：中国物价出版社.

[282] 姚小涛，席西民.2001. 企业与市场相结合的中间组织及其博弈分析 [J]. 西安交通大学学报 (社会科学版) (2)：32 - 35.

[283] 叶飞，林强，李怡娜.2011. 基于 CVaR 的 "公司 + 农户" 型订单农业供应链协调契约机制 [J]. 系统工程理论与实践 (3)：32 - 36.

[284] 殷.2004. 案例研究：设计与方法 [M]. 周海涛，等译. 重庆：重庆大学出版社.

[285] 尹成杰.2006. 新阶段农业产业集群发展及其思考 [J]. 农业经济问题 (3)：4 - 7.

[286] 尹云松，高玉喜，糜仲春.2003. 公司与农户间商品契约的类型及其稳定性考察——对 5 家农业产业化龙头企业的个案分析 [J]. 中国农村经济 (8)：63 - 67.

[287] 应瑞瑶，郭忠兴.1998. 农业产业化经营合同初探 [J]. 中国农村经济 (2)：18 - 22.

[288] 于冷.2004. 农业标准化与农产品质量分等分级 [J]. 中国农村经济 (7)：4 - 10.

[289] 俞菊生.2003. 日本的农产品物流和批发市场 [J]. 上海农村经济 (4)：43 - 44.

[290] 俞菊生，王勇，李林峰，等.2004. 世界级城市的农产品市场体系建设模式 [J]. 上海农业学报 (2)：1 - 5.

[291] 袁平红.2009. 直卖所——日本农产品流通新模式 [J]. 现代日本经济 (2)：59 - 64.

[292] 原梅生，弓志刚.2005. 论现代农村商品流通体系的构建 [J]. 财贸经济 (3)：81 - 83.

[293] 苑鹏.2008.《农民专业合作社法》颁布后的新动向及相关建议
[J].中国经贸导刊（1）：37-38.

[294] 约翰逊.2004.经济发展中的农业、农村、农民问题［M］.林毅
夫，赵耀辉，编译.北京：商务印书馆.

[295] 曾伏娥，陈莹.2015.分销商网络环境及其对机会主义行为的影响
［J］.南开管理评论（1）：77-88.

[296] 曾寅初.2007.农产品批发市场升级改造的难点与对策——基于浙
江、山东两省的调查分析［J］.中国市场（Z4）：63-66.

[297] 翟雪玲，韩一军.2008.肉鸡产品价格形成、产业链成本构成及利
润分配调查研究［J］.农业经济问题（11）：20-25.

[298] 张闯，夏春玉.2005.农产品流通渠道权力结构与组织体系的构建
［J］.农业经济问题（7）：28-35，79.

[299] 张闯，夏春玉.2008.深化农村流通体制改革：系统性框架及若干
关键点［J］.财贸研究（1）：32-39.

[300] 张闯，夏春玉，梁守砚.2009.关系交换、治理机制与交易绩效：
基于蔬菜流通渠道的比较案例研究［J］.管理世界（8）：124-
140，156.

[301] 张闯，夏春玉，刘凤芹.2015.农产品批发市场公益性实现方式研
究——以北京新发地市场为案例［J］.农业经济问题（1）：93-
100.

[302] 张春勋.2009.农产品交易的关系治理：对云南省通海县蔬菜种植
户调查数据的实证分析［J］.中国农村经济（8）：32-42，52.

[303] 张浩，安玉发.2010.农超对接流通模式发展趋势展望［J］.农业
展望（1）：39-42.

[304] 张浩，孙庆莉，安玉发.2009.中国主要农产品批发市场的效率评
价［J］.中国农村经济（10）：51-57.

[305] 张红宇.2003.中国农业管理体制：问题与前景——相关的国际经
验与启示［J］.管理世界（7）：90-98，109.

[306] 张红宇，杨春华，杨洁梅.2008.当前农产品供给面临的新情况新
问题和对策思路［J］.农业经济问题（5）：7-12.

[307] 张杰.2017.社会网络对农产品交易的影响：一个比较案例研究

［D］．北京工商大学．

［308］张利庠，张喜才，陈姝彤．2010．游资对农产品价格波动有影响吗——基于大蒜价格波动的案例研究［J］．农业技术经济（12）：60－67．

［309］张留征．1984．日本的农产品流通系统——考察报告［J］．经济问题（8）：39－42．

［310］张培刚．2002．农业与工业化（中下合卷）：农业国工业化问题再论［M］．武汉：华中科技大学出版社．

［311］张曙光．2014．分工、交易和市场化［J］．南方经济（11）：93－99．

［312］张爽，陆铭，章元．2007．社会资本的作用随市场化进程减弱还是加强？——来自中国农村贫困的实证研究［J］．经济学（季刊）（2）：539－560．

［313］张维迎，柯荣住．2002．信任及其解释：来自中国的跨省调查分析［J］．经济研究（10）：59－70．

［314］张晓山．2002．联结农户与市场：中国农民中介组织探究［M］．北京：中国社会科学出版社．

［315］张晓山．2006．创新农业基本经营制度　发展现代农业［J］．农业经济问题（8）：4－9．

［316］张晓山．2012．中国农民专业合作社的发展困境与出路［C］．中国社会科学院农村发展研究所合作经济研究中心等编．2012年（北京）东亚农民合作社发展论坛会议论文集．

［317］张晓山，苑鹏．1991．合作社基本原则及有关问题的比较研究［J］．农村经济与社会（1）：1－10．

［318］张学兵．2011．当代中国史上"投机倒把罪"的兴废——以经济体制的变迁为视角［J］．中共党史研究（5）：35－46．

［319］张永生．2003．厂商规模无关论：理论与经验证据［M］．北京：中国人民大学出版社．

［320］张卓元．1985．加强社会主义流通理论研究——孙冶方社会主义流通理论讨论会开幕词［J］．财贸经济（1）：7－10．

［321］赵安平，王大山，肖金科，芦天罡，王晓东．2014．蔬菜价格时间序列的分解与分析——基于北京市2002－2012年数据［J］．华中

农业大学学报（社会科学版）（1）：49-53.

[322] 赵家章.2014. 社会资本、贸易与中国区域协调发展：理论分析及战略思考 [J]. 经济社会体制比较（5）：187-194.

[323] 赵靖.1991. 中国经济思想通史，第一卷 [M]. 北京：北京大学出版社.

[324] 赵庆泉.2015. 北京市蔬菜批零价差研究——基于多个零售终端的案例研究 [D]. 北京工商大学.

[325] 赵泉民，李怡.2007. 关系网络与中国乡村社会的合作经济——基于社会资本视角 [J]. 农业经济问题（8）：40-46.

[326] 赵晓飞，李崇光.2008. 论"农户-龙头企业"的农产品渠道关系稳定性——基于演化博弈视角的分析 [J]. 财贸经济（2）：92-97.

[327] 赵晓飞，李崇光.2012. 农产品流通渠道变革：演进规律、动力机制与发展趋势 [J]. 管理世界（3）：81-95.

[328] 赵一夫.2008. 中国生鲜蔬果物流体系发展模式研究 [M]. 北京：中国农业出版社.

[329] 赵永亮，刘德学.2009. 海外社会网络与中国进出口贸易 [J]. 世界经济研究（3）：60-67.

[330] 郑风田，孙瑾.2008. 我国农产品产业链中利益错位问题研究 [J]. 价格理论与实践（12）：26-27.

[331] 郑鹏，熊玮.2018. 外部环境如何影响农产品流通渠道长度？——一个外生的理论模型与实证检验 [J]. 华中农业大学学报（社会科学版）（2）：54-62.

[332] 郑小碧.2016. 古典灵魂在现代躯体中的复活与超越：新兴古典经济学 [J]. 华东经济管理（12）：148-155.

[333] 中共中央党史研究室.2011. 中国共产党历史：第二卷（1949-1978）（上册）[M]. 北京：中共党史出版社，p.14.

[334] 中国农业科学院农产品流通考察组.1985. 美国农产品流通考察报告（摘要）[J]. 农业经济问题（3）：58-64.

[335] 中国乡镇企业及农产品加工业年鉴编辑委员会.2009. 中国乡镇企业及农产品加工业年鉴（2009）[M]. 北京：中国农业出版社.

[336] 中商流通生产力促进中心，中国人民大学流通研究中心. 2010. 中国农产品批发市场实操手册 [M]. 北京：中国经济出版社.

[337] 周发明. 2009. 构建新型农产品营销体系的研究 [M]. 北京：社会科学文献出版社.

[338] 周立群，曹利群. 2001. 农村经济组织形态的演变与创新——山东省莱阳市农业产业化调查报告 [J]. 经济研究 (1)：69 –75，83.

[339] 周晔馨，涂勤，胡必亮. 2014. 惩罚、社会资本与条件合作——基于传统实验和人为田野实验的对比研究 [J]. 经济研究 (10)：125 –138.

[340] 周应恒. 2016a. 新型农业经营体系：制度与路径 [J]. 人民论坛·学术前沿 (18)：74 –85，95.

[341] 周应恒. 2016b. 农产品运销学 [M]. 北京：中国农业出版社.

[342] 周兆生. 1999. 流通型农业合作社的交易效率分析 [J]. 中国农村观察 (3)：31 –36.

[343] 朱桦. 2013. 日本农产品批发市场的功能、运作与管理 [J]. 国际市场 (4)：33 –37.

[344] 朱玲. 2010. 如何突破贫困陷阱 [M]. 北京：经济管理出版社.

[345] Abdulai, A. 2002. Using threshold cointegration to estimate asymmetric price transmission in the Swiss pork market [J]. *Applied Economics*, 34 (6)：679 –687.

[346] Akerlof, G. A. 1970. The market for "lemons"：Quality uncertainty and the market mechanism [J]. *Quarterly Journal of Economics*, 84 (3)：488 –500.

[347] Alderson, W. 1957. *Market Behavior and Executive Action：A Functionalist Approach to Marketing Theory* [M]. Homewood, Ill.：Richard D. Irwin, Inc.

[348] Alderson, W. and Cox, R. 1948. Towards a theory of marketing [J]. *Journal of Marketing*, 13：137 –152.

[349] Amrutha, C. P. 2009. Market information system and its application for agricultural commodities in Karnataka state—A case of onion [D]. Ph. D. thesis. University of Agricultural Sciences, Dharwad.

[350] Antle, J. 2001. Economic analysis of food safety [M] // Gardner, B. and G. Rausser, eds. *Handbook of Agricultural Economics*, Vol. 1. Elsevier: New York.

[351] Arrow, K. J. 1970. *Essays in the Theory of Risk-Bearing* [M]. Amsterdam: North-Holland.

[352] Atchley, F. M. 1956. Alternative approaches to the marketing margin: Farmer's share concept [J]. *Journal of Farm Economics*, 38 (5): 1591 – 1593.

[353] Atherton, E. 1971. *The Frontier Merchant in Mid-America*, *Columbia* [M]. Missouri: University of Missouri Press.

[354] Bailey, D. and Brorsen, B. W. 1989. Price asymmetry in spatial fed cattle markets [J]. *Western Journal of Agricultural Economics*, 14 (2): 246 – 252.

[355] Balderston, F. E. 1958. Communication networks in intermediate markets [J]. *Management Science*, 4 (2): 154 – 171.

[356] Ball, L. and Mankiw, N. G. 1994. Asymmetric price adjustment and economic fluctuations [J]. *The Economic Journal*, 104: 247 – 261.

[357] Banerjee, A., Mookerjee, D., Munshi, K. and Ray, D. 2001. Inequality, control rights, and rent seeking: Sugar cooperatives in Maharashtra [J]. *Journal of Political Economy*, 109 (1): 138 – 190.

[358] Barger, H. 1955. *Distribution's Place in the American Economy since 1869* [M]. Princeton University Press.

[359] Barnard, C. 1938. *The Functions of the Executive* [M]. Cambridge: Harvard University Press.

[360] Barro, R. 1972. A theory of monopolistic price adjustment [J]. *Review of Economic Studies*, 39: 17 – 26.

[361] Bartels, R. 1976. *The History of Marketing*, 2rd edition [M]. Columbus, OH: Grid.

[362] Basu, K. 2011. India's food grain policy: An economic theory perspective [J]. *Economic and Political Weekly*, 46 (5): 37 – 45.

[363] Biglaiser, G. 1993. Middlemen as experts [J]. *The RAND Journal of*

Economics, 24 (2): 212 – 223.

[364] Blinder, A. 1982. Inventories and sticky prices: More on the micro-foundation of macroeconomics [J]. *The American Economic Review*, 72 (3): 334 – 348.

[365] Bonin, J. P., Jones, D. C. and Putterman, L. 1993. Theoretical and empirical studies of producer cooperatives: Will ever the Twain meet? [J]. *Journal of Economic Literature*, 31 (3): 1290 – 1320.

[366] Brester, G. W., Marsh, J. M. and Atwood, J. A. 2009. Evaluating the farmer's share of the retail dollar statistic [J]. *Journal of Agricultural and Resource Economics*, 34 (2).

[367] Bucklin, L. P. 1966. *A Theory of Distribution Channel Structure* [M]. The Regents of The University of California.

[368] Burt, R S. 1992. *Structural Holes: The Structure of Competition* [M]. Cambridge, MA: Harvard University Press.

[369] Carlos, A. and da Silva, B. 2005. The growing role of contract farming in agri-food systems development [R]. Drivers, Theory and Practice, Agricultural Management, Marketing and Finance Service, FAO, Rome.

[370] Casella, A. and Rauch, J. E. 2002. Anonymous market and group ties in international trade [J]. *Journal of International Economics*, 58 (1): 19 – 48.

[371] Chueng, S. 1983. The contractual nature of the firm [J]. *Journal of Law and Economics*, 26 (1): 1 – 21.

[372] Coase, R. H. 1937. The nature of the firm [J]. *Economica*, (4): 386 – 405.

[373] Cohen, A. 1969. *Custom and Politics in Urban Africa: A Study of Hausa Migrants in Yoruba Towns* [M]. Berkeley: University of California Press.

[374] Commons, J. R. 1932. The problem of correlating law, economics and ethics [J]. *Wisconsin Law Review* (8).

[375] Coughlan, A. T. and Lal, R. 1992. Retail pricing: Does channel length

matter? [J]. *Managerial and Decision Economics*, 13 (3): 201 –214.

[376] Damania, R. and Yang B. 1998. Price rigidity and asymmetric price adjustment in a repeated oligopoly [J]. *Journal of Institutional and Theoretical Economics*, 154 (4): 659 –679.

[377] Cox, R. , Goodman, C. S. and Thomas, F. C. 1965. *Distribution in A High-Level Economy* [M]. Prentice-Hall, Englewood Cliffs New Jersey.

[378] Domar, E. D. 1966. The soviet collective farm as a producers cooperative [J]. *The American Economic Review*, 56 (4): 734 –757.

[379] Duddy, E. A. and Revzan, D. A. 1947. *Marketing: An Institutional Approach* [M]. New York: McGraw-Hill.

[380] Featherstone, A. M. and Al-Kheraiji, A. A. 1995. Debt and input misallocation of agricultural supply and marketing cooperatives [J]. *Applied Economics*, 27 (9): 871 –878.

[381] Fingleton J. 1997. Competition among middlemen when buyers and sellers can trade directly [J]. *Journal of Industrial Economics*, 45 (4): 405 –427.

[382] Fullbrook, E. S. 1940. The functional concept in marketing [J]. *Journal of Marketing*, 4 (1): 229 –238.

[383] Fulton, M. E. and Giannakas, K. 2001. Organizational commitment in a mixed oligopoly: Agricultural cooperatives and investor-owned firms [J]. *American Journal of Agricultural Economics*, 83 (5): 1258 – 1265.

[384] Furubotn, E. G. and Richter, R. 1998. *Institutions and Economic Theory: The Contributions of the New Institutional Economics* [M]. Ann Arbor: The University of Michigan Press.

[385] Gardner, B. L. 1975. The farm retail price spread in a competitive industry [J]. *American Journal of Agricultural Economics*, 57 (3): 399 –409.

[386] Goehle, D. G. 1987. A historical approach tracing the development of wholesaling thought [M] // Nevett, T. and Hollander, S. C. , eds. *Marketing in Three Eras: Proceedings of the Fourth Marketing History*

Conference. Landing: MSU, pp. 225 – 241.

[387] Gould, R. 1993. Collective action and network structure [J]. *American Sociological Review*, 58 (2): 182 – 196.

[388] Graciela, E. G. 2002. Impact of rapid raise of supermarkets on dairy products systems in Argentina [J]. *Development Policy Review*, 20 (4): 409 – 427.

[389] Granovetter, M. S. 1973. The strength of weak ties [J]. *American Journal of Sociology*, 78 (6): 347 – 367.

[390] Granovetter, M. S. 1985. Economic action and social structure: The problem of embeddedness [J]. *American Journal of Sociology*, 91: 481 – 510.

[391] Greif, A. 1989. Reputation and coalitions in medieval trade: Evidence on the Maghribi traders [J]. *Journal of Economic History*, 49 (4): 857 – 882.

[392] Greif, A. 1994. Cultural beliefs and the organization of society: A historical and theoretical reflection on collectivist and individualist societies [J]. *Journal of Political Economy*, 102 (5): 912 – 950.

[393] Groves T. 1969. The allocation of resources under uncertainty: The informational and incentive roles of prices and demands in a team [R]. Berkeley.

[394] Guiso, L., Sapienza, P. and Zingales, L. 2003. People's opium? Religion and economic attitudes [J]. *Journal of monetary economics*, 50 (1): 225 – 282.

[395] Guiso, L., Sapienza, P. and Zingales, L. 2004. Cultural biases in economic exchange [R]. NBER Working Paper No. 11005.

[396] Haken, H. 1988. *Information and Self-Organization: A Macroscopic Approach to Complex Systems* [M]. Berlin and New York: Springer-Verlag.

[397] Harkin, T. 1998. Opening statement for the senate agriculture committee [R]. Washington, DC, 10 June.

[398] Hendershott, T. and Zhang, J. 2006. A model of direct and intermedi-

ated sales [J]. *Journal of Economics & Management Strategy*, 15 (2): 279 - 316.

[399] Hendrikse, G. W. and Veerman, C. P. 2001. Marketing cooperatives: An incomplete contracting perspective [J]. *Journal of Agricultural Economics*, 52 (1): 53 - 64.

[400] Hobbs, J. E. and Young, L. M. 2001. Vertical linkages in agri-food supply chains in Canada and the United States [R]. Research and Analysis Directorate, Strategic Policy Branch, Agriculture and Agri-Food Canada.

[401] Hsing, Y. 1998. *Making Capitalism in China: The Taiwan Connection* [M]. Oxford University Press.

[402] Hu, Hsien Chin. 1944. The Chinese concept of "face" [J]. *American Anthropology*, 46 (1): 45 - 64.

[403] Hsu, F. L. K. 1971. Psychological homeostasis and jen: Conceptual tools for advancing psychological anthropology [J]. *American Anthropologist*, 73 (1): 23 - 44.

[404] Huang, P. C. 1993. "Public sphere" / "civil society" in China? The third realm between state and society [J]. *Modern China*, 19 (2): 216 - 240.

[405] Humphrey, J. 2005. Shaping value chains for development: Global value chains in agribusiness GTZ trade programme [R]. http://www.ids.ac.uk.

[406] Hurwicz, L. 1973. The design of mechanisms for resource allocation [J]. *The American Economic Review*, 63 (2): 1 - 30.

[407] Jackson, M. O. and Rogers, B. W. 2007. Meeting strangers and friends of friends: How random are social networks? [J]. *The American Economic Review*, 97 (3): 890 - 915.

[408] Karantininis, K. and Zago, A. 2001. Cooperatives and membership commitment: Endogenous membership in mixed duopsonies [J]. *American Journal of Agricultural Economics*, 83 (5): 1266 - 1272.

[409] Kelley, W. T. 1956. The development of early thought in marketing and

promotion ［J］. *Journal of Marketing*，21（1）：62 – 76.

［410］ Kinnucan，H. W. and Forker，O. D. 1987. Asymmetry in farm-retail price transmission for major dairy products ［J］. *American Journal of Agricultural Economics*，69（2）：285 – 292.

［411］ Krakovsky，M. 2015. *The Middleman Economy*：*How Brokers*，*Agents*，*Dealers*，*and Everyday Matchmakers Create Value and Profit*［M］. Palgrave Macmillan.

［412］ Kreps，D. and Wilson，R. 1982. Reputation and imperfect information ［J］. *Journal of Economic Theory*，27（2）：253 – 279.

［413］ Kreps，D. 1990. Corporate culture and economic theory ［M］ // Alt，J. and Shepsle，K. ，eds. *Perspectives on Positive Political Economy*. Cambridge：Cambridge University Press，pp. 90 – 143.

［414］ LeVay，C. 1983. Agricultural cooperative theory：A review ［J］. *Journal of Agricultural Economics*，34（1）：1 – 44.

［415］ Li，Y. 1998. Middlemen and private information ［J］. *Journal of Monetary Economics*，42（1）：131 – 159

［416］ Lucking-Reiley，D. and Spulber，D. 2001. Business-to-business electronic commerce ［J］. *Journal of Economic Perspectives*，15（1）：55 – 68.

［417］ MacDonald，J. ，Ahearn C. and Banker，D. 2004. Organizational economics in agriculture policy analysis ［J］. *American Journal of Agriculture Economics*，86（3）：744 – 749.

［418］ MacDonald，J. and Korb，P. 2005. Agricultural contracting update ［R］. Economic Information Bulletin Number 35，United States Department of Agriculture，April.

［419］ Mallen，B. 1975. Marketing channels and economic development：A literature overview ［J］. *International Journal of Physical Distribution*，5（5）：230 – 237.

［420］ Marwell，G. ，Oliver，P. E. and Ralph，P. 1988. Social networks and collective action：A theory of the critical mass Ⅲ ［J］. *American Journal of Sociology*，94（3）：502 – 534.

[421] Masayoshi, H. and Hayami, Y. 2007. Distortions to agricultural incentives in Japan, Korea and Taiwan, foundation for advanced studies on international development [R]. World Bank, December.

[422] Mortensen, D. T. and Wright, R. 2002. Competitive pricing and efficiency in search equilibrium [J]. *International Economic Review*, 43: 1 – 20.

[423] North, D. C. 1990. *Institutions, Institutional Change, and Economic Performance, Cambridge* [M]. Cambridge University Press.

[424] Peltzman, S. 2000. Prices rise faster than they fall [J]. *Journal of Political Economy*, 108 (3): 466 – 502.

[425] Peng, Y. 2004. Kinship networks and entrepreneurs in China's transitional economy [J]. *American Journal of Sociology*, 109 (5): 1045 – 1074.

[426] Portes, A. 1993. Economic sociology and the sociology of immigration: A conceptual overview [M] // Portes, A., ed. *The Economic Sociology of Immigration*. New York: Rusell Sage Foundation.

[427] Qiu, D., and Spencer, B. 2001. Relationship—Specific investment: Implications for market-opening trade policy [R]. NBER Working Paper, 58 (1): 49 – 79.

[428] Ramaswami, B., Birthal, P. S. and Joshi, P. K. 2006. Efficiency and distribution in contract farming: The case of Indian poultry growers [R]. International Food Policy Research Institute, MTID Discussion Papers.

[429] Rauch, J. E. and Trindade, V. 2002. Ethnic Chinese networks in international trade [J]. *Review of Economics and Statistics*, 84 (1): 116 – 130.

[430] Reagan, P. B. and Weitzman, M. L. 1982. Asymmetries in price and quantity adjustments by the competitive firm [J]. *The American Economic Review*, 27 (2): 410 – 420.

[431] Reardon, T. and Berdegue, J. A. 2002. The rapid rise of supermarkets in Latin America: Challenges and opportunities for development [J].

Development Policy Review, 20 （4）： 371 –388.

［432］ Rehber, E. 2000. *Vertical Coordination in the Agro-Food Industry and Contract Farming*： *A Comparative Study of Turkey and the USA* ［R］. University of Connecticut, Research Report No. 52, February.

［433］ Rhee, Y. W. , Ross-Larson, B. C. and Pursell, G. 1984. *Korea's Competitive Edge*： *Managing the Entry into World Markets* ［M］. World Bank.

［434］ Rubinstein, A. and Wolinsky, A. 1987. Middlemen ［J］. *Quarterly Journal of Economics*, 102 （3）： 581 –593.

［435］ Rust, J. and Hall, R. 2003. Middlemen versus market makers： A theory of competitive exchange ［J］. *Journal of Political Economy*, 111 （2）： 353 –403.

［436］ Schultz, W. 1964. *Transforming Traditional Agriculture* ［M］. New Haven： Yale University.

［437］ Sexton, R. J. 1990. Imperfect competition in agricultural markets and the role of cooperatives： A spatial analysis ［J］. *American Journal of Agricultural Economics*, 72 （3）： 709 –720.

［438］ Shaw A. W. 1912. Some problems in market distribution ［J］. *The Quarterly Journal of Economics*, 26 （4）： 703 –765.

［439］ Shaw, A. W. 1915. *Some Problems in Market Distribution*： *Illustrating the Application of a Basic Philosophy of Business* ［M］. Harvard University Press.

［440］ Shimaguchi, M. and Lazer, W. 1979. Japanese distribution channels： Invisible barriers to market entry ［J］. *MSU Business Topics*, 27 （1）： 49 –62.

［441］ Singh, S. 2002. Contracting out solutions： Political economy of contract farming in the Indian Punjab ［J］. *World Development*, 30 （9）： 1621 –1638.

［442］ Spulber, D. F. 1996. Market microstructure and intermediation ［J］. *Journal of Economic Perspectives* （10）： 135 –152.

［443］ Spulber, D. F. 1999. *Market Microstructure*： *Intermediaries and the Theory of the Firm* ［M］. Cambridge University Press.

[444] Steinfield, C. 2000. Dispelling common misperceptions about the effects of electronic commerce on market structure [C]. Presentation to the 35th Anniversary Conference of Chinese University of Hong Kong, July 24 – 26.

[445] Stern, L. W. and EI-Ansary, A. 1992. *Marketing Channels* [M]. Englewood Cliffs: Prentice-Hall.

[446] Sykuta, M. E. and Cook, M. L. 2001. A new institutional economics approach to contracts and cooperatives [J]. *American Journal of Agricultural Economics*, 83 (5): 1273 – 1279.

[447] Tennbakk, B. 1995. Marketing cooperatives in mixed duopolies [J]. *Journal of Agricultural Economics*, 46 (1): 33 – 45.

[448] USDA (United States Department of Agriculture). 2013. Farm size and the organization of U. S. crop farming.

[449] Weld, L. D. 1916. *The Marketing of Farm Products* [M]. New York: The Macmillan Company.

[450] Williamson, O. E. 1985. *The Economic Institutions of Capitalism* [M]. New York: Free Press.

[451] Williamson, O. E. 2000. The new institutional economics: Taking stock, looking ahead [J]. *Journal of Economic Literature*, 38 (3): 595 – 613.

[452] Wohlgenant, M. K. 1985. Competitive storage, rational expectations, and short-run food price determination [J]. *American Journal of Agricultural Economics*, 67 (4): 739 – 739.

[453] Yavas, A. 1994. Middlemen in bilateral search markets [J]. *Journal of labor Economics*, 12 (3): 406 – 406.

[454] Young, A. 1928. Increasing returns and economic progress [J]. *Economic Journal*, 38: 527 – 542.

二十余年磨一剑

——写在《中国农产品流通组织演进：关键的中间层与必要的迂回》出版之际

（一）

对持续多年关注的农产品流通问题做一阶段性总结，是我的夙愿。从 20 世纪末攻读硕士学位开始，我就没有间断过对农产品流通问题的调查、思考与探索。过去二十余年间，我看似磨了很多"剑"，但无论是发表的论文，还是出版的专著、完成的博士学位论文、主持的横纵向课题、提交的研究报告、获得的科研奖项，都基本与农产品流通密切相关，未尝不是"二十余年磨一剑"。这把"剑"，就是对农产品流通领域的探究。究其原因，或许是因为我生于村庄，长于农村，干过农活，卖过农货，深懂农民生活之苦，深感农产品种植之艰，深知农产品流通之难。

早在我攻读硕士学位期间，公开发表的首篇论文《从博弈的角度看新一轮粮改》，就与农产品流通密切相关。该文是"博弈论"课程的副产品，曾获首届首都挑战杯大赛研究生组三等奖，后发表于《中国农村观察》2001 年第 2 期。攻读博士学位期间，2007 年完成的论文《分工、流通与农村经济的内生增长》，曾获万典武商业经济学奖；2008 年完成的博士学位论文，研究重点之一就是农产品流通（后以《小农—企业家主导的农业组织模式：天星村葡萄业技术与市场演化》为题，在社会科学文献出版社出版）。此后，在经济科学出版社出版的两本专著《中国鲜活农产品流通体系演化研究》和《关系网络扩展与农业交易治理机制创新：湘鄂三县葡萄种植业的比较案例研究》，也与农产品流通直接相关。上述三本专著分别获中国市场学会"庆祝建国 65 周年中国流通发展与改革"优秀著作奖、教育部第八届高等学校科学研究优秀成果奖（人文社会科学）青年成果奖和江苏省第十六届哲学社会科学优秀成果奖二等奖。我还幸运地三次获得国家社科基金资助，获得教育部人文社科基金、北京市社科基金、江苏省社科基金等多项省部级纵向课题资助，上述基金项目均与农产品流通领域相关。此外，我受商务部、农业部、国家质检总局等国家部门，以及中国供销农产品批发市场控股有限公司和南京农副产品物流有限公司等大型农产品流通企业委托，承担了若干服务于农产品流通政策和企业战略的横向项目。农业部市场与信息化司曾在农业部官网发布本人主笔的《中国农产品批发市场发展研究报告（2014）》①。

列举上述科研项目与"研究成果"，绝非为了显摆，而是为了陈述一个基本事实——正是在上述基金项目和横向委托项目的研究过程中，我得以便利地获得越来越多的一手调查资料和数据，深入农产品生产与流通现场，对农户与商贩进行近距离观察与深度访谈，实现了对部分地区农产品流通超过20年的追踪田野调查。以对农产品批发市场的研究为例，在过去的十多年间，以农业部、国家质检总局、商务部等部委的委托项目为重要支撑，加上有中国商业联合会、中国城市农贸中心联合会等商协会的调查支持，我得以用脚"丈量"过十多个省份的著名大型农批市场。其中，著名的销地批发市场有：北京新发地、岳各庄、清河和回龙观等市场，上海农批市场，天津静海国际农产品物流园，杭州农副产品物流中心，嘉兴水果批发市场，南京农副产品物流中心（众彩），深圳海吉星，广西南宁海吉星，海口中商市场，合肥周谷堆批发市场和徽商城批发市场，武汉白沙洲农副产品大市场，长沙马王堆市场和红星市场，郑州万邦国际农产品物流城，以及保定新发地批发市场。还有不少兼具集散地市场和产地市场特征的批发市场，如湖北两湖绿谷市场、山东寿光农产品物流园，广西田阳农副产品综合批发市场，贵州遵义辣椒批发市场、湄潭茶城，中国农批金寨批发市场，海南万宁、琼海的田头市场，浙江安吉白茶城。另有既非产地也非销地市场的纯集散地市场，如浙江南部的苍南滋补品市场、闽浙水产品批发市场等。

除上述"自上而下"的走访、座谈和调查外，我更加重视对产地最基层农户与商贩的调查，以及对销地零售终端的调查（或许可称之为

---

① 该报告在农业部官网的网址为 http://www.moa.gov.cn/gk/ghjh_1/201506/P020150619349723812920.pdf。

"自下而上"的调查）。在上述情景下，进入调查现场的方式，是多种多样的。在调查尤其是深度访谈过程中，有些商贩甚至成为我多年的朋友，提供了大量真实数据、鲜活资料与生动案例。本书最终得以完成，得益于很多农民、商贩和各类企业家对我多年来的启发，直接受惠于被我叨扰多年却因种种原因未能在正文与后记中具名的受访者。我从农民和商贩那里得到的启发，丝毫不亚于经典文献。其中，也包括来自我母亲的启发。母亲虽然只上过一年学，却常常对我的"研究"贡献智慧，往往能提供非常重要的研究线索，堪称我在村里的"情报员"。有些重要观点，我会先跟她讨论，说给她听。如果她不能听懂，或认为不妥，我往往会认真考虑并设法修改和完善。后来我才知道，上述办法，唐代大诗人白居易在写诗的时候就屡试不爽。实践证明，白居易的办法也是可以移植到农业经济研究领域的。

正是因为有上述经历，我的研究成果（包括论文、专著、研究报告）才能在长达 20 余年的时间内聚于一域，磨此一剑，也使得我对农产品流通的研究逐步拥有了更加坚实的调查资料、数据和案例支撑，使我的判断与观点更有底气，对策建议更接地气。

（二）

本书毫不掩饰作者的农民或小农立场。中国农业大学叶敬忠先生曾提到《新小农阶级》的作者范德普勒格教授"始终站在农民一边"。中国农业科学院党组书记张合成先生半开玩笑地说过类似的话语，即学者的"屁股"应坐在农民的怀抱。我出生在湖北省公安县的一个村庄，是农民的儿子。只上过三年私塾的祖父，一直给我灌输"君出于民，民出于土"的思想。文化程度不高的父母也要求我，不论身在何处，从事何种职业，无论地位高低，都一定不能忘本，更不能忘了农民的疾苦。从读初中开始直至硕士研究生毕业，我"兼职"从事"脸朝黄土背朝天"（母亲常在我耳边提及此话）的农业体力劳动超过十年——每年寒暑假，我都坚持和父母亲一起参加田间劳动，无论酷暑与严寒，不顾日晒与雨淋。我干过绝大多数农活——累的如担水灌溉，脏的如挑大粪，危险的如喷农药，烦的如剥烂棉桃，痒的如割麦子，考验耐心的如走村串乡兜售自家产的柑橘、西瓜、甘蔗、甜瓜、白菜、辣椒等，堪称地道的"兼职农民"——我割谷割麦之速度绝不在多数熟练农民之下，喷农药的耐力和技术也堪比专业的农民。非常幸运的是，我从来没有中暑或中毒（在我们村，因喷农药而中毒的事故经常发生）过。上述特殊经历，促使我在做研究时经常换位思考，并毫不犹豫地选择农民或小农立场。

本书特别重视对农民和商贩（很多商贩曾是农民）的追踪田野调查。多年农村调查实践表明，追踪田野调查有助于深度发掘事实和问题。费孝通先生曾写道："农村调查是达到我们认识中国社会、解决中国社会问题的最基本的手段和途径。我对中国社会的看法、对中国传统农业经济向现代经济转变方式的看法，几乎都是在农村调查中积累起来的。"[①]密歇根州立大学教授葛伯纳（Bernard Gallin）也指出："若要观察中国的经济、政治和文化改变，搜集相关资料，进行充分的分析，在单一地点作长时段的田野调查是不能缺少的。"[②] 曾担任国际发展研究中心（IDRC）首任主席的霍珀（W. David Hopper）为撰写其博士学位论文《印度中北部地区一个村庄的经济组织》（*The Economic Organization of a Village in North Central India*），从 1953 年 10 月到 1955 年 2 月长住在印度恒河平原的塞纳普尔村进行了深度调查。上海交通大学史清华先生也曾强调要"问政于老农"。我的博士导师张晓山先生，每年都有相当长一段时间"驻扎"在村庄调查。前辈们的说法和做法，于后学心有戚戚焉。参加工作后，几乎每年我都驻村调查一段时间，并高度重视追踪田野调查方法的采用，以更加客观深入地描述和记录正在发生的历史。我还曾跟随商贩的三轮车或货车，从产地赶到批发市场（常常是在夜里）。我对几个大型批发市场的调查，往往都是"夜袭"——中国农产品批发交易的特点决定了，大白天去考察或许会一无所获，唯有通过此种特殊方式，才有可能窥探到中国农产品批发交易生动、鲜活、真实的场景。我还曾设法与农民、商贩交朋友，和他们一起，喝过小酒，侃过大山，并借此得以更深入农产品流通现场。我也曾用追踪田野调查方法调查浙江首个撤镇设市的龙港市，报告《"中国第一农民城"龙港镇跟踪调

---

① 费孝通. 1985. 社会调查自白［M］. 上海：知识出版社，p. 27.
② 转引自黄树民. 2002. 林村的故事：一九四九年后的中国农村变革［M］. 素兰，纳日碧力戈，译. 北京：生活·读书·新知三联书店，pp. 3 – 4.

查——从"小城镇　大问题"到"小城市　大问题"》获国务院参事室
"费孝通田野调查奖"一等奖（这在很大程度上也得益于中国社会科学
院农村发展研究所李人庆先生在浙江龙港长达二十余年的追踪田野调查
基础，以及师兄陈前恒教授给予的帮助和指点），并以《从"小城镇
大问题"到"小城市　大问题"——"中国第一农民城"龙港的追踪调
查》为题发表于《清华大学学报》（哲学社会科学版），后被《中国社会
科学文摘》全文转载，并获得中宣部出版局主办的第五届"期刊主题宣
传好文章"奖。

　　费孝通先生曾说过一段意味深长的话，大致意思是，我们的文章其
实并不是自己所写，而是时代借我们的手来记录它所经历的变迁，所谓
"应是鸿蒙借君手"。我深以为然。本书的很多基本素材，都出自受访者
之口，或受访者出示的种种"证据"（包括家庭收支明细账、生产日记、
购销记录、老照片、压在床底下的技术资料、税费负担手册等）。从某种
程度上说，我只是"集体创作"过程中的采访员、记录员、执笔人和整
理者而已。牛津大学社会人类学教授项飙博士说得非常到位，"他们是社
会发展的真正推动者，我只是实践者的再蹩脚、无能不过的秘书。怎么
把这个秘书当得少蹩脚一点，是我终生的任务"。在本书中，我做的很多
工作，其实也是"秘书"的工作。书中若有真知灼见，那么多半也是直
接或间接来自农户、商贩、批发市场经营者和农产品流通管理者。因而，
本书得以完成，必须感谢这个时代，同时也必须感谢多个研究项目的很
多受访者，他（她）们分布在全国各地、各行各业，分布在农产品生产
与流通的不同环节。遗憾的是，受制于所谓"学术规范"，以及出于所
谓"学术伦理"方面的考虑，很多受访者的姓名，都不得不做了技术
处理。

（三）

　　本书坚信，尊重、了解、理解农民，是深入探究农产品流通问题的
基础。作为外来的调查者，必须清醒地意识到，绝大多数被调查者都是
理性的。无论被调查者的文化程度如何，无论其收入水平高低，无论其
健康还是患疾，大多都是理性人。在进行涉农具体决策时，多读了几年

书的人并不比农民更有发言权。调查者还必须认识到，任何决策主体所面临的决策环境都是高度复杂且具有不确定性的。由于决策环境的变化往往远超人类自身的控制范围，任何决策主体都不可能对未来做出完全准确的预测。面对复杂与不确定性的环境，任何决策主体都应当小心谨慎，不应过于相信自身的理性和能力。正因为绝大多数农民是理性的，同时决策环境又是高度复杂且充满不确定性的，更重要的是，农民从事的是"自然再生产与经济再生产交织在一起"的特殊产业——农业生产流通不仅受经济法则的支配，还受自然法则的影响（农业必须与土地、多种多样的自然气候条件打交道[1]），所以，就更应该强调分散试错与持续学习的价值，对农业保持必要的敬畏，对涉农行政措施的有效性保持必要的谨慎。

著名经济学家发现，诸多事实也证明，作为外来者的官员或"专家"，并不一定比农民更懂得市场，甚至远不如农民懂得市场。亚当·斯密说："关于可以把资本用在什么种类的国内产业上面，其生产物能有最大价值这一问题，每一个人处在他当地的地位，显然能判断得比政治家或立法家好得多。"[2] 萨伊也指出："农民是自己利益最清楚的知晓者……农民住在当地，把它作为孜孜不懈地研究和调查的对象，对于它的成败，他比任何人都有更大的切身关系。"[3] 诺贝尔经济学奖获得者舒尔茨的结论是："大部分贫穷农业社会在要素配置方面很少有什么明显的低效率。这一看法还可以得出另一种含义，这就是无论本国还是外国的有能力的农场经营者都不能向农民说明如何更好地配置现有生产要素。"[4] 实际上，调查越是深入，就越能发现农民的惊人理性：专家和官员想到的，绝大多数农民已经想过很多遍；而专家和官员没想到的，农民也早已想过。这对于那些一直认为农民信息闭塞、愚昧无知的观点是一种最好的驳斥。然而，总有一些基层官员和外来调查者会假定自己比农民更理性，

① 戈尔巴乔夫.1991.苏联农业的历史教训［A］.农业经济译丛（1989－1990）［C］.北京：农业出版社，p. 124.
② 亚当·斯密.1972.国民财富的性质和原因的研究，下卷［M］.郭大力，王亚南，译.北京：商务印书馆，pp. 27－28.
③ 萨伊.1963.政治经济学概论：财富的生产、分配和消费［M］.陈福生，陈振骅，译.北京：商务印书馆，p. 156.
④ 西奥多·W.舒尔茨.1987.改造传统农业［M］.梁小民，译.北京：商务印书馆，p. 41.

常忍不住冲动要去引导、指导农民。现实结果表明，很多外来者的绝大多数看法即便不是错误的，也是不切实际的。前文提及的霍珀先生也指出，贫穷国家（如印度）的小农之所以不能或不愿接受西方专家有关改善其收成的建议，真正的问题不在小农，而在于西方专家的意见并不适合印度农村的实际条件。

"严重的问题是教育农民"曾是一个著名论断。在新时期，更严重的问题是不相信农民。在绝大多数时候，应充分尊重农民自己的选择。舒尔茨曾有一段看似夸张的评论："一旦有了投资机会和有效的刺激，农民将会点石成金。"① 但若深入农村追踪调查，全方位多角度观察农民，就会发现，上述评论没有太多夸张的成分。不同村庄之间存在太大的差异，不同村民也各有特点，他们自身都具有相当的创造力和创新精神，外人实在没资格也没必要对他们指手画脚。如中国人民大学陆益龙教授所言："向农民提供帮助而不是瞎指挥，给他们多些自由而不是约束他们，向他们投资而不是向他们索取，将是农民生产积极性提高的前提……农民自身缺少的不是进行创新的动力和能力，他们所期望的是有一个较宽松的、能带来实惠和能提供帮助的宏观政治背景。"② 外在于村庄的官员和学人，似乎需要保持对市场经济的必要"敬畏"和必要的谦逊，必须尊重市场，必须尊重农民自己的选择。当今中国的农业问题，主要应该由农民自己来回答，主要由他们自己加以解决——当然，在公共物品的提供方面或许应该例外。学界和政界能提供的，是在设身处地从农民的角度思考问题的基础上，设法予以理解、支持与合作。理解万岁！没有理解，就不可能有尊重，也不可能有支持和合作。

（四）

在追踪调查农产品流通组织演进的过程中，尤其是在中西部很多农产品主产地，我目睹了不少农村居民的生存困境。此种情况反复提醒自

---

① 西奥多·W. 舒尔茨.1987. 改造传统农业 ［M］. 梁小民，译. 北京：商务印书馆，p. 5.
② 陆益龙.2007. 嵌入性政治与村落经济的变迁——安徽小岗村调查 ［M］. 上海：上海人民出版社，p. 33.

己，作为农民的儿子，如果不是足够幸运，如果不是家人千方百计供我上学，如果未能赶上公费上大学的"末班车"（我大学本科、硕士和博士阶段，都非常幸运地赶上了公费），如果不是老师、同事、同学、朋友给予的帮助、支持和指导，我也不可能走到今天。作为一个屡败屡战但总体仍算幸运的人，必须常怀感恩之心，所以才在下文列举那么多姓名。即便如此，还有可能挂一漏万。

本书的很多想法、看法和观点，论点、论据和论证，遣词、造句和修辞，除受到参考文献中明确标注的文献作者的启发外，实多年受惠于很多师、长、同学、同事、朋友和学生。本书出版之际，我要对培养过我的所有学校、科研机构和老师们，对所有帮助过我的前辈和朋友们，表示最真诚的感谢。

感谢我的博士导师，中国社会科学院学部委员张晓山研究员。张老师不仅全程指导了拙著《小农—企业家主导的农业组织模式：天星村葡萄业技术与市场演化》的研究与写作，还亲笔作序，极大地提升了该书的可读性、思想性与严谨性。十年后老师在百忙之中再次为本书赐序，令学生万分感动。

感谢本科、硕士、博士后和公派访学期间四位敬爱的导师，他们分别是北京商学院胡俞越教授、北京工商大学刘秀生教授、中国社会科学评价研究院荆林波研究员和俄亥俄大学社会学与人类学系李捷理教授。五位恩师的宽容、关心、帮助、指导、提点和鼓励，是我屡败屡战的强大精神支柱，也是我于漫漫学术长路上下求索的不竭动力。

感谢培养我并接纳我任教多年的北京商学院和后来合并组建的北京工商大学。1995 年高考，先填志愿再考试。心高气傲的我，将第一批第一志愿直接锁定为中国人民大学。结果，高考分数本可上武汉大学的我，滑档被录取到北京商学院。母校位于海淀区阜成路 33 号，是一所极具特色的精干型部属本科学院。当时正好赶上国内第一轮高校合并潮，我就成为北京商学院最后一届本科毕业生。1999 年毕业那年，北京商学院与北京轻工业学院合并组建北京工商大学。本科毕业后，有幸被保送本校攻读硕士研究生。合并后，北京商学院小班授课和大牌教授授课的优良传统仍然传承下来。老校长王相钦先生给几个研究生开设的"中国近现代市场研究专题"课程，令我记忆犹新。王老师发音不易听懂，但思维清晰得令人震撼。他在课堂上阐发的有关中国近现代市场演进的不少观点，至今仍启发着我对市场与流通问题的思考。期货专家童宛生教授不仅学问好，特别敬业，而且每次上课都可以与同学们进行平等对话。在这个精致的小院落，我度过了 21 个春秋，四年本科，三年硕士，又做了14 年的教师。

2016 年 6 月，当我告别学习工作达 21 年的母校，离开美丽的北京"南渡"之际，校长孙宝国院士说："振宇，无论你到哪里，都是我们的优秀校友，母校都会关注支持你；无论你到哪里，都要支持关心母校的发展。"到南京后的数年间，我也仍然持续关注母校的发展。母校的前身之一，是 1959 年商业部经国务院批准成立的中央商学院（1960 年改名为北京商学院），是全国首批硕士学位授予单位。2018 年正式获批博士学位授予权后驶入发展的快车道，被北京市确定为重点建设的研究型大学之一。学校以商科、轻工、食品为特色，在经、管、理、工等学科拥有五个一级学科博士点，近年来学校与学科的国内外排名都在稳步攀升。作为千里之外的校友，我由衷地感到高兴。感谢母校的苏志平教授、王福成教授、谭向勇教授、谢志华教授、李朝鲜教授、张晓堂教授、魏中龙教授、杨德勇教授、王国顺教授、李宝仁教授、周莉教授、严旭阳教授、徐丹丹教授、李书友副院长对我的长期指导，感谢庞毅教授、冯中越教授、洪涛教授、廖运凤教授、张秀芬教授、宋东英教授、方燕教授、耿莉萍教授、郭馨梅教授、刘文纲教授、卢奇教授、李丽教授长期以来在农产品流通研究领域的合作与指导。与李时民教授、周清杰教授、孟昌教授、高扬教授、倪国华教授、毛新述教授、张正平教授、陈晋文教授、马若微教授、罗玉波博士、赵峰博士、刘晓雪博士、梁鹏博士、易芳博士、郭崇义博士、邓春平博士、陈敦博士、乔阳博士、乔云霞博士、邓磊博士、郭丽娟博士、王沈南博士的交流，常启发我思考。感谢学校党委董竹娟副书记（现任首都师范大学党委副书记）、人事处徐美叶处长、财务处陈珂教授给予的帮助。

感谢中国社会科学院研究生院和中国社会科学院农村发展研究所（中国社会科学院研究生院农村发展系）教过我和指导过我的老师们。我从 2002 年起就开始考博，先后报考过北京大学、中国人民大学、北京师范大学，中国社会科学院研究生院更是考过三次，共计六次。为增加考博的命中率，我每年都会同时报考两所大学。2005年同时考取中国社会科学院和北京师范大学后，经反复权衡，我选择了给我公费指标的中国社会科学院研究生院。至今，我仍对北京师范大学和敬爱的沈越教授怀有深深的歉意，但愿沈老师能原谅我这个经历过多次考博失败且家庭负担沉重的年轻人的鲁莽。中国社会科学院研究生院的博士研究生培养，在形式上不像大学那样中规中矩，但其自由而严谨的学风使我终身受益。尤其是为所有的博士研究生开设的经济学前沿专题课程，集中了国内相关领域的一流学者，的确是国内经济学界的前沿。杨春学研究员讲授的"中级经济学"，虽没有"高级"经济学那样富有"技术含量"，但极具"思想含量"。承蒙博士导师张晓山先生不弃，我得以在张老师和导师组其他成员（杜志雄研究员、苑鹏研究员、党国英研究员、朱钢研究员、崔红志研究员）的精心教导下，接受了农业经济调查研究与写作的科班训练。农村发展研究所的李周研究员、李人庆研究员、胡必亮研究员，也曾给过我很多非常有启发的指点、指导和帮助。在农村发展研究所经常举办的学术论坛上，我感受到了平等、严谨的学风和浓郁的学术氛围，姚洋教授、李实研究员、胡必亮研究员的发言和评论让我深受启发。

感谢我在中国社会科学院财政与贸易经济研究所（财经战略研究院）从事博士后研究期间的各位老师们，他们是裴长洪研究员、宋则研究员、王诚庆研究员、杨志勇研究员、夏杰长研究员、张群群研究员、依绍华研究员、苏允琴主任、聂永梅老师、朱小慧老师、朱宇辰老师。感谢中国社会科学院王国刚研究员、魏明孔研究员、赵农研究员、魏长宝研究员、高超群研究员、王砚峰研究员、金成武研究员、常旭副研究员、谢谦副研究员、张琦副研究员给予的提携，感谢中国社会科学院办公厅副主任张海鹏研究员、王朝阳研究员和科研局田侃研究员给予的帮助。

（五）

南京人杰地灵，也是典型的宜居城市。长江以北的浦口区，可谓"江流天地外，山色有无中"，景色极为宜人。南京审计大学浦口校区，地处老山余脉与长江岸边平地交接形成的脊状山丘地带，脊状山体与湿地水体相间。矗立校园有三山，皆为老山余脉；贯穿校园有七水，皆以老山为源，注入长江，可谓"衔老山，入长江"，青山不改碧水流，湖光山色两相和，胜似公园：山林相依，绿树成荫；四季常绿，空气清新，常有清风扑面之感；小桥流水，尺树寸泓，却颇有清雅之意。浦口校区的整体设计，出自华南理工大学何镜堂院士手笔，强调建筑应根植于环境，将规整与自然两种传统结合，很好地贯彻了"因天材，就地利"的设计思想，倚借自然条件，营造出独特的校园景观特色。校园内蓝灰瓦顶、浅色墙身、绣石基座的三段式造型，融合了江南书院空间、水乡情境等地域文化元素，山水树石相映成趣。

校园建筑整体上与自然山水和谐地融为一体，各建筑群和楼宇命名，也颇有人文底蕴。核心教学区以图书馆为中心。图书馆取名"得一"楼，语出《道德经》："昔之得一者：天得一以清；地得一以宁；神得一以灵；谷得一以盈；万物得一以生；侯王得一以为天下贞。"意在强调每日精进，总有一得。七个教学建筑群，分别是"敏"字楼（敏达楼、敏知楼、敏行楼三个建筑群）、"竞"字楼（竞秀楼和竞慧楼两个建筑群）和"文"字楼（文心楼和文济楼两个建筑群），大致以图书馆"得一"楼为"圆心"呈扇形分布，所谓"七星拱月阵"，鸟瞰之形状，据说酷似问号（设问是大学问的基本起点）。七个教学建筑群，各自得名均很讲究：敏知楼得名自《论语》"我非生而知之者，好古，敏以求之者也"；敏行楼得名自《论语》"君子欲讷于言而敏于行"；敏达楼得名自明代王立道的《具茨文集》"有忠信敏达之资，而成之以恬淡乐道之志"；竞秀楼得名自南朝刘义庆《世说新语》"千岩竞秀，万壑争流"；竞慧楼得名自明代某文人"山雕百态争奇想，云秀千姿竞慧思"之佳句；文心楼得名自清代吴绮《林蕙堂全集》"玉台一片文心在，合向烟霞小有天"；文济楼得名自南宋蔡节《论语集说》"质胜于文则失之野，文胜于质则失之史，唯文质相济而不偏焉，然后为成德之君子"。南京审计大学的办公楼，取名似乎更加考究，想必当年煞费苦心：综合办公楼，取名"中和"。近在咫尺的办公楼，取名"位育"。"中和"与"位育"，皆出自儒家经典《礼记·中庸》："喜怒哀乐之未发谓之中，发而皆中节谓之和；中也者，天下之大本也，和也者，天下之达道也。致中和，天地位焉，万物育焉。"位育楼一侧是致明楼。"致明"一词，据说出自北宋大儒张载的"儒者则因明致诚，因诚致明，故天人合一，致学而可以成圣，得天而未始遗人"（张载因侨寓凤翔眉县横渠镇并在此讲学，世称"横渠先生"，其最著名的佳句是"为天地立心，为生民立命，为往圣继绝学，为万世开太平"，冯友兰先生尊为"横渠四句"）。住宿区为润泽沁澄四大"书院"，命名亦有文化底蕴，其中，润园和泽园之名，得名自《礼记·聘义》："夫昔者君子比德于玉焉：温润而泽，仁也。"

　　我的办公室在位育楼顶层，虽夏热冬凉，然则楼小势高，南北通透，由此可得四季之佳景——春花烂漫、夏风徐来、秋叶绚丽、冬雪皑皑，驰目金陵之美，足以骋怀。位育之北，绵延老山尽收眼底；位育之南，秀美小南山一览无遗：花开南山上，鸟鸣翠竹中。有这样的办公条件，即使在稿件屡被拒、基金屡未批之艰时，也偶有"悠然见南山"之雅意，凭栏远眺，可有"一览众山小"之豪迈。况且，还有"常驻位育楼代表"林金官教授、孔新兵教授、孙杨教授、戴翔教授、易先忠教授、向洪金教授、韩峰教授、詹国彬教授、周兴才教授、徐玉华教授、吴星泽教授、吕绍高教授、钱钢教授、彭冲副教授、陈维涛副教授、王海副教授、何红中副教授、刘智勇教授、吴俊副教授、宋建博士、汤二子博士等才俊贤达常年为伴，或吹牛神侃，或唇枪舌剑，或互励共勉。偶尔三五成群，或竹林观鸟赏花，或湖边散步消食，"行到水穷处，坐看云起时"。所谓见贤思齐，他们或勤奋多产，或睿智刚毅，或仁义随和，皆是我学习的好榜样。衷心感谢他们对一个"南渡"新人的不断帮助、鼓励和启发。

　　感谢南京审计大学校领导王家新教授、晏维龙教授、刘旺洪教授、王会金教授、裴育教授、俞安平教授、董必荣教授在不同场合给予的指点和帮助。感谢李乾文教授、孙宏斌主任、强飚部长、汪自成教授、孙宁教授、杨春雷教授、金太军教授、林金官教授、姜德波教授、任志成教授、孙文远教授、李陈华教授、陈祖华研究员、鲁靖教授、陈骏教授、徐超教授、石岿然教授、俞宁教授、李昆教授、许汉友教授、苍玉权教授、王家华教授、庄玉良教授、池国华教授、颜银根教授、洪涛教授、杨洋教授、吴春梅书记、吴学军主席、李卫红处长、梁佳副院长、汪红霞副院长、奚媛媛副处长、王红磊副处长、凌亚群副处长、张熠副处长、王永培副教授、庄尚文副教授、张静静副教授、徐志耀副教授、张晓玲副教授、程瑶副教授、邝艳湘副教授、杜秀红博士、廖利兵博士、张荣杰博士、江琛主任、杨文友老师、周丹老师、周玲老师、李沐曦老师、姜淑慧老师、吴其阳老师、李千老师在生活、教学、科研、社会服务等诸多方面给予的指导与帮助。

（六）

东北财经大学夏春玉教授、刘凤芹教授、于左教授，江西财经大学周应恒教授，国务院发展研究中心任兴洲研究员和王微研究员，中国农业科学院李先德研究员和张蕙杰研究员，农业部农研中心张照新研究员，中国商业联合会傅龙成副会长，湖南工商大学柳思维教授、刘导波教授，西安交通大学文启湘教授，北京物资学院何明珂教授，广东财经大学王先庆教授，国家发改委宏观经济研究院姜长云研究员，广西财经学院夏飞教授，浙江工商大学张仁寿教授、郑勇军教授，上海交通大学史清华教授，东南大学周勤教授、傅兆君教授，南京大学马野青教授、马俊亚教授、范金民教授、黄福华教授，南京师范大学田文教授，江苏大学庄晋财教授，徐州医科大学卢亚娟教授，苏州大学程雪阳教授，南京农业大学钟甫宁教授、徐志刚教授，云南大学齐春风教授，清华大学李伯重教授、仲伟民教授、李飞教授、倪玉平教授、龙登高教授，厦门大学林枫教授、任智勇教授、水海刚教授、张侃教授，首都师范大学施诚教授，吉林大学吴小丁教授，中国农业大学何秀荣教授、安玉发教授、林万龙教授，北京大学姚洋教授，北京师范大学胡必亮教授，中国人民大学程漱兰教授、孔祥智教授、 黄国雄 教授、李金轩教授、马龙龙教授、王晓东教授，河北经贸大学纪良纲教授，北京工业大学祝合良教授、陈立平教授，南京财经大学徐从才教授、高觉民教授，湖南商务职业技术学院李定珍教授，湖北经济学院陶君成教授，国家粮食局原局长高铁生先生，商业部商业经济研究所原所长 万典武 研究员、张采庆研究员、 吴硕 研究员、刘海飞研究员，或指点迷津、或答疑解难、或鼓励提携、或慷慨赠阅资料，隆情高谊，不敢忘怀，特表谢意。

感谢一批志同道合的学人，他（她）们是：中国社会科学院王雪峰博士、毛日升研究员、高凌云研究员、胡冰川研究员、黄浩博士、孙开钊博士、赵京桥博士、李蕊博士，中国农业科学院郭君平副研究员，国家发改委宏观经济研究院孙凤仪研究员，国务院发展研究中心陈丽芬研究员，华中农业大学熊航教授，东北财经大学汪旭晖教授、张闯教授、徐健教授、杨宜苗副教授、李文静教授，南京林业大学高强教授、刘同山教授、戴枫教授，首都经济贸易大学刘业进教授、董烨然教授、苏威副教授、李智教授，中国人民大学王强副教授、谢莉娟教授、石明明博士，浙江工商大学陈宇峰教授、吴锦宇博士、郑红岗博士，郑州航空工业管理学院杨波教授、郝爱民教授，河北经贸大学刘振滨院长、马彦丽教授、刘东英教授、郭娜教授，重庆工商大学宋瑛教授、张弛博士，西华大学龚雪副教授，南京财经大学杨向阳教授、李平华副教授、宗颖副教授，湖南工商大学唐红涛教授、尹元元教授、杨水根博士、王娟博士，山西财经大学弓志刚教授、郭建宇教授、朱丽萍副教授、任荣副教授，中南财经政法大学黄漫宇教授，江苏师范大学司增绰教授，江苏第二师范学院孙爱军教授，安徽财经大学丁宁教授、袁平红副教授，福建农林大学邓衡山副教授，北京物资学院刘玉奇博士，上海大学张赞博士，盐城师范学院包振山副教授，江苏经贸职业技术学院张艳副教授，北京农学院杨为民教授、陈娆教授。

感谢农业部、国家质检总局、商务部等部门委托研究项目提供的强大调查支持。如果没有来自中国农业科学院党组书记张合成（农业部市场司时任司长）、农业农村部种业管理司张兴旺司长（农业部市场司时任副司长）、农业农村部信息中心张国副主任（农业部市场司流通处时任处长）、陈萍副司长和农业部市场司李桂群调研员、王松处长、段成立副处长（现任中国农业科学院都市农业研究所副所长）提供的各种调查便利条件，如果没有中国城市农贸中心联合会马增俊会长、纳绍平副会长协助联络，如果没有上述批发市场管理层的鼎力支持，我就不太可能顺利进入那么多不同类型的农产品批发市场（包括销地、产地、集散地市场）深入调查，也就不太可能从不同侧面对中国农产品流通组织演进尤其是批发市场组织的关键问题展开持续探讨。感谢其他各级政府部门领导给予的帮助：商务部市场体系建设司周强司长、郑书伟副司长、李鹏处长、胡迪副处长、魏晓鹏同志，商务部流通业发展司查金祥处长，商务部研究院流通与消费研究所董超所长，中国贸促会研究院赵萍副院长、张继行主任，上海市商务发展研究中心朱桦主任，江苏省商务厅夏网生副厅长、江志平副厅长、何剑波处长、刘畅、邱旭光，南京市商务局孔秋云书记、富宁宏副局长、刘从容处长，南京市统计局张雁宁局长，南京市发改委许小卫副主任，江苏省市场监管局田丰副处长、陶毅副处长，江苏省发改委王根芳处长、左剑锋副处长，江苏省战略与发展研究中心胡惠良副主任、李家勋所长、张萍副所长、王艳华副研究员。

感谢业界朋友分享思想与资讯，他们是：中华全国供销合作总社监事会原梅生副主任和张彬处长，南京农副产品物流中心王敏总经理、赵章武副总经理和经发部谢明部长和张勇副部长，中国供销农产品批发市场控股有限公司曹少金董事长、张曹宝总经济师、开发部郭智勇经理，利丰研究中心总经理张家敏先生、钱慧敏副总裁和陈素贞女士，冯氏集团华北地区首席代表李涛博士，苏宁易购副董事长孙为民先生，食行生鲜总经理助理董俊，北京超市发李燕川董事长、常务副总经理赵萌女士，多点研究院院长、多点 Dmall 朱玉梅副总裁，汇鸿冷链季欣董事长和办公室主任董兴，无锡天鹏许金键副总经理和办公室主任陈君，江苏百汇农业发展有限公司白开荣副总经理，南京白龙有机农业科技开发有限公司创始人李荣荣，湖南丰彩好润佳商学院院长凌志雄和人力资源部符丽蓉部长，京东数科研究院龚谨博士，腾讯研究院闫德利先生，阿里研究院李瑞雪、邓思迪、温馨，阿里 B 端事业群刘琳、范敏，1688 商学院段一品副院长，阿里国际站负责人任远。

感谢我硕士期间同窗李晓西特意安排我访问美国艾奥瓦州一个大型综合农场，使我有机会近距离观察美国大农场，得以与美国农场主就农产品生产销售的部分细节问题进行讨论。感谢跟随我做硕士学位论文的三名硕士生张杰、刘达和赵庆泉。他们参与了多个项目的调研，不辞辛苦，直面挑战，做了大量扎实的田野调查与烦琐的数据处理工作，并为本书部分章节提供了较高质量的经验研究素材和丰富的"底料"。我指导过的本科生赵烨（美国圣约翰大学硕士，现为湖南丰彩实业发展有限公司总经理）在百忙之中还帮我搜集了很多鲜活农产品流通运营的资料，特表谢意。

（七）

谨以此书献给远行 22 年的父亲。生于 1952 年的父亲，为人厚道，乐于助人，睿智而手巧，勇于尝试，善于学习，敢于创新，不惧失败，是村里的能人。在我的印象中，每到冬天农闲之际，他就在帮村里人打灶、拉电线、盖房，忙得不亦乐乎。父亲是一个真正的好人，对左邻右舍的帮助，对祖父母的孝顺，对母亲的爱，对儿子的疼爱，都堪称典范。在我的印象中，父亲从不与祖父顶嘴，也从未与母亲吵过架，所有事情都有商有量。他从来不打我们兄弟俩。母亲因弟弟逃学而打弟弟时，他还总设法劝阻。父亲有一耳不太好，平日沉默寡言，却是极好的倾听者，也是很好的协助者。大约在高二时，我期中考试成绩不理想，他知道后，说过一段话："儿子，一次考砸算不了什么。我们农民最能理解这种情况。你看，我们辛辛苦苦一年，遇到天灾可能一无所获，价格不好就要赔本。以后好好努力吧。"父亲积极乐观、不惧失败，这种精神成为我学习、工作中屡败屡战仍乐观前行的支柱；父亲信任孩子，于我行胜于言。我也几乎从不过问女儿的成绩（除非她主动告知），只是在她考得不好的时候鼓励安慰并帮她总结分析（如果她需要的话）。做家长的，除同情、理解并提供孩子真正需要的帮助，设法激发孩子的自身动力外，也没多少真正管用的办法。

1998 年夏季发生罕见的特大洪水，我正在北京进行紧张的考研准备。后来我才知道，就在这个特殊时期，父亲大难临头，他因为脑瘤而持续头疼呕吐。在防汛抗洪抢险的特殊时期，交通不便，影响了及时诊断与治疗，后来被诊断为脑瘤晚期，失去了做手术的最佳时机。暑假期间父亲病情未确诊，母亲怕影响我的学业，未告知实情。1998 年秋开学不久，我顺利免试保送本校硕士研究生，不久后接到母亲来电，得知父亲已被确诊为脑瘤晚期。我随即向学校请假回湖北老家，之后的几个月，一直陪伴在父亲左右照顾他。感谢北京商学院经贸系和学生处领导的信任、理解，特批我在慈父弥留之际陪伴左右，不至于有更多遗憾。父亲没有兄弟姐妹，是家中的独子。远行之际，作为家中曾经的顶梁柱，放心不下的，除了他最心爱的妻儿，还有年迈的祖父母。1999 年 3 月 11 日凌晨，父亲远行了。在此之前的很长一段时间，癌细胞迅速扩散导致语言障碍，他已不能说话。但是，当听明白我免试保送本校硕士研究生时，好几个月没说话的他，竟说了个"好"字！从硕士一年级开始，我就尽力分担家庭重任，没有向家里再要过一分钱，每年还给家里贴补数额不等的资金。加之弟弟也开始自食其力，母亲的经济负担大为减轻。在父亲远行22年后，如果得知母亲待祖父母如亲生父母并为他们送终，得知儿子获博士学位并晋升教授，得知几个孙女都茁壮成长，不知是否可含笑九泉？

虽然父亲走得早，但在我的记忆中，家里的氛围总让人感受到满满的爱。父亲是独子，祖父祖母对我和弟弟极好。祖父和父亲的关系不是特别融洽，主要原因似乎是祖父脾气不太好，即使在我都看不过去的情况下，我也从未见父亲顶过嘴。在这个时候，我往往会利用"隔辈亲"优势，利用祖父对我的"溺爱"，帮父亲说几句公道话。祖父有时候对父亲很不客气，但我每次出来调节时，他从来不训斥我，一般也听我劝，然后家里很快又其乐融融了。中国式父子关系、祖孙关系的微妙与和谐，中国式"天伦之乐"，或许只有国人才能理解。

祖父脾气虽不好，却特别能干。他聪明睿智，我不能及。他只上过三年私塾，但受到较好的儒家文化训练，写得一手漂亮的蝇头小楷，做过生产队保管员，据说当年算盘打得又快又好（我没亲眼见过），在村里有"徐茂公"之称。若说犁田耙地，他是家里的"老把式"；若说种瓜种菜，他是村里的一流；若说卖菜卖果，他在乡里闻名；若说起打纸牌的技术和"战斗"精神，也远近皆知。令我印象最深的是，家里尝试种植过很多农副产品，尤其是瓜果蔬菜等"经济作物"，都是祖父精心栽培后，或拖板车或赶牛车，走街串巷卖出去的。祖父广泛经营各种"副业"，给家里带来了良好的现金流，我家生活状态与伙食水准也远胜附近村民。上小学时，我和弟弟每天都有固定的零花钱，家里经常能吃到荤菜和各种副食。祖父早年在生产队做保管员的时候，据说在"粮食过渡"时期因经手"私分"生产队的粮食被批斗过。在我的印象中，他在村里向来都是"不走寻常路"，从不跟风，当别人还在设法种粮食种棉花时，他早已在探索栽培瓜果与蔬菜（我每年都要帮着守瓜棚，并拉车去卖各种品种的瓜果和蔬菜，印象中有大白菜、茄子、辣椒、白瓜、香瓜、八方瓜、西瓜、梨等）。父亲其实也继承了祖父不跟风的精神精髓。

节假日或周末，我也偶尔会与祖父一起去卖菜卖果。祖父两位数乘以两位数的计算速度，我猜在我们村应该是最快，结果也是最准确的。虽自认为算术不错，但在卖菜卖果现场，我的准确度和速度从未超过他老人家。和祖父一起卖菜卖果，经常要面临各种困难，不一而足，如烈日当空照，如突然大雨倾盆，如道路坎坷泥泞，如偶遇乡村小混混，如菜果一时间很难卖掉，但上述困难，都被睿智刚毅的祖父所克服。在售卖鲜活农产品方面，祖父有着他特定的一套经验，我猜很多都是他在多年实际售卖过程中悟出来的。他熟悉周边每个村庄每一片居住点的消费与购买习惯，他知道哪一片居民点从不讨价还价，他知道哪一片居民点从来不买任何东西，在有些地方根本就不叫卖，让我快点拉走，免得浪费口舌和破坏心情。今天回想起来，上述生动而直观的经验，对于我后来研究农产品流通，无疑具有极为重要的价值。

本书也献给幼年丧父、中年丧夫、一生坎坷却异常坚强的母亲。母亲出生于1956年，幼时忍饥挨饿，至今仍对"粮食过渡"记忆犹新，最看不得浪费粮食的行为。最为不幸的是，1964年，特别疼爱母亲的外公与世长辞，正在上小学二年级的她不得不中断学业。不到十岁时，母亲就开始承担各种繁重的农活，从小就吃过很多苦。父亲病入膏肓之际，在病榻之前，祖母和我一起照顾父亲，不离左右。有一次，她跟我讲过父亲与母亲的婚事。1972年以后，家里给父亲安排过多次相亲，父亲去看过很多个，每次都看不上。直到见到母亲后，父亲跟祖母说，以后可以不用再相亲了。随后，父母很快就订婚了。父亲身体素质很好，很帅气。订婚照上的他，大个头，宽肩膀，眉宇之间充满英气，一表人才。上初中时，有年冬天，父亲到学校给我送衣服，有同学说：振宇，你哥真帅，给你送东西来了。我跟同学笑道，那是我爸。我母亲也常说，"你爸比你帅多了"。看过照片或见过我爸的人，都认为我妈并没有夸张。我相信，父母当年相识相恋之情景，大概可等同于"一见钟情"，他们相濡以沫，虽未能相守至白头，但已是人间至情至爱。母亲时常慨叹，父亲的一生太短。有一次饭后，陪母亲散步时，聊到父亲，她忽然冒出一句："人这一生啊，永远不可能完美。甚至夫妻也不能太恩爱，恩爱往往难持久。你看你父亲和我，就是这样。虽从未红过脸，从没吵过架，可惜他不到四十八岁就走了。"父母之爱，虽有遗憾，却是我前行之路的莫大支撑。我曾多次在梦中见到父亲，但即便是在梦中，我也知道他早已远行，同时又期待奇迹发生。母亲说，她也经常做这样的梦。或许，父亲一直都在看着母亲、我和弟弟，陪我们一起砥砺前行。

当我撰写博士学位论文时，长女嘉耀不到两岁；13 年后，嘉耀个头已超过我，已在南京师范大学附属中学读高一。二女儿嘉璐已经 4 岁，上幼儿园中班。一双女儿的健康成长，主要是爱妻海珍奉献和付出的结果，我在时间上的付出非常有限。这本书，也是献给相濡以沫的爱妻海珍和乖巧爱女嘉耀、嘉璐的。

（八）

本书是国家社科基金后期资助项目结项成果。项目正式结题，专著公开出版在即，本应画上句号，但研究的复杂程度远超原先所想。研究越深入，就越感不足。在方法、调查、事实、观点和政策建议层面，本书皆有不尽如人意之处。在国家社科基金后期资助项目获批后，我就一直设法弥补，多少也有一些心得、感悟与新发现。但是，一直不敢说本书有多少真正意义上的原创。或许，正如芥川龙之介所言："必要的思想或许早在三千年前就已穷尽，我们现在只是给旧柴添把新火罢了。"本书行文过程，脚注不少，夹注亦多，参考文献，连篇累牍，绝非卖弄，仅为表明，本书很多发现，其实是在前辈、先贤、同行已有研究基础上的"边际"改进、补充或拓展。全书勉强能称得上"原创"的，恐怕只能是这篇后记了。

这是我第二次在社会科学文献出版社出版专著。十年前，我的博士论文（2008 年完成并通过答辩）也是在社会科学文献出版社出版的（书名为《小农—企业家主导的农业组织模式：天星村葡萄业技术与市场演化》）。本书从选题申报到最后出版，都得到出版社的大力支持。经管分社陈凤玲总编辑和武广汉老师，为本书的编辑出版奔走出谋，费心费力，感激不尽。感谢本书责任编辑田康老师和陈凤玲老师。两位老师的专业精神、严谨态度，以及对我的包容与全方位的帮助，都给我留下了深刻的印象。

二十余年来，我一直聚焦农产品流通组织这一内容广泛而又复杂的议题进行探索，但是，总体而言，此书并非定论，更谈不上成熟。很多看法仍比较初步，尚有诸多重要方面，如主要发达国家和部分发展中国家农产品流通组织演进历程及其比较、信息技术革命背景下的新型农产品流通组织，都未能深入探究。在质疑"预知"、描述"已知"、解释"熟知"和探索"未知"等诸多方面，本书还有较大提升空间。本书只是作者在不断探索与"试错"过程中，"演化"出来的"半成品"，其中谬误可能多于创新。近年来，农产品流通领域的变革呈加速态势，要对农产品流通组织进行更统观全局又扎实细致的系统分析，唯有继续深入研习，部分错谬或可纠正，部分缺憾或有所补。也盼师、长、同仁与朋友继续点拨赐正。

徐振宇

2021 年 11 月 11 日

于南京润泽湖畔之位育楼

图书在版编目（CIP）数据

中国农产品流通组织演进：关键的中间层与必要的
迂回 / 徐振宇著. -- 北京：社会科学文献出版社，
2021.12
国家社科基金后期资助项目
ISBN 978 - 7 - 5201 - 9189 - 0

Ⅰ.①中… Ⅱ.①徐… Ⅲ.①农产品流通 - 组织 - 研
究 - 中国 Ⅳ.①F724.72

中国版本图书馆 CIP 数据核字（2021）第 210747 号

国家社科基金后期资助项目

中国农产品流通组织演进：关键的中间层与必要的迂回

著　　者／徐振宇

出　版　人／王利民
责任编辑／田　康　陈凤玲
责任印制／王京美

出　　版／社会科学文献出版社·经济与管理分社（010）59367226
　　　　　地址：北京市北三环中路甲 29 号院华龙大厦　邮编：100029
　　　　　网址：www.ssap.com.cn
发　　行／市场营销中心（010）59367081　59367083
印　　装／三河市龙林印务有限公司

规　　格／开　本：787mm × 1092mm　1/16
　　　　　印　张：20　字　数：314 千字
版　　次／2021 年 12 月第 1 版　2021 年 12 月第 1 次印刷
书　　号／ISBN 978 - 7 - 5201 - 9189 - 0
定　　价／128.00 元

本书如有印装质量问题，请与读者服务中心（010 - 59367028）联系